浙江万里学院出版基金资助

物权法实施中的若干问题研究

欧世龙 姚菊芬 余妙宏 张大伟 著

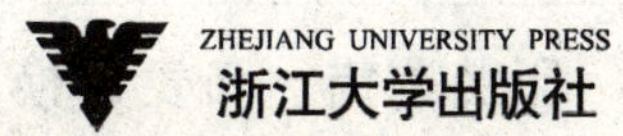

ZHEJIANG UNIVERSITY PRESS
浙江大学出版社

图书在版编目(CIP)数据

物权法实施中的若干问题研究 / 欧世龙等著. —杭州：浙江大学出版社，2008.12

ISBN 978-7-308-06532-0

Ⅰ.物… Ⅱ.欧… Ⅲ.物权法—研究—中国 Ⅳ.D923.24

中国版本图书馆 CIP 数据核字（2009）第 007951 号

物权法实施中的若干问题研究

欧世龙　等著

责任编辑　张　琛　赵　莹
封面设计　俞亚彤
出版发行　浙江大学出版社
（杭州天目山路 148 号　邮政编码 310028）
（E-mail：zupress@mail.hz.zj.cn）
（网址：http://www.zjupress.com
http://www.press.zju.edu.cn）
电话：0571－88925592，88273066（传真）
排　　版　杭州中大图文设计有限公司
印　　刷　德清县第二印刷厂
开　　本　787mm×960mm　1/16
印　　张　14
字　　数　272 千
版 印 次　2008 年 12 月第 1 版　2008 年 12 月第 1 次印刷
书　　号　ISBN 978-7-308-06532-0
定　　价　28.00 元

前 言

孟子曰:“有恒产者有恒心。”保障每个人的基本财产权,是公民生活的必要前提。2007年3月16日,第十届全国人民代表大会第五次会议经过认真审议,郑重地通过了《中华人民共和国物权法》。这在中国特色社会主义法律体系形成进程中,可以说是浓墨重彩的一笔,具有里程碑的意义。

第一,《物权法》的制定充分体现了立法的民主精神。《物权法》这部与脚下寸土、头顶片瓦密切相关的法律,自1993年起草伊始就被民众寄予厚望,并受到社会各界的极大关注。10多年来,虽然《物权法》草案屡经波折、数易其稿,但百姓对该法的热情丝毫未减。2005年7月,全国人大法工委将《物权法》草案向社会全文公布,共收到人民群众提出的意见1万多条;并先后召开100多次座谈会和几次论证会,还到一些地方进行专题调研,充分听取了部分全国人大代表、基层群众、专家学者、中央有关部门等各方面的意见。全国人大常委会高度重视这些意见,对草案进行了六次审议,审议次数之多在我国立法史上是空前的。

第二,《物权法》的根本意义在于为我们的市场经济生活找到了一个产权的制度基础。它是一部社会主义市场经济中界定、确认和保护产权的基础性法律,从而奠定了产权保障的法律基础;它连接了财产关系、经济关系,维护了公民的基本经济权利,维护了市场主体的经济权利,协调了利益主体之间的关系。与其他相关法律相比,《物权法》涉及财产的初始界定,也涉及财产的确认、保护原则。同时,它也是《宪法》中有关保障公民和国家财产权利条款的延伸,进一步解决了《宪法》中没有解决的问题,对社会转型、经济发展中出现的新的财产关系都有所反映。

第三,《物权法》也为社会各个主体提供了一个平等保护产权的基础。有了这样平等而明确的产权意识和产权保护基础,民众才会有生产投资、发展经济的微观激励基础。财产所有权界限清楚并受到切实的法律保护,可以促进所有权人利用其财产,发挥财产的物的效用。公民合法取得的财产得到了与国家财产和集体财产同等的法律保护。物权的排他性,就是划分公权力与私权利的界限,是限制公权力滥用的一个有效手段,有助于依法行政的实现。

孟子曰:“徒善不足以为政,徒法不足以自行。”《物权法》虽然通过了,但是要得到全面的贯彻执行，任重而道远。其一，《物权法》需要进行广泛深入的推广。只有增进广大群众对《物权法》的理解，强化物权意识和保护财产权的观念，将《物权法》从“纸面上的法律”转为“现实中的法律”，才能够真正发挥《物权法》应有的作用。其二，《物权法》本身还需要进一步完善。任何一部法律都不可能回应社会提出的所有问题、满足所有的需要，《物权法》也还需要进一步地完善，包括立法技术层面的完善；以及根据改革开放过程中出现的新情况，提炼总结新规则等等；同时，《物权法》在实施过程中也还会遇到许多新的问题。因此说，《物权法》通过了，也并不意味着一劳永逸，经过一段时间的社会实践后，会发现其中很多条文还需进一步修改、完善，以便更好地服务百姓生活。其三，《物权法》中许多规定仍然是一些原则性的规定，仍然需要从学理和司法实践层面上作出具体的解释。一方面，物权涉及社会生活的方方面面，和每个人的切身利益相关，这些跟百姓关系密切的东西都要在《物权法》里作出相应的规定，而《物权法》本身的条文并不多。另一方面，由于条件的不成熟和立法技术上的原因，有些内容只能在《物权法》里作原则性的规定，需要其他单行的法律法规作进一步的规定。所以说，一个完整的《物权法》系的构建，除了基础性的《物权法》外，还需要其他诸多法律法规与之配套。

综上所述，本书的作者们不揣冒昧，希望从学理、法条、立法争议等视角，对《物权法》实施中的若干问题进行研究，力图用法律的视角深入观察社会，用专业的语言解读法律，力求将社会生活与法律融为一体，实现无障碍对接。作者们按照各自的专业特长和兴趣，在深入研讨《物权法》的基础上，分工合作，完成了本书的写作。其具体分工是：欧世龙（第一章、第六章），张大伟（第二章），姚菊芬（第三章、第四章），余妙宏（第五章）。尽管本书作者长年从事《物权法》的教学、科研工作，但是由于作者学识有限，因此在论述上难免不当，文字也难免疏漏。我们真诚期待读者的批评指正，以促使我们今后的研究更深入、系统和完整，不断有更好的研究成果奉献给读者。

在本书的写作过程中，本书作者得到了浙江万里学院法学院院长揭明教授最大的支持、鼓励和指导，笔者在此表示感谢。本书的出版，也得到了浙江大学出版社的鼎力支持，张琛老师还指出了本书中不少疏漏的地方，笔者对此表示衷心的感谢。

欧世龙

2008 年 10 月 20 日

目 录

第一章 私有财产的征收 …… (1)
第一节 我国私有财产征收的立法现状 …… (2)
一、土地征收是建立土地公有制的前提 …… (2)
二、我国财产征收立法的现状 …… (4)
第二节 财产征收的目的限制 …… (10)
一、公共利益:构建征收制度的基础 …… (10)
二、公共利益界定模式选择 …… (14)
三、征收中“公共利益”的具体范围 …… (25)
四、总结 …… (31)
第三节 财产征收的程序限制 …… (34)
一、征收程序限制的意义 …… (34)
二、主要国家财产征收程序 …… (36)
三、总结 …… (41)
四、我国财产征收程序的重构 …… (44)
第四节 征收补偿 …… (52)
一、征收补偿的原则 …… (54)
二、补偿的范围和方式 …… (59)
三、我国财产征收补偿制度的完善 …… (62)
第二章 不动产登记制度 …… (71)
第一节 不动产登记制度概述 …… (71)
一、不动产登记的含义 …… (71)
二、不动产登记的性质 …… (71)
三、不动产登记的分类 …… (72)
四、不动产登记的效力 …… (74)
第二节 我国《物权法》对不动产登记制度的规范 …… (76)
一、《物权法》规定了不动产物权登记的效力 …… (76)
二、《物权法》确立了统一的不动产登记制度 …… (78)

三、《物权法》规定了具有操作性的不动产登记程序…………………………(80)
四、《物权法》增设了三类特殊的不动产登记制度…………………………(81)
五、《物权法》规定了登记当事人和登记机关的民事责任…………………(83)
第三节 我国不动产登记制度的不足与完善 …………………………………(83)
一、应建立统一的不动产登记机关……………………………………………(83)
二、应细化不动产登记的程序…………………………………………………(84)
三、应强化不动产登记赔偿责任………………………………………………(92)
四、应完善预告登记制度………………………………………………………(97)
第三章 我国水权交易法律制度……………………………………………(103)
第一节 水权交易的物权理论基础……………………………………………(103)
一、水权的概念及特征 …………………………………………………………(103)
二、水权交易的概念及类型 ……………………………………………………(106)
第二节 我国水权交易现状及存在的法律问题………………………………(108)
一、我国水权交易现状 …………………………………………………………(108)
二、我国水权交易存在的法律问题 ……………………………………………(113)
第三节 国外水权交易制度及经验……………………………………………(117)
一、国外水权交易制度简介 ……………………………………………………(117)
二、国外水权交易制度对我国的启示 …………………………………………(121)
第四节 我国水权交易制度的建立与完善……………………………………(122)
一、水权交易市场建立模式 ……………………………………………………(122)
二、合理配置初始水权 …………………………………………………………(123)
三、水权交易主体的确定 ………………………………………………………(125)
四、水权交易范围的确定 ………………………………………………………(126)
五、水权交易价格制度的确定 …………………………………………………(127)
六、建立水权交易程序 …………………………………………………………(130)
七、水权交易纠纷处理 …………………………………………………………(132)
八、建立水权交易监督机制 ……………………………………………………(132)
九、建立我国水权交易制度实施的配套措施 …………………………………(133)
第四章 海域使用权市场化经营的法律问题………………………………(136)
第一节 海域使用权市场化经营的物权理论基础……………………………(136)
一、海域使用权的概念 …………………………………………………………(136)
二、海域使用权的法律特征 ……………………………………………………(138)
第二节 我国海域使用权市场化经营的法律基础……………………………(143)

一、海域使用权市场化经营的民事法律 ……………………………… (143)
二、海域使用权市场化经营的行政性法律法规 ………………………… (144)
第三节 我国海域使用权市场化经营的现状及成效…………………… (148)
一、海域使用范围拓展十分迅猛 ……………………………………… (148)
二、着眼于维护用海者的合法权益,海域权属管理不断推进…………… (148)
三、海域使用权跨行政区域审批成为现实 ……………………………… (149)
四、着眼于优化海洋开发利用布局,海洋功能区划体系不断健全…… (149)
五、海洋行政管理队伍逐步壮大 ……………………………………… (149)
六、各省市市场化进程加快 ………………………………………… (149)
七、有些省市立法比较超前 ………………………………………… (150)
第四节 我国现有海域使用权市场化经营的法律障碍………………… (150)
一、海域使用权市场化经营的民事法律欠缺 ………………………… (150)
二、现有海域使用管理的法律之间冲突严重 ………………………… (150)
三、海域所有权与公共管理权主体不分 ……………………………… (151)
四、一级市场中海域使用权三种取得方式规定不明确、不科学……… (151)
五、二级市场海域使用权流转缺少具体规定 ………………………… (151)
六、现有海域使用权法律责任规定空白多、操作难…………………… (152)
第五节 完善我国海域使用权市场化经营的法律建议………………… (153)
一、建立健全海域使用权市场化经营的民事法律 …………………… (153)
二、协调海域使用管理法律之间的关系 ……………………………… (154)
三、建立具有独立法律主体地位的海域资产管理机构 ……………… (154)
四、明确一级市场海域使用权的出让方式 …………………………… (154)
五、建立健全海域使用权二级市场流转法律制度 …………………… (155)
六、逐步建立和完善海域使用权的法律责任制度 …………………… (157)
第五章 船舶担保物权的若干问题…………………………………… (158)
第一节 概 论…………………………………………………………… (158)
第二节 船舶抵押权的相关问题研究………………………………… (163)
一、有关船舶抵押权的法律适用 ……………………………………… (163)
二、关于船舶抵押权的登记及效力 …………………………………… (164)
三、有关船舶抵押人及抵押物上代位物的范围 ……………………… (166)
四、关于船舶抵押权转移的规定 ……………………………………… (168)
五、有关船舶抵押权的实现问题 ……………………………………… (170)
六、关于行使船舶抵押权的诉讼时效 ………………………………… (172)

第三节　船舶留置权的相关问题研究……………………………………（174）
一、关于船舶留置权的适用范围 ……………………………………（175）
二、关于留置船舶是否为债务人所有的问题 …………………………（180）
三、船舶是否应当与债权属于同一法律关系的问题 ……………………（183）
四、关于不得留置的规定 ……………………………………………（185）
五、有关船舶留置权的实现条件与方式 ………………………………（187）
第六章　物权法上的占有制度在司法实践中的应用……………………（189）
第一节　占有的要素与占有的类别……………………………………（189）
一、占有的要素 ……………………………………………………（189）
二、占用的分类 ……………………………………………………（192）
第二节　占有的效力…………………………………………………（195）
一、善意取得的效力 ………………………………………………（196）
二、占有的权利推定效力 ……………………………………………（198）
三、占有的保护效力 ………………………………………………（205）
四、占有人与回复请求权的权利与义务 ………………………………（208）
参考文献……………………………………………………………（213）

第一章　私有财产的征收

在个人民事权利体系中，所有权无疑是财产权利的基本形态，是其他各种物权的基础，所有权以外的物权都是从所有权中派生出来的。所有权所体现的利益是所有人独享所有物之一般价值与使用价值的利益，是权利人基本的财产利益。因此，在理性主义、个人主义以及自由主义思潮的影响下蓬勃发展的资产阶级革命在欧洲大陆取得了胜利后，资产阶级为发展经济，在自己的法典上写下了“所有权绝对”的口号，与“契约自由原则”和“过错责任原则”一道成为资产阶级《民法》的三大原则。这一时期的人们对所有权的理解普遍存在以下观念：(1)所有权在时间上具有绝对性，即所有权人对其所有物的处分可以延伸到死后对其遗产所做的遗嘱处分行为。(2)所有权在空间上的绝对性，亦即土地所有权“上至天空，下至地心”，均属于所有权人的权利范围。(3)所有权还具有添附权，即物之所有权等扩张至该物由于天然或人工产生或附加之物。(4)所有权的推定，即地上或地下的一切建筑物、植物及其工作物，如无相反的证据，推定为土地所有权人自己购置并属其所有。(5)所有权人可以对自己的所有物为任何作为或不作为，不仅可以为与所有权的社会职能相一致的行为，而且还可以为与所有权的社会职能相反的作为或不作为。各国立法对所有权提供了至为完备的保护：首先是纷纷制定民法典，对所有权制度作了详尽的规定，为普遍个体得享所有权提供法律依据；其次是为所有权保护提供诉讼程序，所有权人在权利受到侵犯时可以请求排除妨碍、恢复原状、赔偿损失等，以使自己的权利受到保护。

“所有权绝对”只是特定时期为了一定的需要而产生的所有权观念。正如克鲁泽所说：“财产权的无条件的不可剥夺性只是一句豪言壮语，在革命的狂热和宪法的曙光中，人们很容易在屋顶上为它呐喊，但是事后冷静下来，真要实践它却几乎是不可能的。”[①]当对私人财产权利的推崇被推向极致时，个人为自己的利益而置社会公共利益于不顾的现象丛生，反过来又使得个人利益并不能真正

---

① [美]安冬尼·奥格斯：《财产权与经济活动自由》，载[美]路易斯·亨金、阿尔伯特·罗森塔尔编：《宪政与权利》，郑戈、赵晓力、强世功译，生活·读书·新知三联书店 1996 年版，第 156 页。

实现。因此早在罗马法时期,在所有权法律制度上就已经形成了一项重要原则:财产所有权的行使既要体现权利人的意志和自由,又要根据社会发展的需要受到一定的限制。罗马法对所有权的限制主要表现在以下几个方面:(1)相邻利益的限制;(2)公共或社会利益的限制;(3)宗教方面利益的限制;(4)人道主义和道德方面的限制;(5)其他方面的限制,如为了保护弱者的利益对财产赠与方面的限制等等。[①] 到了19世纪末20世纪初,资本的集中与垄断又使得社会生活发生了极大的变化,所有权的绝对性被所有权社会化运动所冲击,自《魏玛宪法》对所有权进行限制开始,到资本主义进入垄断资本主义阶段,所有权观念也进入了一个新的发展时期,呈现出所有权社会化的特征,“财产所有人的权利日益服从公共利益的调整规则”[②]。所有权社会化在立法上的重要表现,一是通过公法领域限制所有人行使所有权,如规定所有权的征收、征用制度;二是通过私法领域限制所有人行使所有权,《民法》中的诚实信用、公序良俗和禁止滥用权利就是这种限制的依据。比如《德国民法典》,一方面肯定了公民私有财产的不可侵犯原则,另一方面却摒弃了《法国民法典》所使用的“神圣不可侵犯”和“绝对”等字眼,而对所有权的行使进行了某些限制。对私人财产权最严厉的制约,无疑是来自政府的强制征收。征收是国家以行政权力取得私人财产所有权的行为。征收的主体是国家,通常是政府部门以行政命令的方式取得集体和个人的土地、房屋等财产。它与市场上发生的一般民事法律行为的根本区别就在于它具有强制性,不管财产所有者是否愿意,也不管所有者对财产的主观估价如何,政府均可按照宪法和法律规定的条件强行取得或使用其财产。征收导致私人丧失财产所有权,是对私人财产权最严厉的制约。

第一节　我国私有财产征收的立法现状

一、土地征收是建立土地公有制的前提

我国实行社会主义制度,土地等重要的生产资料实行公有制。土地公有制包括土地国家所有和劳动群众集体所有两种形式。这两种土地所有制形式是随

---

① 周枏:《罗马法原论》,商务印书馆,1994年版第325—328页。

② [美]伯纳德·施瓦茨才:《美国法律史》,中国政法大学出版社1990年版,第214页。

着新中国的建立而逐步建立的。土地征收是土地公有制建立的前提。

第一，新民主主义革命确立了“耕者有其田”的土地私有制度。1947 年的《中国土地法大纲》，明确了废除封建剥削土地制度，没收地主的土地财产，征收富农多余的土地财产；废除一切祠堂、庙宇、寺院、学校、机关团体的土地所有权和乡村在土地改革以前的一切债务；将土地分给农民，实行耕者有其田的土地制度。解放区的广大农村掀起了轰轰烈烈的土地改革运动，先行在解放区废除了地主阶级封建剥削的土地所有制，建立耕者有其田的农民土地私有制。1949 年 9 月，新中国成立前夕，中国共产党领导下的由中国各阶层人士、各民主党派代表参加的中国人民政治协商会议第一届全体会议，通过并颁布了具有临时宪法作用的《中国人民政治协商会议共同纲领》。该共同纲领第 3 条提出，“有步骤地将封建半封建的土地所有制改变为农民的土地所有制”。第 27 条规定，“凡已实行土地改革的地区，必须保护农民已得土地的所有权。凡尚未实行土地改革的地区，必须发动农民群众，建立农民团体，经过清除土匪恶霸、减租减息和分配土地等项步骤，实现耕者有其田”。1950 年通过了《中华人民共和国土地改革法》，该法第 1 条开宗明义地宣布：“废除地主阶级封建剥削的土地所有制，实行农民的土地所有制……”第 10 条规定：“所有没收、征收得来的土地和其他生产资料，除本法规定收归国家所有外，均由乡农民协会接收，统一地、公平合理地分配给无地少地及缺乏其他生产资料的贫苦农民所有。”第 30 条规定：“土地改革完成后，由人民政府发给土地所有证，……土地制度改革以前的土地契约一律作废。”土地改革运动在全国范围进行，彻底废除了地主阶级封建剥削的土地所有制，并建立了劳动群众土地私有制。

随着农业合作化运动的不断深入，劳动群众土地私有制逐步演变成为劳动群众集体土地所有制。1955 年 11 月，全国人大常委会颁布的《农业生产合作社示范章程草案》第 17 条规定：“社员的土地必须交给农业生产合作社统一使用。”第 18 条规定：“合作社按照社员入社土地的数量和质量，从每年的收入中付给社员以适当的报酬。”这个阶段的土地仍然属于农民个人所有，但其使用权已从所有权中分离出来，由农业生产合作社统一经营管理和使用。1956 年 6 月，全国人大常委会颁布的《高级农业合作社示范章程(草案)》第 13 条规定：“入社的农民必须把私有的土地和耕畜、大型农具等主要生产资料转为合作社集体所有。”该示范章程(草案)还明确了取消社员入社时的土地报酬。这样，随着农业合作化从初级社阶段向高级社阶段发展，入社农民的土地私有权也就发展为合作社集体所有了。1962 年 9 月，中共中央八届十次全会通过颁布的《农村人民公社工作条例修正草案》(也称“人民公社六十条”)第 21 条明确规定：“生产队范围内的土地，都归生产队所有。生产队所有的土地，包括社员的自留地、自留山、宅基地等等，一律不准出租和买卖。”“六十条”的颁布，进一步稳定了建立不久的劳动群众集体土地所有制。

第二，新中国成立初期的土地改革，在确立劳动群众土地私有制的同时，也确立了国家土地所有制。1950 年颁布的《土地改革法》第 15 条规定：“分配土地时，县级以上人民政府得根据当地土地情况，酌量划出一部分土地收归国有，作为一县或数县范围内的农事试验场或国营示范农场之用。”第 19 条规定：“属于地主所有的、使用机器耕种或有其他进步设备的农田、苗圃、农事试验场及有技术性的大竹园、大果园、大茶山、大桐山、大桑田、大牧场等，经省级以上政府批准，得收归国有。”同年 11 月，中央人民政府政务院颁布《城市郊区土地改革条例》第 9 条规定：“城市郊区所有没收和征收得来的农业土地一律归国家所有，由市人民政府管理……”1956 年 1 月 18 日，《中共中央批转中央书记处第二办公室关于目前城市私有房产基本情况及进行社会主义改造的意见》规定：“一切私人占有的城市空地、街基等地产，经过适当的办法，一律收归国有。”1982 年的《宪法》从国家根本大法的高度规定，国家实行土地的社会主义公有制。《宪法》第 10 条明确规定，“城市的土地属于国家所有”，“农村和城市郊区的土地，除由法律规定属于国家所有的以外，属于集体所有；宅基地和自留地、自留山，也属于集体所有”。1986 年国家颁布的《土地管理法》亦作了更为明确的规定。该法第 6 条规定，“城市市区的土地属于全民所有即国家所有”，“农村和城市郊区的土地，除法律规定属于国家所有的以外，属于集体所有；宅基地和自留地、自留山，属于集体所有”。1982 年《宪法》的颁布，明确了我国从根本上废除土地私有制、实行土地公有制。

二、我国财产征收立法的现状

（一）财产征收首先是一种宪法上的制度

无论各国实行何种性质的经济制度，保护社会成员的私有产权都是一项基本的宪法原则。私有财产征收作为各国普遍采用的一项以强制方式取得财产的重要法律手段，涉及权利人的私人财产权益，所以必然具有其权力的法源。大多数国家的财产征收，一般都能在宪法中找到权力的来源。例如在法国，作为资产阶级革命胜利成果之一的《人权宣言》第 17 条规定，“财产是神圣不可侵犯的权利，除非当合法认定的公共需要为显然必需时，且在公平并预先补偿的条件下，任何人的财产不得受到剥夺”；《美国宪法修订案》第 5 条规定，“非经正当法律程序，不得剥夺任何人的生命、自由或财产，非有公正补偿，私有财产不得征为公有”;《日本宪法》第29条规定,“财产权不得侵犯,财产权的内容,应由法律规定以其适合公共福祉。私有财产,在公正补偿下得收归公用”;《韩国宪法》第23条第3款规定,“因公共事业需要,对产权进行征收、使用或限制时,应当根据法律对其损失给予正当的补偿”;《德国基本法》第14条规定,“财产之征收,必须为公共福利始得为之。我国台湾地区的“法律条例”也规定,“公用征收,包括征收土地等以公共事业或公共用途为目的的公用征收”。其执行,必须根据法律始得为之,此项法律应规定赔偿之性质与范围。赔偿之决定应公平衡量公共利益与关系人之利益。赔偿范围如有争执,得向普通法院提起诉讼”。

在我国,征收制度也首先是《宪法》中的一项制度。早在革命战争时期,中国共产党领导的革命根据地政权在制定的《土地法》和《土地法大纲》中规定了革命条件下的土地征收制度——没收。新中国成立以后,革命时期的征收制度——没收,恢复成为法律意义上的征收制度。1954年的《宪法》在借鉴其他国家的立法经验的基础上,在第13条规定:“国家为了公共利益的需要,可以依照法律规定的条件,对城乡土地和其他生产资料实行征购、征用或收归国有。”然而,1975年修订后的《宪法》在左倾政治条件之下,在其第6条第3款中却规定,“国家可以依照法律确定的条件,对城乡土地和其他生产资料实行征购、征用或者收归国有”,从而删除了国家关于征用土地目的限制之规定。“文化大革命”后,为了清除《宪法》中的“左倾”思想,遂于1978年又对《宪法》进行了修订。但对于前述国家征用土地的条款却没有触动。1982年进行《宪法》修订时,恢复到了1954年的《宪法》所规定的面貌,其第10条第3款规定:“国家为了公共利益的需要,可以依照法律规定对土地实行征用。”但是这种只管授权,不管限权的宪法规范,仍然是计划经济体制及其观念的产物。宪法授予国家征用财产的权力,却不为这种权力的行使划定范围、界限、方式和程序,再加上《民法》和行政法的不完善,没有形成能有效保障公民财产权、制约政府权力的系统化的制度,国家征用权事实上不受限制,这就容易造成权力滥用,从而侵犯个人财产权。这种一方面明确规定了土地征用的目的基于公共利益,另一方面在具体操作中又将征地权适用于非公益性用地的做法,既损害了劳动群众的切身利益,又在一定程度上激化了社会矛盾。2004年的《宪法修正案》对公民财产权的保护进行了明确的规定,并对财产权的限制——征收和征用作了具体的规定,克服了传统财产征收理论上的一些缺陷,丰富了我国财产征收理论的内容,促进了财产征收理论的发展。具体表现在:第一,将征收征用的条件限制在“公共利益需要”的基础上,增加了“给予补偿”的条款。其第10条第3款规定:“国家为了公共利益的需要,可以依照法律规定对土地实行征收或者征用并给予补偿。”第二,确立了公民私有财产的征收。其第13条在“公民的合法的私有财产不受侵犯”、“国家依照法律规定保护公民的私有财产权和继承权”的基础上，增加了“国家为了公共利益的需要，可以依照法律规定对公民的私有财产实行征收或者征用并给予补偿”。

(二)具体立法中的征收规定

1. 土地征收立法

在通常情况下，征用所涉及的财产大多为不动产，包括土地和附着在土地上的建筑物等。这是因为，在铁路、高速公路、运河等公用设施的计划确定并开始实施后，由于预定工程经过地段的土地具有不可替代的价值，政府对这一特定土地的需求没有弹性，从而使该地段土地所有者处于垄断者的地位。所有者在掌握这种信息的情况下，就会利用自己的垄断地位以拒绝出售相要挟，漫天要价。不借助强制征用权，政府就无法完成具有特定结构、需要占用较多土地的重大公用设施的建设与改造。因此，在通常意义上各国《宪法》所确定的财产征用制度，实际上就是不动产征用制度。

我国的土地征收是指国家基于建设的需要，强制地将属于农村经济组织集体所有的土地收归国有，然后确定给用地单位使用，并对农村经济组织和前土地使用者予以补偿的行为。新中国成立后，最早提到征用的是1950年6月24日中央人民政府政务院颁布的《铁路留用办法》。其中第6条规定:“铁路因建筑关系，原有土地不敷应用或有新设施需要土地时，由铁路局通过地方政府收买或购买之。”采用的是土地“收买”或“购买”，但不久便更改为“土地征用”。在同年11月21日公布的《城市郊区土地改革条例》第14条中规定:“因国防工程、厂矿、铁路、交通、水利工程、市政建设及其他经济、文化建设需要可征用土地。……国家为市政建设及其他需要征用私人所有的农业土地时，须给予适当代价，或以相等之国有土地调换之。对耕种该项土地的农民亦给予适当的安置，其他该项土地上的生产、投资(如开凿、植树等)及其他损失，予以公平合理的补偿。”由此可见，土地征用的概念已被确立下来。1958年1月修改的《国家建设征用土地办法》同样规定，“凡兴建国防工程、厂矿、铁路、交通、水利工程、市政建设及其他经济、文化建设所需用之土地，可以征用集体土地”。显然，尽管宪法已经规定征用土地的目的在于公共利益，但是，1953年政务院公布施行的《国家建设征用土地办法》却将其适用范围扩展至非公共利益的范围。此后，在1962年9月制定的《农村人民公社工作条例修正案》中进一步指明:“如果因为建设或其他需要必须征用社员的房屋，应该严格执行国务院有关征用民房的规定，给予补偿，并且对迁移户作妥善的安置”。1982年5月14日国务院根据《宪法》，在《国家建设征用土地办法》的基础上公布施行了《国家建设征用土地条例》，其第2条规定，“国家进行经济、文化、国防建设以及兴办社会公共事业”,可以征收集体所有的土地。1986年六届人大常委在此基础上颁布施行的《土地管理法》第2条规定,“国家为了公共利益的需要可以依法对集体所有的土地实行征用”,第21条又规定:“国家进行经济、文化、国防建设以及兴办社会公共事业可以征用集体所有的土地。”

一般情况而言,土地征收是对土地所有权的征收,但是在1994年的《城市房地产管理法》上首次规定了对土地使用权的征收,在其第19条中规定:“国家对土地使用者依法取得的土地使用权,……在特殊情况下,根据社会公共利益的需要,可以依照法律程序提前收回,并根据土地使用者使用土地的实际年限和开发土地的实际情况给予相应的补偿。”与此相适应,1998年《土地法》修订的时候,也增加了对土地使用权的征收。其第58条规定:“有下列情形之一的,由有关人民政府土地行政主管部门报经原批准用地的人民政府或者有批准权的人民政府批准,可以收回国有土地使用权:(一)为公共利益需要使用土地的;(二)为实施城市规划进行旧城区改建,需要调整使用土地的…… 。依照前款第(一)项、第(二)项的规定收回国有土地使用权的,对土地使用权人应当给予适当补偿。”2004年,我国根据《宪法修正案》再次对《土地法》进行修改,其第2条规定,“国家为了公共利益的需要,可以依法对土地实行征收或者征用并给予补偿”,从而将土地征收的条件限定在“公共利益”和“给予补偿”两个方面。

2.其他财产征收立法

《中外合资企业法》第2条第3款规定:“国家对合营企业不实行国有化和征收;在特殊情况下,根据社会公共利益的需要,对合营企业可以依法律程序实行征收,并给予相应的补偿。”《外资企业法》有基本相同的规定,其第5条规定,“国家对外资企业不实行国有化和征收;在特殊情况下,根据社会公共利益的需要,对外资企业可以依照法律程序实行征收,并给予相应的补偿”。严格而言,国有化含有为公共利益的目的,而征收除了为公共利益还可能为了统治者的个人目的和需要,但在涉外投资领域,国有化与征收一般系同义语,可以同时使用。对合资企业、外资企业的征收,其征收对象的范围较前面的土地征收更大,因为企业的财产既包括有形财产,也包括无形财产如知识产权、商誉等财产权利。对企业的征收意味着对无形财产和有形财产一并予以征收并综合地给予补偿。此外,《渔业法》、《草原法》、《煤炭法》、《戒严法》、《土地管理法》中也有征收的相关规定,从而构成了我国财产征收的法律体系。

在制定《物权法》过程中,征收和征用制度的完善问题再一次被提起,成为我国《物权法》立法中关注的重点,最终反映在《物权法》的第42条、第43条和第

44 条规定之中。《物权法》对征收制度的完善表现在以下两个方面：

第一，进一步区分了征收与征用。虽然征收和征用都涉及公民财产权的强制性剥夺问题，都是通过运用国家强制力对公民的私有财产权进行限制的形式，但是两者之间还是存在很多区别，最主要的区别就是征收和征用的法律效果不同。一般来说，征收是强制移转所有权，会导致所有权的永久性的移转，所以征收是国家对私人所有权所采取的具体而特别的干预。但征用的目的只在获得使用权，在实践中如果仅仅只是对所有权作出限制，就不能构成征收。1988 年的《宪法》并未具体区别征收与征用的概念，只是笼统地采用了“征用”一词，其实际含义应当是征收。因为土地“征用”的结果是国家取得集体土地所有权，而集体丧失土地所有权。2004 年的《宪法修正案》同时采用了“征收”和“征用”，开始有意识地区分征收与征用，但是这种区分并不具体。《物权法》在两个条文中分别规定了征用与征收的条件和程序，从而对征收与征用作了进一步的区分。

第二，对征收与征用增加了合法程序的限制。征收导致私人财产所有权的丧失，是对私人财产权最严厉的制约。正如学者所言，“从来没有哪个制度否认过政府的征用权，重要的是征用的法律限制。在征用过程中个人与政府、财产权利与行政权力的关系必须保持平衡，以防止政府滥用权力侵犯公民个人利益或公民过度行使权利损害公共利益，因而需要对政府征收与征用施加法律上的限制”。从世界各国立法例来看，通常都从征收与征用的目的、补偿标准和征收与征用程序三个方面对征收和征用予以限制。相比较而言，我国 1988 年的《宪法》对征用的限制最少，仅仅在征用的目的上作出要求是“为了公共利益的需要”；2004 年的《宪法修正案》在“为了公共利益的需要”的基础上，增加了“给予补偿”的限制条件；《物权法》又在 2004 年的《宪法修正案》的基础上，进一步明确了征收的补偿标准，并增加了“征收与征用必须通过合法程序的限制”。这样《物权法》对征收和征用的条件限制与各国立法例渐渐趋于一致。

3.《物权法》上征收制度规定的不足

有人认为，《物权法》没有顺应民意，没有对“公共利益”作一个界定，是《物权法》的一个缺憾。①笔者看来，此不足以认为是《物权法》的一个缺憾。虽然征收涉及私人所有权的丧失或所有权的限制，在《物权法》上是物权变动的一种特殊情形。但是从根本上讲，征收是政府行使行政权，属于行政关系，而不是民事规范。同时征收的情况又极为复杂，因此外国《民法》通常对征收的规定较为简单，

---

① 邹爱华：《物权法中征收条款评析》，载《湖北大学学报（哲学社会科学版）》2007 年第 12 期，第 12 页。

都只是原则性地规定了公共利益的目的和公平补偿的内容。例如《法国民法典》第 545 条规定,“非因公益使用之原因并且给予公道补偿,任何人均不受强迫让与所有权”;《德国基本法》规定,“剥夺所有权只有为了公共福利的目的才能被允许。剥夺所有权只有依照法律或法律规定的原因进行,而且该法律对损害赔偿的方式和措施有所规定。该赔偿必须在公共利益和当事人的利益进行公平的衡量之后确定”;《意大利民法典》第 834 条规定,“不得全部或部分地使任何所有人丧失其所有权,但是,为了公共利益的需要,依法宣告征用并且给予合理补偿的情况不在此限”。故我国《物权法》与其他国家的《民法》一样,对征收制度只作了原则性的规定,基本上只规定了征收的三个限制条件。

笔者认为,《物权法》最大的不足应当是财产征收的范围过窄,遗漏了动产征收,破坏了财产征收法律制度体系的完整性。《物权法》第 42 条规定,“为了公共利益的需要,依照法律规定的权限和程序可以征收集体所有的土地和单位、个人的房屋及其他不动产”。此处征收的客体仅为不动产征收,而将动产排除在外了。但是在 2004 年修订后的《宪法》第 13 条中规定:“国家为了公共利益的需要,可以依照法律规定对公民的私有财产实行征收并给予补偿。”我国《宪法》规定的财产征收的对象是“公民的私有财产”,而公民的私有财产包括了不动产和动产,也就是说,完整的财产征收法律制度应当包括不动产征收和动产征收。我国现行征收法律法规所规定的征收客体,除了土地、房屋等不动产以外,还涉及土地使用权和中外合资企业、外商独资企业整体财产。对合资企业和外资企业的征收包含了对动产(如企业设备等)、不动产和无形财产的合并征收。广义的财产征收相对于狭义的土地征收而言,有很大的进步:不仅表现在征收对象的范围扩大,而且表现在对被征收人的全部财产损失进行公平补偿,并且在征收目的上坚持以公共利益为限制。《物权法》上征收的规定不仅缩小了《宪法》中规定的财产征收对象的范围,也与《物权法》自身第 2 条第 2 款中的规定不一致,因为该款规定:“本法所称物,包括不动产和动产。”因此,将动产征收排除在财产征收法律制度之外,导致财产征收法律制度体系的不完整,才真正是一个缺憾。

第二节　财产征收的目的限制

一、公共利益:构建征收制度的基础

(一)利益是权利的内核

利益是主客体之间的一种关系,表现为社会发展客观规律作用于主体而产生的不同需要和满足这种需要的措施,反映着人与其周围世界中对其发展有意义的各种事物和现象的积极的关系,它使人与世界的关系具有了目的性,构成了人们行为的内在动力。[①] 利益是一个客观范畴,是对主体与客体的关系的一种价值判断。利益总是同一定的需要和目的联系在一起的。需要是生存的必然要求,正是人们的需要才使人们结成了一定的社会关系、利益关系,所以说需要是利益的基础和始因;目的是行为主体根据需要,借助意识、观念的中介,预先设想的行动目标或者追求的结果,目的就是被认识到的利益。一个社会中人们的各种活动,都是为了争取和实现一定的利益。

利益与法有着密不可分的关系,从某种意义上也可以说,法所反映、调整和保护的,都是一定的利益。利益作为客观范畴,对法起着决定作用。这是因为,法的现象的本体价值就在于它是对社会主体的自由和权利的确认,这种确认实际上是以一定的利益为基础的,法和法律所确认的社会主体的权利,不过是社会主体一定利益的法律表现。人类在追求或实现利益的过程中必然会产生摩擦和对立,这种摩擦和对立会造成社会资源的巨大浪费。因此,法在承认和保护个人利益的同时,还要权衡和调节各种利益冲突,以便把对立和摩擦减少到最低限度。实际上法在整个运行过程中就是对各种利益进行衡量、选择、取舍并通过权利和义务对这些不同利益进行权限性、规范性调整的过程。

"法即权利",大陆法系国家深受这一古典自然法学思想的影响。除罗马法使用同一个词"jus"表示法与权利外,至今仍有一些国家如罗马法一样使用同一个词表示法与权利,如德国法上权利"recht"这个词,其客观上的意义与法律制度相同。权利是私法的核心概念,同时也是对生活多样性的最后抽象。为了适应权利的这一核心意义,人们花费了很多精力去探索一个恰当的权利定义。

① 孙国华:《法理学教程》,中国人民大学出版社1994年版,第83页。

19世纪形成两个流派：以萨维尼为代表的流派强调意思力或意思支配力，认为权利人可以依据权利自由地发展其意思；而耶林的利益说则强调这种权利授予的目的，认为权利授予是为了满足特定的利益，所以权利即是受法律保护的利益。耶林认为，权利的基础是利益，权利乃法律所承认和保护的利益，不管权利的具体客体是什么，上升到抽象概念，对权利主体来说，它总是一种利益或必须包含某种利益，而义务则是不利或负担。耶林通过使人们注意到权利背后的利益，从而改变了整个权利观念。后来有人试图将两种派别加以调和，称意思支配力是为了满足利益的需要。[①] 现在通常认为，权利是为了满足某人的需要而赋予他的一种"意思的力"或"法律的力"。[②] 正如上段所言，需要产生利益，利益表现的是据以实现需要的关系。法律所满足的需要就是一种利益，需要与利益是权利产生的基础，利益是权利的内核。

英美法学的发展深受庞德的社会利益法学的影响。社会利益法学的中心思想是，法律是一种社会工程，其目的在于达成公平正义，而所谓公平正义，则在于适当地调整人类的各种实际需要，使其达到利益最大化，并为众人所分享。[③] 按照人类的各种实际需要，成为法律保护内容者，即为所谓之利益。因此，从另一个角度来说，法律之目的可以说在于保护个人的利益，使个人主观拥有之权利，得以获得最大之发展。英国学者奥斯丁也指出："权利之特质在于给所有者以利益"，"授权性规范的特质在于以各种限制条件对实际利益进行划分"。[④] 基于此，《牛津法律大辞典》将"利益"定义为"个人或个人的集团寻求得到满足和保护的权利请求、要求、愿望或需求"，规定社会中人与人之间关系的秩序，必须要考虑到利益。利益是个人、集团或整个社会的、道德的、宗教的、政治的、经济的，以及其他方面的观念而创造的。法律制度只是承认或者拒绝承认特定的利益是否值得予以法律保护。如果法律制度承认某种利益，那么可以通过下述方式来表示它的承认：(1)表明或规定一定的人或一定的集团享有某种法律上的权利，因而可以使他们的利益得到法律上的保护，或者他们的权利受到侵犯时，使它们得到补偿或赔偿；(2)规定其他人或其他集团或整个社会负有某种义务。因此，权

---

① ［德］梅迪库斯：《德国民法总论》，法律出版社2001年版，第62—63页。

② ［德］拉伦茨：《德国民法通论》(上册)，法律出版社2003年版，第276—277页。

③ R. Pound. *Social Control Through Law*. New Haven: Yale University Press, 1942, pp. 64—65.

④ 奥斯丁：《法理学的范围(英文版)》，英国全盛出版社1954年版，第140页。转引自张文显：《法学基本范畴研究》，中国政法大学出版社1993年版，第76—77页。

利和义务是保障和保护一定利益的方式。①

(二)公共利益是征收权的依据和界限

基本权利代表了一个人的自主行动的正当性，但是，这种自主行动却是有范围的，超出了该范围，基本权利的行使就是非法的，不仅不受法律的保护，而且要遭到法律的责难，甚至要为其所造成的后果承担新的义务。一般来说，《宪法》上对基本权利的界限规定有两种：第一，基本权利的行使不得侵犯其他人的合法权益；第二，基本权利的行使不得侵犯公共利益。合起来称之为“权利不得滥用”原则。公共利益之所以能够作为基本权利的界限，主要在于个人组成社会的需要，根据启蒙思想家的论述，个人组成社会时，必然要让渡或放弃自己的一部分权利，即忍受社会对自己的权利在一定范围内的制约，这种制约主要来自公共利益。

社会公共利益是人们在日常生活中所体会到的、不专属于任何具体个人但每个人都享有的、不可缺少的利益形态。它能给社会公众带来好处，是人们接受和认可的共同的善。不管用什么名称称呼它，如公共利益、公序良俗、公共福利等，其内容都不外是人们共同接受的诸如安全、稳定、正义、和平、文明、富足、进步等价值。因此社会公共利益是协调个人权利和个人利益的参照系，是缓冲个人正当利益之间的冲突进而构建新制度的基础。然而公共利益在法学上被称为“不确定法律概念”，其内容复杂且变化多端，如欲寻求一个恒定不变的概念以定义之，实属不能。庞德认为，利益即人们个别地或通过集团、联合或亲属关系，谋求满足的一种需求或愿望。他将利益分为三类，即个人利益、公共利益和社会利益。个人利益是指“直接涉及个人生活并以个人生活名义提出的主张、要求或愿望”；公共利益是指“涉及政治组织社会的生活并以政治组织社会名义提出的主张、要求或愿望”；社会利益是指“涉及文明社会的社会生活并以这种生活的名义提出的主张、要求或愿望”。②

英国法学家约翰·斯图尔特穆勒在其名著《论自由》中说过：“这就是说，对于文明群体中的任一成员，之所以能够施用权力以反对其意志而不失为正当，其唯一的目的就在于防止危害他人。然而，仅仅是自己的利益，不论是物质上的还是道德上的私利，都不构成采取这种干涉措施的充足理由。”③兴盛于欧洲大陆

① 《牛津法律大辞典》，光明日报出版社 1988 年版，第 454 页。

② [美]庞德：《通过法律的社会控制、法律的任务》，商务印书馆 1984 年版，第 35 页。

③ [美]博登海默：《法理学：法律哲学与法律方法》，邓正来译，中国政法大学出版社 2004 年版，第 108 页。

的利益法学派坚持把法律规范看作是价值判断，亦即“……相互冲突的社会群体中的一方利益应当优先于另一方的利益，或者该冲突双方的利益都应当服从第三方的利益或整个社会的利益”。[①]法律规范既然是不同利益之间的价值判断，各种不同的利益自然就是上述衡量的筹码。正如耶林所认为的那样，保护个人自由不仅仅是法律的唯一目的，“法律的目的是平衡个人利益与社会利益，实现利己主义与利他主义的结合，从而建立起个人与社会的伙伴关系”。[②]由此可以推断，公共利益首先是一种个人利益与社会利益相平衡的秩序关系。“根据法治原则，解决这种利益冲突的方式是限制或放弃较小价值利益的权衡规则”。[③]如果单纯就具体个人利益和社会利益相比较，社会利益比具体个人利益的主体范围要广泛得多，由于两者法律效力的来源相同，因此不存在何者效力优先的问题。但是，当两个或多个个人的正当利益相互冲突，而只能选择其中之一进行保护时，社会公共利益是决定何者优先的重要筹码，即必然要保护最有利于社会利益的那方。理由在于，促进社会利益也是那些个人权利没有得到保护的主体所追求或者愿意看到的，因而从根本上符合各方主体的利益追求。制度本身是协调利益分配的一种手段，在不同主体之间权利无法共容的情况下，各方主体都能理解择其一保护的无奈。[④]总之，公共利益是国家公共政策实现的工具，是政府和市场中间的连接器，也是公共权力和私人权利之间的连接点。

正如学者所言：“从来没有哪个制度否认过政府的征用权，重要的是征用的法律限制。”[⑤] 在征用过程中个人与政府、财产权利与行政权力的关系必须保持平衡，以防止政府滥用权力侵犯公民个人利益或公民过度行使权利损害公共利益，因而需要对政府征收与征用施加法律上的限制。从世界各国立法例来看，以公共利益为目的也就成为了世界主要国家私人财产征收征用制度的基本要件之一，凡确立财产征收制度的国家，在宪法或民法上都无一例外地将财产征收的目的明确限定为公共利益（有的国家描述为公共目的或公共需要等）。公共利益在市场中无法自动实现，政府是实现公共利益的主体。政府为实现公共利益的目的可动用征收征用权，公共利益是征收征用权的依据和界限。也就是说，只有

① [美]博登海默：《法理学：法律哲学与法律方法》，邓正来译，中国政法大学出版社2004年版，第144页。

② 张文显：《20世纪西方法哲学思潮研究》，法律出版社1996年版，第129页。

③ [德]汉斯·沃尔夫等著：《行政法》，商务印书馆2002年版，第326页。

④ 彭诚信：《从利益到权利——以正义为中介和内核》，载《法制与社会发展》2004年第5期，第82页。

⑤ [美]路易斯·亨金等：《宪政与权利》，生活·读书·新知三联书店1997年版，第156页。

在出于公共利益的情况下，国家、政府才有可能动用征收征用权。这也是防止公共权力无限扩大而损害私人财产权益的一种关键措施。例如在法国，作为资产阶级革命胜利成果之一的《人权宣言》第 17 条规定："财产是神圣不可侵犯的权利，除非当合法认定的公共需要所显然必需时，且在公平而预先赔偿的条件下，任何人的财产不得受到剥夺。"《德国基本法》第 14 条规定："财产权负有义务。财产权之行使应同时有益于公共福利。财产之征收，必须为公共福利始得为之。其执行，必须根据法律始得为之，此项法律应规定赔偿之性质与范围。赔偿之决定应公平衡量公共利益与关系人之利益。赔偿范围如有争执，得向普通法院提起诉讼。"《美国宪法修订案》第 5 条规定，"非经正当程序，不得剥夺任何人的生命、自由或财产，非有公正补偿，不得征用私有财产供公共使用"；《日本宪法》第 29 条规定，"财产权不得侵犯，财产权的内容，应由法律规定以其适合公共福祉。私有财产，在公正补偿下得收归公用"。《意大利宪法》第 42 条第 3 款规定，"为了公共利益，私有财产在法定情况下得有偿征用之"。

二、公共利益界定模式选择

(一)国外公共利益的界定模式

1.代议机关界定模式

英国虽然制定了《强制征购土地法》以规范土地征收，但是在立法上并未列举公共利益的范围。英国的《强制征购土地法》规定，征购必须要经过议会的批准才可以进行，确认是否适用《强制征购土地法》有着很高的门槛。征地部门必须证明该项目是"一个令人信服的，符合公众利益的方案"，并证明该项目所带来的好处超过那些被剥夺土地的人所受到的损失。当议会确认土地的使用目的是有利于公众利益后，用地部门可以依法获得强制征用该土地的权力。强制征地程序作为法定程序，在启动该程序之前，有关大臣们将组织召开一个公共的调查会，听取各方关于动用强制征收权的意见，并指定一名独立督察员进行评估。这位督察员随即向国务大臣递交报告，由国务大臣确定该项目是否适用《强制征购土地法》。

2.立法界定模式

无论各国实行何种性质的经济制度，保护社会成员的私有产权都是一项基本的《宪法》原则。私有财产征收作为各国普遍采用的一项以强制方式取得财产的重要法律手段，涉及权利人的私人财产权益，所以必然具有其权力的法源。大多数国家的财产征收，一般都能在其《宪法》中找到权力的来源，即便在其《宪法》中找不到权力来源，在其他的立法中也可找到。当前，世界主要国家财产征收制度涉及的立法形式主要有两种：

第一，在《土地法》中单章规定土地征收内容。在正常情况下，征收所涉及的财产多为不动产，包括土地和附着于土地上的建筑物。这是因为征收通常是由于土地具有不可替代的价值，政府对某一特定土地的需求没有弹性，从而使该土地所有者相对政府处于垄断地位。一些国家或地区的《宪法》所确定的征收制度，实际上是不动产征收制度，征收的对象局限于土地和土地上定着物，因此多在土地法中具体规定征收的程序、征收的补偿以及征收的公共利益目的。比如我国台湾地区，就是在“土地法”中规定土地征收内容的。

第二，制定专门的《不动产征收法》或者《土地征收法》。大多数国家认为，土地征收不仅有其独立的《宪法》基础，而且《土地征收法》与《土地法》在其性质上也有所不同。前者是公权力对私人财产权的侵害，是国家以强制性手段取得财产的方式。土地法则属于《物权法》(或财产权法)的范畴，狭义的土地管理法，从字面上讲更具有大量的行政法内容。因此，无论是作为大陆法系的法国和日本，还是作为英美法系的英国、加拿大，都单独制定了《土地征收法》。为了促进铁路、运河和其他关键性基础设施的建设，英国早在 19 世纪就制定并使用了《征地法》。现在，英国政府和职能部门征用土地的依据是《强制征购土地法》。加拿大的所有土地在名义上属于皇室所有，实际上其中的大部分已经归私人所有，联邦政府、省及市政府都拥有自己的土地，各级政府对所辖范围的土地拥有处置权。如联邦政府为全国办事需要用地，有权征收省公有土地，但必须是有偿的。对于土地征收，联邦和各省都制定有相应的《土地征收法》。例如，联邦和安大略省制定有《联邦及安大略土地征收法》，阿尔伯达省制定有《阿尔伯达省土地征收法》等。日本也早在 1889 年就制定了《土地征用法》，针对为公共利益建设的工程，确立了可以通过补偿征用土地或者使用土地的近代体系化的征用制度，规定了征用或使用土地要基于对土地公益性的认定和征用委员会的裁决。该法是日本现行的《土地征用法》的原型。为了与 1896 年制定的《民法典》进行整合，1900 年又对该《征用法》作了全面的修改，有关征收与征用对象、土地所有人以及关系人的范围、补偿的种类、补偿的义务和征收或使用的效果等规定逐渐完备起来。第二次世界大战以后，随着《日本宪法》的制定，也产生了对征用制度进行民主改革的必要，遂于 1951 年制定了现行的《土地征用法》，并于 1962 年、1967 年、2003 年进行了多次修改。在德国，巴伐利亚邦于 1978 年 7 月 25 日公布了《应予补偿的征收法》。在法国，其《行政法》将行政主体强制取得财产的行为分为公用征收和公用征调。公用征收指行政主体为了公共利益，按照法定的形式和事先公平补偿的原则，以强制方式取得私人不动产的所有权或他物权，如用益物权的公行为；公用征调是行政机关为了公共利益，在公用征收外，依照法定程序，强制取得财产权的行为。法国在1977年专门制定了公用征收法典。韩国也在1962年颁布了《土地征收法》(*Korea Land Acquisition Act* 1962)。此外，美国作为一个判例法系的国家，虽然没有制定独立的土地征收法，但将1970年的《土地征收政策法》提升为法律，亦即《美国联邦土地政策管理法》，使其具有了独立的法律地位。《美国联邦土地政策管理法》规定，政府有权通过买卖、交换、捐赠或征用的方式获得各种土地或土地权益。

无论是在土地法中规定土地征收的内容，还是制定专门的《财产征收法》或《土地征收法》，在立法上对公共利益进行界定的体例并不相同。就土地征收而言，各国或地区土地征收的立法方式有概括式、列举式和概括列举式兼有三种。[①] 第一种立法体例只在法律上规定了征收必须基于公共利益或公共使用的目的，而不具体规定公共利益或公共使用的范围。这种方式给予行政机关极大的自由裁量权，也给予了司法机关极大的法律解释权，美国、法国、菲律宾、越南等国都是采用这种模式。第二种立法体例是立法明确规定了公共利益的具体范围，这类国家包括日本、印度、德国、波兰、墨西哥、巴西等，其特征为在《土地征用法》中采用列举法限定了公共利益目的的范围，对征地的目的限制较严，对政府机构征用土地的权力也有一定的约束。比如日本现行的《土地征用法》就在其第3条中详尽地列举了所有关系到国家和民众利益的公益事业项目(共35种)。第三种立法体例避免了概括式规定的不明确和列举式规定的不周全，为许多国家立法所采纳。比如德国巴伐利亚州的《应予补偿的征收法》中第1条规定："财产之征收，系以达成公共福祉为目的之计划。尤其在下列情形，可予征收：(1)为建造或改建供健康、卫生等医疗作用之设施。(2)为建造或改造学校、大学及其他文化、学术研究设施。(3)为建造或改建公用(水电供给及垃圾排水)设施。(4)交通事业设施之建立或变更。(5)为建造或改建维持公共治安之设施。(6)各级政府及公法人团体达成法定任务之需。(7)其他法律有规定征收之情形者。(8)为补偿因征收而损失土地及其他权利者，可再行征收以补偿之。"韩国将公共利益目的的范畴限定为八类公益事业：主要是有关国防军事、国家基础建设、公共设施、文教艺术、重要产业、住宅等，其中包括前六项事业实施中涉及的相关设施及其附属设施事业，以及其他法律规定的事业。再有墨西哥，也是在征地法律中列出了一份详尽的"公用事业"名单之后，加上"以及由专门法规定的其他用途"。

---

① 宋国明：《浅析国外土地征用的公共利益目的》，载《中国土地》2003年第11期。

3. 司法界定模式

虽然英美法系和大陆法系的一些国家制定了专门的《财产征收法》或《土地征收法》，但是其中有些国家并未在立法中列举出“公共利益”的具体范围。征收的“公共利益”或者“公共使用”目的，交由法院或者准司法机构裁决。比如美国，联邦政府根据美国宪法第 5 条修正案规定，有权在对所有人进行公平补偿后征收其财产充作公用；各州立法也通常授予政府部门制定合理的规章以促进公共利益的权力，规划方面的法规就是这种权力的产物，如果这些法规的实施对土地所有者产生的影响较大也构成征收。基于“三权分立”的政治体制，美国法院具有违宪审查权，因此当土地所有者对政府的征收决定不服时可以提起诉讼，由法院来判定政府实施征收权力是否具有公共使用的目的。再如澳大利亚，1989 年的《土地征收法》允许对征收前公告提出复议（reconsideration）和复审（review）。复议申请由受征收前公告影响的人（a person affected by a preacquisition declaration）向部长提出。不服复议决定，还可以向行政上诉法庭提出复审申请。行政上诉法庭在复审时，也主要考虑征地的公共目的、计划用途与公共目的联系的程度、征地对地区所在环境的影响等公益因素，然后向部长提出维持、撤销或者修改征收前公告的书面建议。

大陆法系的法国也是由法院确定征收中的公共利益目的。虽然法国于 1977 年制定了专门的《公用征收法典》，但是在该法典中没有具体规定“公共利益”的范围。法国的土地征用程序包括：申请、调查和批准。经当事人申请后，进入调查阶段，调查分为事前调查和具体位置调查两个阶段。事前调查是主要针对土地征用目的调查；具体位置调查是核实被征用财产的实际方位、面积等。一般土地征用由省长或部长批准，如涉及国防建设的土地征收由总理批准，但是事前调查的结论为不赞成征收或特别重要的土地征收必须由总理咨询最高行政法院的意见后发布命令决定。法国的行政法院可以审查土地征收的目的是否符合公共利益的需要。依照法国法律，土地征收的申请单位、被征收土地的所有者和利害关系人，以及与土地征收有直接利益的人，因对土地征用的目的发生争议、不服批准决定的，可以在批准决定公布后的两个月内，向行政法院提起诉讼。

（二）我国征收中“公共利益”界定模式选择

在财产征收中如何选择“公共利益”界定的模式，我国学者们大致有三种意见：

1. 第一种意见，主张“公共利益”由权力机关以“一事一议”的方式界定

学者认为，“公共利益”作为一个法律概念，其重心在于“公共”。然而就是这“公共”二字，通过人的想象而被无限夸大、膨胀和神化，成为压在真实个人身上

的一个幻影。必须驱除笼罩在“公共利益”上的魔幻，还原“公共利益”的本质——“公共”就是“私人”之合，“公共利益”就是“私人利益”之合。究竟如何来界定“公共利益”呢？由于民主制度和“公共利益”的选择有着本质上的一致性，都是体现多数人的利益，因而用民主（代议）的方式来界定“公共利益”才可能具有最充分的正当性。[①]因此必须排除学者或法官这类不可能严格中立的“旁观者”，坚持由民主条件下产生的国家权力机关（代议机关）来承担。鉴于上述考虑，学者们建议，在《物权法》通过以后，相关的法律规定可以对一些重要的、关系到人民群众重大利益的财产实行征收，而其是否符合公共利益，应当由县级以上人民代表大会决定。[②]

但是学者们同样认为，由人大及其常委会以“一事一议”方式界定“公共利益”，有以下几个主要弊端：(1)现行的人大组织工作方式决定了人大及其常委会无法承受这一职责。首先，因为我国人大与国外代议机关一样，实行合议制工作方式，我国人大在组织工作方式上又有其自身的特点，即人民代表基本实行兼职制，开会的会期短，代表人数多，这样必然会在一定程度上影响人大工作效率。各级人大常委会一般两个月开一次会，每次会期一个星期左右，各级人大常委会与各级人大一样，具有法律效力的决定只能在会期内以一人一票的合议方式作出。其次，全国各地公益征收征用的数量是相当多的，以一个县为单位，一年少则数十起，多则上百起。每一次公益征收征用都需由人大及其常委会审查，人大及其常委会难胜其任。(2)标准不统一，造成社会混乱。“一事一议”的审查方式的弊端还表现为对“公共利益” 的界定标准不统一，随意性较大。这种情况，会在被征收征用财产的群众中造成思想混乱，增加社会的不稳定因素。(3)潜伏着立法权与行政权合一的危险。我国各级人大及其常委会是权力机关，政府是与人大同级的执行机关，人大与政府之间实行权力分工，人大及其常委会行使立法权、任免权、决定权和监督权，而政府负责日常行政事务。在公益征收征用的问题上，原本应该由人大及其常委会制定一般规则，再由政府执行，并交人大及其常委会进行监督。但是现在由人大及其常委会对公益征收征用“一事一议”地审查，则存在着立法权吸收行政权的潜在危险。[③]

---

① 张千帆：《“公共利益”是什么？——社会功利主义的定义及其宪法上的局限性》，载《法学论坛》2005 年第 1 期。

② 王利明：《界定公共利益：物权法不能承受之重》，载《法制日报》2006 年 10 月 21 日。

③ 唐忠民、温泽彬：《论“公共利益”的界定模式》，载《现代法学》2006 年第 5 期。

2. 第二种意见，“立法至上，司法最终”模式

主张此种观点的学者们认为，“公共利益”是与“征用权”关联密切的一个词语，“征用权”属于“警察权”，而“警察权”属于国家主权，故体现国家主权的警察权及其属下的征用权都具有绝对性、至上性和不可限制性的特点，这就使得“公共利益”只能是一个在法律上极为模糊的概括条款或者弹性条款。而一项私人财产在何种情况下会被认定与“公共利益”相冲突，事先根本无法确定。因此，在较为具体的层面，“公共利益”的界定应属于一个宪法分权问题，是由立法机关、行政机关和司法机关共同分享的。立法者只能对此作出概括性规定，具体的判断则由行政机关来行使，惟在出现纠纷和冲突时，法院才予介入。① 采用这种模式界定“公共利益”，行政机关承担了大量的是否为“公共利益”的裁决工作，但是司法机关对“公共利益”的认定拥有最终审定权，即在发生纠纷时，由司法机关行使决定权。

3. 第三种意见，主张“公共利益”必须由立法机关在普通法律上以列举式立法例予以界定

仿效一些法制先进国家的经验，实行列举式的立法方式，在普通法律中对“公共利益”作出明确的界定。作为补充，在列举式条款后需增加一条“其他属于公共利益的行为”的概括性条款，而对于此概括性条款的动用须十分慎重，应经过相当级别的人大及其常委会（如省级人大及其常委会）“一事一议”的批准。②还有学者进一步认为，鉴于“公共利益”是一个十分抽象与高度概括的词语，所以对“公共利益”的理解与把握较为可行的办法就是通过法律对“公共利益”作出具体的列举和概括。既然“公共利益”是一个不断需要被解释的概念，那么亦可以通过司法判例和法律解释扩展“公共利益”的范围，明确其具体界限。③ 即对公共利益的界定应以立法上的界定为原则，以司法判例和司法解释为补充。

我国 1954 年的《宪法》第 13 条确立土地征收制度的同时，也规定对城乡土地和其他生产资料实行征购、征用或收归国有国家必须是为了公共利益的需要，并依照法律规定的条件进行。1982 年的《宪法》第 10 条第 3 款再次规定了征收的公共利益要件，1986 年施行的《土地管理法》相应地在第 2 条规定了“国家为了公共利益的需要”可以依法对集体所有的土地实行征用。《物权法》完善了征

① 郑贤君：《“公共利益”的界定是一个宪法分权问题——从 Eminent Domain 的主权属性谈起》，载《法学论坛》2005 年第 1 期。

② 唐忠民：《我国应制定专门的公益征收征用法》，载《西南师范大学学报》2004 年第 4 期。

③ 范进学：《定义“公共利益”的方法论及概念诠释》，载《法学论坛》2005 年第 1 期。

收的条件，在征收“公共利益”和“给予补偿”两个限制条件的基础上，增加了“征收的权限和程序”条件。由此可见，我国财产征收中的“公共利益”实际上采取的是立法上概括式规定的界定模式，而公共利益在个案中的具体化则由行政机关自由裁量。

（三）《物权法》制定中“公共利益”的争论

由于“公共利益”被严重滥用，已成为侵犯公民权利，过度征收和权力寻租的保护伞，因此在《物权法》制定的过程中，再次引起了人们对“公共利益”的大讨论。何谓“公共利益”以及是否应在《物权法》中对公共利益的内容作出明确界定，成为《物权法》制定过程中争议的焦点之一。

有学者认为完全有可能对我国的《宪法》和有关法律中的“公共利益”用语的内涵和外延加以界定。其方法是：首先，给“公共利益”下一个简要的定义，如公共利益是指涉及国家安全和广大社会公众福祉的利益；其次，尽可能较全面地列举出所有属于公共利益范畴的事项，如台湾地区的“土地法”中列举的事项（当然不限于这些事项）；再次，设立一个概括性（兜底性）条款，即在立法中无法列举或难以列举的其他应属于“公共利益”范畴的事项；此外，再设立一个排除性条款，明确哪些事项不属于“公共利益”的范围，应该排除在外的，如企业从事商业性开发，政府兴建高尔夫球场等事项；最后，还可考虑设立一个一般限制性条款，即规定在处理个案中，“公共利益”的范围应以相应事项所必需者为限等。[①] 有人从法律实务的视角提出，拆迁政策可以分为根据商业利益开发和公共利益开发两种类型。两者如何区别呢？对此，《土地管理法》和《房地产管理法》中规定：“一些建设项目可以以划拨的方式获得土地。”这句话可以理解为，以划拨方式获得土地的建设项目应该更靠近公共利益，比如国家机关的用地，军事单位的用地，城市基础设施用地，学校、养老院等公益事业的用地，国家重点扶持的交通、水利等公用设施建设用地等。这些都应该是公共利益的领域。但是这些设施的开发行为有的是政府主导的，有的可能就是开发商代替政府做的。所以区分公共利益和商业行为，只要符合用途，就应该是公共利益，不符合用途的，则纳为商业行为。[②] 有的全国人大法律委员会委员建议，借鉴《信托法》第60条的规定，可以在《物权法》草案中增加一款——凡有下列情形之一的，属于本法所称的“公共利益”：(1)救济贫困；(2)救助灾民；(3)发展教育、科技、文化旅游事业；(4)发展卫

---

① 姜明安：《界定“公共利益”完善法律规范》，载《法制日报》2004年7月1日。

② 张慧芳：《土地征用问题研究——基于效率与公平框架下的解释与制度设计》，经济科学出版社2005年版，第334页。

生事业;(5)修建道路、桥梁等;(6)发展不以营利为目的的社会公共事业等。①

但是也有学者不主张在《物权法》中规定公共利益的内涵,也不赞成对公共利益的内涵通过反面排除的方法来加以定义。其理由是:(1)公益概念的宽泛性决定了对公共利益内容的界定是困难的。一方面,公益所包括的范围是非常宽泛的,它既可能是经济利益,也可能是社会的福祉,还可能包括教育、卫生、环境等各个方面的利益。另一方面,公共利益和纯商业利益之间存在一定程度上的交叉,某些表面上看来是单纯的商业利益,也可能具有公共利益的属性。从这个意义上说,公共利益是一个相对的概念。所以,法律上不排除在私人利益数量足够多的时候,私人利益也可以转化为公共利益,即使是使某些特定社会成员受益的集体利益,如果能使更多不特定的人受益,也可能会转化为公共利益。(2)公共利益内容的发展性。公共利益本身是一个开放的概念,具有不可穷尽性,也就是说其类型繁多,且随着社会的发展而不断发展。因社会的发展阶段、各国的具体国情、经济发展水平等的不同,它会具有不同的内涵。而且它与国家政策和不同时期的社会需要具有非常密切的联系。公共利益不仅要受到人民是否客观上受益的限制,而且还要反映社会公共政策的需要,这些都会在一定程度上影响到公共利益的内涵和实现。公共利益也可能因为地域的不同,而以不同的形式表现出来。在某一个地方,某项政策体现出了某种公共利益,但在另一个地方,这种公共利益就可能不被认为是公共利益。另外,在特殊情况下,使某些特定人受益的利益也可能会向公共利益转化。总之,公共利益的内涵具有一定的变动性。(3)由于公共利益内涵的不确定性,在法律上很难对公共利益的受益主体加以准确界定。一方面,利益内容本身是一个价值判断问题,具有一定的主观性;另一方面,受益对象具有不特定性,也就是说,公共利益的受益人不是某个具体的个人或群体。一般来说,其受益对象是不特定的大多数人。此处的不特定的大多数人不一定是社会的全体成员,也可能只是某一个阶层。(4)公共利益层次的复杂性。因为公共利益本身也具有不同的层次,因而各种不同的公共利益之间可能会发生冲突。在这种情况下,法律需要解决的是,如何使公共利益最大化。这就需要分析公共利益的层次,按照各种公共利益的不同层次分别实现,优先保护更高层次的公共利益。但这些分层次的考虑只能是在财产权争议发生之后界定公共利益时加以考虑的因素,很难在立法上对复杂的公共利益的层次作出准确的表述。因此学者认为我国的《物权法》仍然应该维持《宪法》关于公共利益的抽

---

① 吴坤:《物权法草案焦点 何为公共利益怎样合理补偿》,载《法治日报》2005年11月18日。

象的表述,而不必采用正面界定和反面排除的方法来对公共利益的内涵加以规定。因此,问题的关键在于,在公共利益的概念较为抽象的情况下,如何规范征收征用行为、保护公民的财产权。解决问题的办法有两种:一是对征收征用的条件和程序要作严格的界定。即在《物权法》中对征收征用的条件和程序作出准确规定,就可以在一定程度上弥补因公共利益概念的过于抽象而造成的法律上的不确定性;二是通过司法在个案中界定公共利益的内涵。即赋予法官以较大的自由裁量权,通过宪法解释、法律解释,不断细化公共利益的内容,建立公共利益类型化制度。① 这实际上仍然是一种"立法至上,司法最终"的模式。

从国外公共利益界定的模式来看,概括式规定模式由于没有在法律上具体规定公共利益或公共使用的范围,而公共利益在个案中的具体化又是必不可少的,因此必须将公共利益具体化的职责给予行政机关或司法机关。由于我国的《土地法》没有明确规定征收中的"公共利益"的具体范围,因而公共利益在个案中的具体化由行政机关自由裁量。也正是因为赋予了行政机关极大的自由裁量权,"公共利益"才可能被严重滥用,成为侵犯公民权利、过度征收和权力寻租的保护伞。那么如果像美国或法国那样,将公共利益的决策程序更多的交给法院,可行吗? 笔者认为,在现在的中国,这样的制度安排是行不通的。其原因在于:

第一,导致司法权对抗民主,以法官的统治代替人民的统治。因为"公共利益"的界定,应该是民主政治的产物。法官并不是人民意志的直接代言人,让法官作"公共利益"的解释者,实质上是以法官的意志替代人民的意志,是司法权对人民主权的僭越,是一种法官专制,没有合法性。②

第二,现有的法律法规未将不动产征收的合法性审查列入司法程序。目前,调整我国土地征收的法律法规主要是《中华人民共和国土地管理法》和《土地管理法实施条例》。依照《土地管理法》第 45 条所设定的土地征收程序,集体土地征收基本上是由国务院或省、自治区、直辖市人民政府批准,由县级以上地方人民政府予以公告并组织实施,而被征收土地的所有权人、使用权人只有在公告规定期限内,持土地权属证书到当地人民政府土地行政主管部门办理征地补偿登记的权利或义务。《土地管理法实施条例》第 20 条关于土地征收的规定更加离谱,建设用地的审批和土地征收的批准没有分开,县一级人民政府也具有审批权。被征用土地的所有权人、使用权人应当在公告规定的期限内,持土地权属证书到公告指定的人民政府土地行政主管部门办理征地补偿登记。其第 25 条进

---

① 王利明:《物权法草案中征收征用制度的完善》,载《中国法学》2005 年第 6 期。

② 唐忠民、温泽彬:《论"公共利益"的界定模式》,载《现代法学》2006 年第 5 期。

一步强调:“征地补偿、安置方案报市、县人民政府批准后,由市、县人民政府土地行政主管部门组织实施。对补偿标准有争议的,由县级以上地方人民政府协调;协调不成的,由批准征用土地的人民政府裁决。征地补偿、安置争议不影响征用土地方案的实施。”由此可见,《中华人民共和国土地管理法》和《土地管理法实施条例》都没有规定被征用土地的所有权人、使用权人对土地征收的决定不服的,可以提起行政诉讼。那么,依照《行政诉讼法》第二章“受案范围”的规定,被征收土地的所有权人、使用权人就无法因此而提起行政诉讼。

房屋征收和土地征收是紧密联系在一起的,一般是因为房屋所在的土地被征收造成建设在土地上的房屋一并被征收,因此说在土地征收获得批准的同时也决定了土地上的房屋被征收。房屋被征收的最终命运是被拆迁,依《城市房屋拆迁管理条例》第二章“拆迁管理”的规定,拆迁人取得拆迁许可证后即可实施拆迁。拆迁许可证由拆迁人单方面向房屋拆迁管理部门申请,被拆迁人在拆迁证的申领过程中没有参与并表达自己意愿的权利。依照建设部《城市房屋拆迁行政裁决工作规程》第8条规定,被拆迁人对拆迁许可证的合法性提出异议申请行政裁决的,房屋拆迁管理部门不予受理。因此对于被拆迁人而言,自己的房屋拆迁是否合法自己是无权过问的。被拆迁人只有就补偿方式和补偿金额、安置用房面积和安置地点、搬迁期限、搬迁过渡方式和过渡期限等事项与拆迁人协商并订立拆迁安置补偿协议的义务。并且只有当拆迁双方就补偿方式和补偿金额、安置用房面积和安置地点、搬迁期限、搬迁过渡方式和过渡期限等事项达不成协议时,被拆迁人才可以向人民法院提起诉讼。如果被拆迁人或者房屋承租人在裁决规定的搬迁期限内未搬迁的,则由房屋所在地的市、县人民政府责成有关部门强制拆迁,或者由房屋拆迁管理部门申请人民法院依法强制拆迁。亦即当被拆迁人不予拆迁时,房地产管理部门有两条路可以选,一个是自己去强制执行,另外就是向人民法院申请强制执行,即非诉强制执行。当向人民法院申请强制执行时,人民法院对行政裁决书也仅仅是进行形式上的审查而不作合法性的审判,就算行政裁决因为形式欠缺而被法院拒绝执行,房地产管理部门还是有强制执行的权力存在。

第三,将公共利益的决策程序交给法院恐怕也是法院所不能承受之重。

首先是司法独立没有真正实现,不能保证在公共利益在决策过程中不受地方党委政府的干涉。汉密尔顿说过:“就人类天性之一般情况而言,对某人的生活有控制权,等于对其意志有控制权。在任何置司法人员的财源于立法机关不时施舍之下的制度中，司法权与立法权的分立将永远无从实现。”[1]我国的现实是地方各级人民法院在人事与财政两个方面都隶属于地方党委和政府。一方面，虽然按照我国宪法规定，地方各级人民法院由同级人民代表大会产生，但实际上根据党管干部的原则，地方各级人民法院院长、副院长、庭长、副庭长、审判委员会委员、审判员都是由同级党委预先讨论确定，然后提交同级人民代表大会选举或者它的常务委员会任命。在地方各级党委或者组织部门握有司法人员升降去留大权的情况下，同级审判机关要依法独立行使职权而不受党委或者组织部门某些领导的干涉，显然是不可能的。另一方面，根据政府统管财政的原则，地方各级人民法院的人员工资和业务经费均由同级人民政府提出预算，报同级人民代表大会审议通过后划拨。在这种经费划拨体制下，同级审判机关要依法独立行使职权而不受行政机关或财政部门某些领导的干涉，显然也是不可能的。土地征收和房屋拆迁都必须由政府批准后才能进行，而滥用行政权力损害群众利益的违法违规征收与拆迁，一般都是由于地方各级党委、政府积极参与的结果。在这种情况下，地方各级审判机关根本无法担当起对不动产征收的合法性进行审查的职责。

其次是我国法官的整体素质偏低，恐怕无法胜任对“公共利益”的界定。无论是保证司法的公正性还是维护审判的独立性，都必须以审判人员具有较高的政治素质和业务素质为前提。如果司法官员的素质普遍偏低，则司法决策的品质难以保证。虽然近几年来我国大力推进法官职业化建设，法官的学历层次和业务水平获得了不断提高，但是相对于法制健全的一些国家而言，我国法官的整体素质仍然偏低。2005 年 7 月 17 日《人民日报》第一版载文称：“法官法、检察官法实施 10 年来，全国法官中具有大学本科以上学历的，从 1 万余人增至 9 万余人，占法官总数的比例从 6.9%提高到 51.6%”。2006 年 2 月 26 日《人民法院报》报道：“2001 年，全国各级法院法官中具有本科学历的 6.93 万人，具有博士、硕士学位的 2579 人；截至 2005 年年底，全国法官中具有本科学历的人数已经达到 11.5 万人，具有博士、硕士学位的 6216 人，占法官总数的比例分别比‘十五’前上升了 37.6%和 2.5%。”从《人民法院报》和《人民日报》报道中的数据的对比中可知，本科学历的法官在四年时间里增加了近 3 万人（2001 年“6.93 万人”，2005 年 7 月“9 万余人”），在 2005 年下半年短短半年时间内，取得本科学历的法官猛增了 2 万人（2005 年 7 月“9 万余人”，2005 年年底“11.5 万人”）。在巨大数字变化的背后蕴含着玄机：法官队伍学历的提高并不一定是队伍的素质结

① 参见《联邦党人文集（第 79 篇）》，程逢如等译，商务印书馆 1980 年版，第 396 页。

构明显优化或司法水平的不断提高。学历是受教育程度的一个标志，学历本身不等同于能力。退一步说，仅以形式主义方式考察上述报道中的所谓学历，水分也是一拧一大把，这些学历中的大部分肯定是突击出来的。——这点甚至无需论证，看看数字的变化规律就能得出结论。不说法院内部的本科培训和司法院校专门为法官们举办的学位班，只看蒸蒸日上的党校学历教育就可见一斑。即使承认法官队伍建设已经取得的成绩，我们还看到尚有将近一半的法官没有达到《法官法》所规定的最低学历要求。在上下级人民法院之间，法官的政治素质和业务水平存在着极度的不均衡，比如截至 2003 年，最高人民法院法官中硕士、博士学位的比例就已经达到了 47%，[①]而截至 2007 年底，贵州省具有硕士研究生学历或硕士学位的仅有 40 人，占法官总数的 0.85%，大学本科学历的 2152 人，占 45.9%，且法官的学历构成多数为在职教育，全日制本科仅占大学本科总数的 27.42%，党校本科占大学本科总数的 44.05%，其他在职教育占大学本科总数的 28.53%。[②] 这意味着，法院的级别越高，法官的学历和业务素质就越高，越往基层法院，法官的学历和业务水平就越低。现实的情况却是基层法院承担了大多数案件的审理工作。公共利益的界定是对个人自由的限制问题，因此这里有一个利弊衡量、平衡取舍的问题，也就是说，所得与所失哪一个更值得保护，涉及对不同价值的判断问题。而且从学理上看，公共利益能否明确定义一直是一个有争议的问题，解释不当，会导致征收权滥用或不当地限制征收行为。如果将公共利益的决策程序交给法院，实际上是要这些政治素质和业务素质都有待提高的法官们去作价值判定和利益衡量。《物权法》是在许多法学名家参与下制定的，都“难以对各种公共利益作出统一规定”，现在却要把公共利益的决策程序交给法院，即使我们真的相信这些政治素质和业务素质都有待提高的法官们会在“群以界分”上扎好私人财产的篱笆，但对他们来说，的确是强人所难！

三、征收中“公共利益”的具体范围

（一）国外征收中的公共利益

1. 美国财产征收中的公共利益

美国《联邦宪法第五修正案》中关于征收的规定具有决定性的指导意义。该修正案规定：“非依正当法律程序，不得剥夺任何人的生命、自由或财产；非有合理补偿，不得征用私有财产供公共使用。”《联邦宪法第五修正案》规定了征收的

---

① 参见十届全国人大二次会议第四次全体会议上的最高人民法院工作报告。

② 阎志江、李云超：《贵州法官队伍人员缺失情况调查》，载《法制日报》2007 年 11 月 21 日。

三项要件:(1)正当程序;(2)合理补偿;(3)公共使用。该修正案原本只适用于联邦政府,而不适用于州政府,但是《联邦宪法第十四修正案》要求州政府必须依据正当程序取得私有财产并保证不得拒绝法律对公民的平等保护,随后各州宪法都有了类似规定,从而使得《联邦宪法第五修正案》也适用于州政府。

美国对“公共使用”的内涵作了广义的理解。首先公共使用排除了政府利用权力损害某人利益而使另一人获利的情况;其次是即使在合理补偿的情况下,如果不含有公共使用的目的,政府是不能剥夺一个人的财产而使另一个人受益的。但是公共使用并不意味着政府征收的财产只能用于公用或者给一般公众使用。政府征收财产又立即转让给多数个人使用,同样可以构成公共使用。也就是说,政府只要是为了公共目的,就可以征用私有土地,并将其划分给土地使用者。早期的案子可以追溯到帝国大厦拆迁案。20 世纪 20 年代美国要修帝国大厦,需要拆迁两三百户当地商户,遭到强烈反对,认为帝国大厦是商业大楼,属于商业利益需要。但法官说认为,这个地方如果拆掉,将来建起帝国大厦以后,对纽约的发展是有利的,因此是公共利益。又比如,20 世纪 60 年代,夏威夷州决定征收大土地所有者的土地然后转让给私人承租。作为土地所有者的原告认为,联邦宪法第五修正案公共使用条款禁止夏威夷州以合理补偿的方式来剥夺房地产主的财产。法院首先肯定在政府实施征收权时,应该先判断政府的行为是否具有公共使用的目的。其次,法院认为,政府通过补偿来消除土地的寡头垄断并非是为了使某些特定的集体受益,而是为了消除财产过分集中所导致的不良状况,以改变被扭曲的房地产市场,显而易见属于合理的公共使用。最终原告败诉。还有最近的辉瑞案件,美国康涅狄州有个小镇,美国最大的制药厂辉瑞要在那儿设厂,当地居民强烈反对。居民们认为,设立药厂肯定属于商业利益需要,可是镇政府却认为,这不仅仅是商业利益需要。案子上诉到最高法院,奥康纳的大法官说,这个镇的失业现象比较严重,财政困难,设立药厂可以使很多人就业,增加镇财政收入,这也是为了当地居民的利益,所以也可以说是出于社会公共利益的需要。类似的案例还有很多,比如政府为了重新开发城市,征用了大量土地,再将土地交给开发者,建成新的小区和住宅。底特律市的内巴德小区是波兰人后裔居住的地方,政府将其邻近地区的居民强制迁移后,将此处住宅地全部移交给了美国通用汽车公司开发使用,由于其目的是解决小区居民的就业问题,因此也是公共目的。

2. 日本征收中的公共利益

《日本宪法》第 29 条规定,“财产权不得侵犯,财产权的内容应由法律规定以其适合公共福祉。私有财产,在公正补偿下得收归公用”。在其《土地征用法》第

3 条中，将公共利益目的的范畴严格限定在关系国家和民众利益的 35 种公益事业项目中，其中包括依据道路法进行的公路建设；以治水或水利为目的在江河上设置的防堤、护岸、拦河坝、水渠、蓄水池及其他设施；国家、地方团体进行的农地改造与综合开发所建的道路、水渠等设施；铁路、港口、机场、气象观测、电信、电力、广播、煤气、博物馆、医院、墓地、公厕、公园等等。

3. 韩国征收中的公共利益

韩国将公共利益目的的范畴限定为八类公益事业：主要是有关国防军事、国家基础建设、公共设施、文教艺术、重要产业、住宅等，其中包括前六项事业实施中涉及的相关设施及其附属设施事业，以及其他法律规定的事业。德国的公共利益目的的范畴是公共福利事业、为实现地区详细规划所进行的事业、合理利用空闲地、用于补偿调配地、文物保护用地等。具体包括公路、机场、发电站、电气化铁路建设等。征地只能在没有其他可供选择的手段能取得所需要土地的情况下方可进行。

4. 印度征收中的公共利益

印度的公共利益目的的范畴包括以下八个方面：(1)为建立村庄或扩建村庄提供土地、为规划发展或改善现有村庄提供土地；(2)为城镇或农村发展规划提供土地；(3)为从公共基金拿出资金落实政府任何计划或政策的土地规划发展提供土地和为确保按照规划进一步发展的目的，通过出租、签约或彻底销售对全部或部分土地进行处置；(4)为州政府拥有或控制的公司提供土地；(5)为贫困或无土地的人们提供土地，或为受到自然灾害影响的地区居民提供土地，或向那些因政府拥有和控制的公司实施正当规划而被迫迁移或受到影响的人们提供土地；(6)为政府、政府为落实计划而建立的机构、政府以前批准的机构，或依据 1860 年团体登记法登记的团体，或根据州现行有效的相关法律登记的团体，或州关于合作团体现行有效的法律登记的合作团体，实施教育、住房、健康或脱贫计划提供土地；(7)为政府的、政府以前批准的发展规划提供土地；(8)为公共办公室建筑房屋提供土地。

5. 波兰征收中的公共利益

波兰的公共利益目的的范畴包括：公路、公共交通设施的建设和养护，通信系统、环境保护、政府办公场所、公用水场、废水处理场和防洪堤的建设；小学、医院、护理站、卫生设施和墓地的建设和养护；必不可少的国防和公安的建筑物和设施的建设和养护，包括监狱和少年管教所的建设和养护；规划的市政房屋建设；其他公认的公益事业。

6. 意大利征收中的公共利益

意大利1865年的“2359号法令”和1992年的“359号法令”规定，国家、地区和市政当局都有权征地，其征用土地的理由如下：属于具有艺术、历史或考古价值的项目；分解大型庄园，以及建设公益工程或议会大厦。1865年的“2359号法令”规定了“公益工程”的含义，包括修建公路、学校、公园和运动场。大多数农业用地是在市政府通过了城市发展计划，要求将农业土地重新划拨为城市用地时征用的。这种重新划拨被认为是符合公共利益的。

7. 巴西征收中的公共利益

巴西规定实现以下两个目的方可动用土地征用权：“公益事业”，这要通过一个适度的特定清单确定，包括国防、公共卫生、市政工程和国家专利成果的建设；“社会利益”，一般准则允许为有益于达到“地方”的社会功能，包括为地产的分配目的而征地。

8. 墨西哥征收中的公共利益

墨西哥的《土地征用法》中包括一个符合“公益事业”标准的各种用途的详细清单，也包括允许为“专门法令规定的一切其他情况”而征地的一揽子规定。这项规定允许将“公益事业”的定义合法地扩大了。

在世界各国，公共利益目的的范畴有许多共同之处，例如道路、军事设施、国家机关用地、学校、医院等设施的建设。但在不同的国家，由于社会制度不同、历史和文化背景不同，对公共利益也形成了不同的认识。公共利益的多种定义体现了每个社会的私有土地拥有者的权利与公共土地需求两者之间的平衡关系。总的来看，在大多数国家，土地征用公共利益目的的范畴通常包括以下六个方面：(1)交通建设，包括道路、运河、公路、铁路、人行道、桥梁、码头、防洪堤和机场等；(2)公共建筑，包括学校、图书馆、医院、工厂、教堂和公共住房等；(3)军用目的，如军事设施、军事基地、兵工厂等；(4)土地改革，如耕地改造、土地重新分配、土地规划等；(5)公共辅助设施，如用水设施、污水处理系统、电力设施、煤气管线、水利和灌溉工程、水库等；(6)公园、花园、体育设施和墓地的建设。①

(二)我国有关立法中的公共利益

1. 台湾地区

我国台湾地区的“立法”将不动产征收中的公共利益限定在两个方面：第一，兴办公共事业的需要。其“土地法”第208条规定，“因下列公共事业的需要可依本法的规定征收私有土地，但征收的范围，应以其事业所必须者为限：国防设施；

① 宋国明：《浅析国外土地征用的公共利益目的》，载《中国土地》2003年第11期，第42页。

交通事业；公用事业；水利事业；公共卫生；政府机关、地方自治机关及其他公共建筑；教育、学术及慈善事业；国营事业；其他由政府兴办以公共利益为目的的事业。”第二，实施“国家经济政策”。“土地法”第209条规定，“政府机关因实施‘国家经济政策’，得征收私有土地，应以法律规定者为限”。所谓“法律规定”，是指“土地法”、“平均地权条例”、“都市计划法”、“奖励投资条例”以及其他法律法规的规定。其中“土地法”第14条、第29条、第34条、第89条、第92条所规定的私有土地征收，皆以实施“国家”经济政策为目的。①

2. 香港特别行政区

我国香港特别行政区的土地全部属于特别行政区政府所有，特别行政区政府不向使用者出让土地所有权，只是批租给业主。特别行政区政府在土地需要作为公众用途时可提前收回已批给私人的土地，故香港称“土地征用”为“收回官地”。香港的《收回官地条例》规定，“政府在为公共用途时，可提前收回已租给私人的土地，但须按市价作合理赔偿。”所谓“公共用途”，是指一切有关对公共大众有利益的规划及建设，例如公路建设、公共屋村、街道、市场、公共休息场所等。《香港土地征用(占有权)条例》中说明，“为公共目的征用”包括：“为保证在不卫生的财产上建筑改良的住宅，或建筑或改善其卫生状况而征用该财产；在任何土地上的建筑物，因接近或接触而严重妨碍其他建筑物的通风状况，或造成或导致其他建筑物不适于人类居住，或处于危险状况，或有害于健康时，征用该土地；为了与海、陆、空军或香港的志愿队有关的目的而征用；为了行政长官确定的公共目的而征用”。②

3. 大陆现行征收立法中的公共利益

我国1954年的《宪法》第13条确立了土地征收制度，同时也规定，国家对城乡土地和其他生产资料实行征购、征用或收归国有必须是为了公共利益的需要，并依照法律规定的条件进行。但是此种规定也没有持续多久，在“左”的政治条件下，1975年的《宪法》第6条第3款规定，国家可以依照法律确定的条件，对城乡土地和其他生产资料实行征购、征用或者收归国有。这样也就删除了国家关于征用土地目的之限制规定。1978年是为了清除《宪法》中的“左”的思想，而进行了修订，但对于前述国家征用土地的条款却没有触动。直到1982年的《宪法》公布时，才使其恢复到了1954年的《宪法》所规定的面貌，由此形成了第10条第3款的“国家为了公共利益的需要，可以依照法律规定对土地实行征用”的规定。

---

① 国土资源部土地征用制度改革调研组:《台湾、香港土地征用制度比较》,2001。

② 同上。

尽管《宪法》已经规定了征用土地的目的在于公共利益，但是在建国初期的土地征用的实践中，“建设用地”的范围不仅指“兴建国防工程、厂矿、铁路、交通、水利工程、市政建设及其他经济、文化建设”的用地，而且还包括“国家机关、企业、学校等兴建办公房屋及职工宿舍”的用地。[①] 因而在事实上将土地征收的适用范围扩及非公共利益的范围。1982 年公布施行的《国家建设征用土地条例》第 2 条的规定，将征用土地的目的限定为“国家进行经济、文化、国防建设以及兴办社会公共事业”，仍无重大的突破。1986 年施行的《土地管理法》第 2 条规定：“国家为了公共利益的需要”可以依法对集体所有的土地实行征用，但是第 21 条又规定“国家进行经济、文化、国防建设以及兴办社会公共事业”可以征用集体所有的土地。就《土地管理法》所规定的“经济、文化、国防建设以及兴办社会公共事业”来看，文化、国防建设和兴办社会公共事业与公共利益的目的有着明显的关系，不过，经济活动并不一定都属于社会公共利益，虽然经济活动可能间接涉及社会公共利益，但其直接目的是否就是为了社会公共利益并不能完全肯定，起码经济活动的非商事性质就首先难以肯定，所以经济活动不应全部纳入社会公益的范畴。[②] 另一方面，根据 1986 年《土地管理法》第五章“乡村建设用地”的部分规定可知，乡(镇)村企业建设和城镇非农业户口居民建住宅等需使用村农民集体所有土地的，也可以征收村农民集体所有的土地。因此这种规定实际上突破了土地征用须为公共利益目的的限制，与《宪法》和《土地管理法》的总则所要求的公共利益相悖，在实践上造成了土地征用既适用于公益用地，又适用于非公益用地的混乱状态。因此，1998 年的《土地法》将此条修改为：“任何单位和个人进行建设，需要使用土地的，必须依法申请使用国有土地。”

我国有关立法曾涉及公共利益的范围。比如《信托法》第 60 条：“为了下列公共利益目的之一而设立的信托，属于公益信托：(一)救济贫困；(二)救助灾民；(三)扶助残疾人；(四)发展教育、科技、文化、艺术、体育事业；(五)发展医疗卫生事业；(六)发展环境保护事业，维护生态环境；(七)发展其他社会公益事业。”《测绘法》第 31 条规定：“基础测绘成果和国家投资完成的其他测绘成果，用于国家机关决策和社会公益性事业的，应当无偿提供。前款规定之外的，依法实行有偿使用制度；但是，政府及其有关部门和军队因防灾、减灾、国防建设等公共利益的需要，可以无偿使用。”《土地法》虽然没有明确界定“公共利益”的具体范围，但是

① 参见 1955 年 11 月 16 日的《内务部关于对执行国家建设征用土地办法中几个问题的第二次综合答复》。

② 费安玲：《对不动产征收的合法思考》，载《政法论坛》2003 年第 1 期。

从相关条文中分析，其实间接涉及了公共利益的范围。按照我国现行《土地法》的规定，建设用地使用权取得的方式有出让和划拨两种。出让是指有偿取得土地使用权，一般建设用地使用权的取得以有偿取得为原则；而建设用地使用权的划拨取得是例外。依照《土地法》规定，土地的划拨适用于：国家机关用地和军事用地，城市基础设施用地和公益事业用地，国家重点扶持的能源、交通、水利等基础设施用地，以及法律法规规定的其他用地。该条款实际上以列举的方式规定了公共利益的范围。2001 年国土资源部颁布了《划拨用地目录》，进一步将土地划拨限定在党政机关和人民团体用地、军事用地、城市基础设施用地、非营利性邮政设施用地、非营利性教育设施用地、公益性科研机构用地、非营利性体育设施用地、非营利性公共文化设施用地、非营利性医疗卫生设施用地、非营利性社会福利设施用地、石油天然气设施用地、煤炭设施用地、电力设施用地、水利设施用地、铁路交通设施用地、公路交通设施用地、水路交通设施用地、民用机场设施用地、特殊用地比如兴建监狱等 19 类用地上。尽管我国法律法规没有明确指明这 19 类建设用地是以公益为目的的，但通过以上比较我们已经得知：在大多数国家，土地征用公共利益目的的范畴通常包括交通建设，包括道路、运河、公路、铁路、人行道、桥梁、码头、防洪堤和机场等；公共建筑，包括学校、图书馆、医院、工厂、教堂和公共住房等；军用目的，如军事设施、军事基地、兵工厂等；土地改革，如耕地改造、土地重新分配、土地规划等；公共辅助设施，例如用水设施、污水处理系统、电力设施、煤气管线、水利和灌溉工程、水库等几个方面。我国通过的土地划拨建设的项目中，也基本上包含了国外这些公益建设项目。因此说，我国建设用地采用划拨方式的，不仅仅是因为这些建设项目非以营利为目的，从另一个方面来说，也意味着这些项目是公益建设项目。

四、总结

在实践中，“公共利益”的界定是无法回避的问题。“公共利益”的界定至少包含两个密切联系的方面，即“由谁界定”以及“如何界定”。通过法律明文规定“公共利益”的内涵，或者由人大决定来界定“公共利益”，或者由政府审查（如通过征地和拆迁审批程序）征收行为的“公共利益”目的，以及发生争议后法院对具体征收行为的“公共利益”目的作司法审查，这些都是“由谁界定”公共利益的问题，亦即公共利益的界定模式问题。

（一）立法界定模式

就“公共利益”的界定模式而言，笔者倾向于对“公共利益”的界定以立法上的界定为原则，以司法判例和司法解释为补充的模式。但是，立法上的界定又可以分为在土地法中单章规定土地征收和制定专门的《土地征收法》或《不动产征收法》两种情形。当前倾向性的意见是“分别由《土地管理法》、《城市房地产管理法》等单行法律规定较为切合实际。”[①]笔者认为，我国应当建立起一个以《宪法》和《物权法》为基础，以《财产征收法》[②]为核心，以《土地管理法》和《城市房地产管理法》等单行法规为补充的财产征收法律体系。理由如下：

第一，前已有述，《土地征收法》与《土地法》在其性质上有所不同：前者是公权力对私人财产权的侵害，是国家以强制性手段取得财产的方式；《土地法》则属于《物权法》（或财产权法）的范畴，狭义的《土地管理法》，从字面意义上讲具有更多的行政法内容。因此，无论是作为大陆法系的法国和日本，还是作为英美法系的英国、加拿大，大多数国家都单独制定了《征收法》。这些国家单独制定《征收法》，不仅仅是要明确征收中“公共利益”的范围，更主要的是要规范征收的权限和程序。

第二，我国的土地征收有其《宪法》基础，有关法律也规定了征收的公共利益目的，而《土地法》还具体列举了公共利益的范围。但是，一些地方政府以公共利益的名义滥用行政权力，非法征地拆迁，侵害公民的财产权利，从而引发了一些社会矛盾的现象并没有消除。归其原因在于我国多元化的立法造成了法律法规之间的不统一、欠协调，同层次的法律规范在内容上标准不一、宽严失调。虽然我国《宪法》第10条明确规定，“国家为了公共利益的需要，可以依照法律规定对土地实行征用”，但是我国的土地立法体系主要是以《土地管理法》、《城市房地产管理法》为核心，由系列单行法规组成的法律框架，没有独立的《土地法》，更没有独立的《土地征收法》。我国的土地立法存在的问题主要表现在：其一，土地立法层次低，只有少部分法律是由人大常委通过的，诸如《土地管理法》、《城市房地产管理法》等，大批量的则是部门规章，如“报告”、“意见”、“暂行规定”或者司法解释等；其二，土地立法主体多元化，受传统立法习惯的影响，不论是土地法律、行政法规还是地方土地法规，从表面上看，是由全国人大或常委会、国务院或地方人大常委会通过的，而实际上通常均由相应的职能部门负责起草。也就是说，我国在土地征收中所存在的问题并不是因为没有明确界定“公共利益”，而是因为没有对土地征收的权限和程序进行严格的界定。因此，制定统一的《财产征收法》，规范私有财产征收的权限和征收的程序，才是预防征收权滥用的真正有效

---

① 王胜明：《中华人民共和国物权法解读》，中国法治出版社2007年版，第88页。

② 有人认为应当制定《公益征收法》，但是笔者认为只有出于公益目的才能征收私人财产，非出于公益目的禁止征收私人财产，因此说《财产征收法》实际上调整的是公益征收。

的办法。

第三,在《土地管理法》和《城市房地产法》等单行法规中规定的公共利益,只适用于不动产征收。而我国《宪法》规定的财产征收的对象是"公民的私有财产",公民的私有财产包括了不动产和动产,也就是说,完整的财产征收法律制度应当包括不动产征收和动产征收。我国现行法律法规所规定的征收客体,除了土地、房屋等不动产以外,还涉及土地使用权和中外合资企业、外商独资企业的整体财产等。换言之,即使在《土地管理法》和《城市房地产法》等单行法规中规定了公共利益,也只能解决不动产征收中的公共利益界定问题,仍然无法解决对其他财产征收时的公共利益界定问题。

（二）如何界定

全国人大法工委不界定"公共利益"的理由有两个:一是"不宜",理由是"征收属于公权力的行使,而《物权法》是民事法律";二是"难以",因为"在不同领域内,在不同情形下,公共利益是不同的,情况相当复杂"。前者是立法必要的问题,即界定"公共利益"不仅是必要的,更是必须的,是迫切的,只是不适宜在《物权法》上界定;后者是立法技巧的问题,即法律根本无法对"公共利益"作出界定。就前者而言,《物权法》因为是民事法律而不适宜界定规范属于公权力行使的征收,但是若要在专门调整私有财产征收的《财产征收法》中对"公共利益"作出界定,应该不存在"不宜"的理由;就后者而言,诚然,在不同领域内,在不同情形下,公共利益是不同的,情况相当复杂,但再不同、再复杂,也是有共性的,那就是"全体社会成员都可以直接享受的利益"。学者们还具体地指出,所谓"公共利益",指公共道路交通、公共卫生、灾害防治、科学及文化教育事业,环境保护、文物古迹及风景名胜区的保护、公共水源及引水排水用地区域的保护、森林保护事业,以及国家法律规定的其他公共利益"。[①] 另外,前已有述,在立法上对"公共利益"进行界定的国家不在少数,因此这个问题似乎也不是一个立法上的难题。虽然"公共利益"的概念存在着范围的宽泛性、内容的发展性、内涵的不确定性和层次的复杂性等特点,在立法上界定"公共利益"难免有挂一漏万之虞,但是如果在立法上的不界定"公共利益",就只能是把界定的权力"下放"给行政机关或司法机关,让行政机关或司法机关在执法或司法过程中"自行立法"。所以说立法不界定"公共利益",等于是扩大了执法者的权力而缩小了公民的权利,滥用征收权侵犯私有合法财产权的现象就不能得到遏制。与私权保护的意义相比较,立法

---

① 梁慧星:《中国物权法草案建议稿条文、说明、理由与参考立法例》,社会科学文献出版社 2000 年版,第 15 页。

上可能存在的不周全问题就显得无关紧要了，因为立法上的不周全问题总还是可以通过实践经验的积累和立法的不断完善得到解决的。

立法上界定“公共利益”的模式有概括式、列举式、概括兼列举式三种。我国财产征收法律体系是一个以《宪法》和《物权法》为基础，以《财产征收法》为核心，以《土地管理法》和《城市房地产管理法》等单行法规为补充的法律体系。在这个财产征收法律体系中，不同的法律可以采取不同模式。具体而言，就是在《宪法》和《物权法》上概括式地规定征收的“公共利益”目的，统一的《财产征收法》应当采用列举加概括式的模式具体界定“公共利益”的范围，首先将公共利益严格界定在国防、公共交通、公共教育、公共博物馆(图书馆)、医院、环境保护等方面，然后加上一个弹性条款，即“其他法律法规规定的”①。就具体的范围而言，《财产征收法》上的“公共利益”范围要比特别征收法上的“公共利益”的范围狭窄，亦即特别征收法上的“公共利益”的范围更为具体和广泛。因此《土地管理法》和《城市房地产管理法》等涉及征收的单行法律法规，作为特别法可以采用列举的方式对“公共利益”的范围作进一步的界定。

第三节 财产征收的程序限制

一、征收程序限制的意义

正当程序之于现代法治社会具有重要意义。《不列颠百科全书》指出：“行政权力在任何依法建立的行政制度中都占有重要的地位。经过深思熟虑而制定的程序使行政过程的每一个阶段都有负责的官员或机构承担责任。它可以保护公民的权利，也可以保障行政机构不致受行动专制的指责”。② “在行政法律关系中，行政相对人一般由实体法所规定的义务承担者转化为程序方面权利的主体通过程序权利的行使，行政相对人可维护其实体权利不受行政行为侵害，同时防

---

① 笔者认为，只有法律法规才能界定公共利益的范围，应当禁止地方政府或部门以规章的形式来界定公共利益。

② 叶必丰：《公共利益本位论与行政程序》，载《政治与法律》1997 年第 4 期。

止其实体义务的非法增加。”[①]正当程序或者正当法律程序(due process of law),最初起源于英国的普通法,并在1215年《大宪章》中得到确认。《大宪章》第39条规定:“任何自由人,如未经其同级贵族之依法裁判,或经国法判决,皆不得逮捕、监禁、没收财产、剥夺法律保护权、流放,或加以任何其他损害”;《大宪章》第52条规定了保护财产权的正当程序:“任何人凡未经其同级贵族之合法裁判而被余等夺去其土地、城堡、自由或合法权利者,余等应立即归还之……。”1789年的法国《人权宣言》第17条进一步明确了,“财产是神圣不可侵犯的权利。除非当合法认定的公共需要所显然必须时,且在公平而预先赔偿的条件下,任何人的财产不得受到剥夺。”在此,公平而预先的赔偿就是程序性限定,通过时间上的组织功能与赔偿标准的设定提供了对财产权的保护。1791年,美国《宪法》第五条修正案作了类似规定,“任何人……不经正当法律程序,不得被剥夺生命、自由或财产。不给予公平赔偿,私有财产不得充作公用。”其后,美国通过一系列司法审判将上述原则具体化为特定的准则与标准,从而为财产权的正当程序保护提供了最经典的范本。[②] 公共利益的确认过程应当充分融入正当法律程序之理念。因为公共利益的公共性和社会共享性要求对公共利益进行确认时必须确保每一个利益集团都有充分的话语权来表达自己的利益诉求。财产征收的程序是对被征收人的一种法律程序保障,是征收制度中十分重要的组成部分,因而,征收程序备受各国立法机关的重视。征收程序的作用具体表现在以下几个方面:

(一)限制土地征收权的滥用

行政相对人的程序上的权利和实体上的权益是紧密联系在一起的。程序上的权利是实现实体权益的前提和基础;离开了程序权利的法律保护,实体权益就难以完全实现。如果不从法律程序上对行政权力行使的前提和过程进行规范,那么就无法判定实体意义上行政权的行使是否合法,也无从补救行政相对人的权益。财产征收是行政机关运用公权力对私有财产所有权的强制剥夺,在征收过程中,行政机关既是决定者又是执行者,很容易从自身利益出发,滥用行政权力,任意征收他人财产,损害他人和社会的利益。为防止行政机关滥用征收权,构成对他人利益的不适当干预和损害,应当对财产征收施加严格的程序制约。科学合理的财产征收程序可以预先设定行政机关的权限,规范行政机关的行为,

① 王万华:《行政程序论》,载罗豪才主编:《行政法论丛》(第三卷),法律出版社2000年版,第108页。

② 程洁:《土地征收征用中的程序失范与重构》,载《法学研究》2006年第1期,第67页。

增加财产征收的透明度和公示性，避免暗箱操作和肆意妄为等现象的出现，以保证行政权力的公正合理行使。

（二）缓解征收土地者与被征收土地者间的矛盾

行政权的实施过程是行政权居于主导地位的过程，公民在强大的行政机关面前显得较为弱小。为了在行政权和公民权之间设置一个缓冲地带，就需要在行政权的实施过程中掺入一定的民主因素和建立某种事前制约机制。由于财产征收的强制性，决定了征收者与被征收者之间处于不平等地位，后者只能服从前者，不得阻挠前者的征收行为，加上我国财产征收程序的规定过于粗糙、不科学，导致财产征收中屡屡发生片面强调征收者的利益而未能给被征收者的利益以必要保护的现象，难以真正实现财产征收中的公正与公平，导致被征收者的极度不满，两者关系紧张，影响社会稳定和发展。科学合理的财产征收程序可以规范征收者的行为，使被征收者了解征收的决策、执行依据和步骤等信息，增强征收者的权威性和公信力，缓解两者间的矛盾，有利于财产征收的顺利进行和征收目的的实现。

（三）提高行政效率

效率原则是行政程序的基本原则，行政效率是行政活动的生命。行政权的实施过程又是一个迅速执法的过程，违法行为应当尽快予以追究，社会关系和社会秩序应当始终处于确定和稳定状态。而科学合理的财产征收程序预先设定了行政机关的权限，规定了其决策、执行的依据和步骤等重要内容，具有很强的针对性和确定性，只要符合财产征收的目的，遵循了必要的征收程序，该征收行为即是合法有效的。正是因为这一明显的条件导向性，行政机关可以套用这一模式：条件成立，结果必然，有利于减少不必要的论证、内部决议等过程，节约成本，提高行政效率，保证结果的一致性和稳定性，避免行政机关专断和反复无常，同时也可以增加被征收者的可预见性，增强其对行政机关征收行为的信服度，避免产生纠纷，保证财产征收的顺利进行。

二、主要国家财产征收程序

（一）英国土地征收程序

财产征收的程序规定最初也是源于英国。为了促进铁路、运河和其他关键性基础设施的建设，英国早在19世纪就制定了《强制征购土地法》。现在该征地法仍然是英国政府和职能部门征用土地的依据。其征地程序由以下三个步骤组成：

1. 议会批准征购议案

征购必须要经过议会的批准才可以进行。确认是否适用《强制征购土地法》有着很高的门槛。征地部门必须证明该项目是“一个令人信服的,符合公众利益的方案”,必须证明该项目所带来的好处超过某些被剥夺土地的人受到的损失。当议会确认土地的使用目的有利于公众利益后,用地部门可以依法获得强制征用土地的权力。

2. 启动强制征地程序

作为法定程序,在启动该程序之前,有关大臣将组织召开一个公共的调查会,听取各方动用强制征收权的意见,并指定一名独立督察员进行评估。这位督察员随即向国务大臣递交报告,由国务大臣确定该项目是否适用《强制征购土地法》。行政机关经过公开调查与公开听证,将征用议案提交内阁获得批准后,发布强制购买令。

3. 司法审查程序

英国于1949年成立了土地裁判所,土地裁判所作为一种保护公民土地财产权的“准司法机构”,与其他裁判所相比,享有很多特权。根据1949年《土地裁判所法案》及后来的有关法律规定,土地裁判所的职能主要包括:裁定土地征收补偿争议、决定有关土地案件上诉权的行使、根据1925年《土地财产法》的规定裁决有关土地财产权利的归属(主要是限制性土地协议的解除或修改)、根据其他规定作为仲裁人裁决争议、审理土地价值评估争议、租金裁判所的上诉、土地税收争议上诉、土地登记争议上诉,裁定土地补偿纠纷、土地协议纠纷、土地优先购买权争议、因公共利益造成土地价值损失的认定、采光权申请裁定,以及当事人双方同意并提交裁判所审理的案件等。在1958年行政裁判所改革中,对土地裁判所与有关裁判所进行了合并,进一步扩大了管辖权。因此,如果行政机关与财产权益者在补偿问题上有所争议无法取得一致时,争议应提交土地裁判所接受司法裁判,该法庭实际上是一种从事土地估价的专门化的独立法院。

(二)日本土地征收程序

日本征收主要当事人有事业人、土地所有人和关系人。事业人是征收使用土地、从事《土地征用法》规定公告事业的主体,可以是国家、地方公共团体,也可以是从事公共事业的公营企业和私营企业。土地所有人是拥有被征收土地的所有权人。关系人则是指对被征收土地享有地上权、抵押权等所有权以外权利的人。根据2003年修订的《土地征收法》之规定,日本土地征收程序可以划分为事业认定程序、裁决程序和代执行程序等阶段性步骤。

1. 事业认定程序

事业认定，是在确认具体的事业人或事业计划，并判断是否在具备土地征收要件之后，赋予事业人征收土地权利之行政行为。事业认定机构是国土交通大臣或者都、道、府、县知事，事业认定程序由事业人向事业认定机构提出申请开始。事业认定机构接到申请以后，由所在地的市町村公布公告书和平面图，以便于利害关系人在公告期间提出异议。事业认定机构的审查从四个方面进行：是否为《土地征收法》规定的公共事业；事业人是否具有完成该事业的充分的意愿和能力；事业规划是否可以使土地得到公平的使用；征收的土地是否存在公益上的必要。事业认定机构作出事业认定后要予以公告。

2. 裁决程序

征收裁决，是由征收委员会站在第三人的立场上，确定事业人的权利内容，在调整事业人和被征收人间纷争的同时，确定权利关系，寻求实现征收权的行政行为。征收裁决则是由设置在都道府县下的征收委员会为之。裁决程序是通过事业人的申请开始的，基本上以征收委员会作出裁决为程序终了。征收裁决是由权利取得裁决和腾空裁决所构成。在权利取得裁决中，被裁决事项是被征收土地之区域、权利取得或消灭的时间点以及对权利之损失补偿等有关事项，该裁决的法律效果是在根据权利取得的期间内消灭征收对象（土地）的原所有权等权利或者对原所有权作出限制，赋予事业人以新的所有权或使用权。腾空裁决的对象是土地补偿以外的损失之补偿或土地之移转时间等。

3. 代执行程序

土地所有人等权利人不服事业认定和裁决的，虽然可以提起行政审查或行政诉讼，但在原则上不得停止事业的进行和土地的征收使用。土地所有人等权利人有义务在腾空期限内转移建筑物、腾空土地。在规定期限内不履行腾空土地义务的，知事可以根据事业人的申请按照《行政代执行法》规定的程序实施代执行，进行土地腾空。

（三）法国财产征收程序

1. 行政阶段

法国土地征收程序分为行政阶段和司法阶段两个阶段。土地征收的行政阶段主要是确定土地征收的目的和可以转让的不动产。具体来说，行政阶段包含四个程序：(1)事前调查。事前调查是土地征收程序的开始，调查的目的是收集必要的信息和必须咨询的意见，没有经过预先调查程序而批准的土地征收是无效的。根据法国土地征收法典的规定，事前调查首先由征收单位向被征收不动产所在地的省长递交申请调查书。省长接到申请书后，作出是否进行调查的决定并提出调查的具体方式，对于拒绝的调查决定，申请人可以向行政法院起诉。调查结束后，写成调查报告呈请省长。① (2)公用目的的审批。该程序主要是确定土地征收目的的合法性，它不具体规定可以转移的不动产。批准公用目的是法国行政阶段最重要的环节。批准公用目的的决定，是行政机关进行土地征收的合法依据，也是法院裁决所有权转移和确定土地征收补偿金额的合法依据。(3)具体位置的调查。确定了征收目的的合法性，就要具体确定可以转移的不动产。为了确定可以转移的不动产，还必须由省长通过调查确定可转移不动产的具体位置，以及应受补偿的不动产所有权人和有关利害关系人。(4)作出可以转让的决定。省长根据具体位置调查的结论，决定可以转让的不动产的界限，并宣布不动产可以转让。

2. 司法阶段

司法介入表现在两个方面：第一，对行政机关的决定进行司法裁决。在前述公用目的的审批阶段，法院认为批准土地征收的目的的决定是一个行政行为，因此土地征收的申请单位、被征收的不动产所有人以及利害关系人，不服土地征收目的的决定，都可以提起行政诉讼，请求撤销该决定。但在一般情况下，起诉并不能停止批准决定的执行，除非法院裁定暂停执行。对于行政机关作出的可以转让的决定，当事人也可以提起越权之诉讼。第二，判决移转被征收的土地所有权和确定补偿金。由于省长作出的可转让的决定仅规定可转让不动产的具体位置，不产生实际转让的效力，因此行政机关可以转让的决定必须在 6 个月内移交普通法院，普通法院根据行政机关的上述决定作出所有权移转的裁判。申请土地征收的单位，必须把法院的裁判个别通知所有利害关系人，否则对利害关系人不发生效力。土地征收的裁决作出后，被征收财产所有权转移，原所有权人和利害关系人的权利就转化为补偿请求权。补偿金的确定具体落实在补偿权利人的范围和补偿金数额两个方面。补偿权利人的范围采取自己申报和行政机关义务通知相结合的方式确定；若补偿金的数额在协商不能确定的情况下，可以由征收单位或补偿权利人向法院起诉，由法院裁决。

(四)德国财产征收程序

德国没有明确规定财产征收程序的法律，财产征收程序规定散见于联邦和各州的法律之中。德国的财产征收程序分为征收和补偿两个程序。具体说来，征收的程序有以下几个步骤：②

---

① 王名扬：《法国行政法》，中国政法大学出版社 1988 年版，第 376－377 页。

② 可参见《德国建筑法典》第 104 条以下条款。

1. 征收申请

征收程序从申请人的申请开始。一般说来，征收的申请人主要是行政主体，比如联邦、州和乡镇。征收机关是征收申请人的上级机关，通常是大区的政府主席，同时州政府可以通过法令规定，名誉委员可以协助征收机关作出决定。

2. 口头审理

征收机关收到申请以后，应当传唤申请人、所有权人、土地登记簿上登记的其他参与人和土地所在乡镇参加口头审理，即使有关当事人不出席，也可以对征收申请或征收中其他需要解决的申请作出决定。不过，在第一次口头审理之前，必须予以公告，公告应当注明相关土地的名称和登记簿上记载的所有人的名称、第一次口头审理的日期以及所有参加人的权利。

3. 颁发许可

自公告开始征收程序之时起，与征收程序有关的法律行为、计划和分割需要获得征收机关的书面许可。仅在有理由认为该法律行为、计划和分割会导致无法实现征收目的，或者会对其造成实质性困难时，征收机关始得不予颁发许可。在公告前期待实施上述的法律行为或计划的，征收机关可以命令许可的效力提前产生。

4. 征收机关裁决

征收机关首先应促使参加人之间达成征收和补偿的合意。参加人达成合意的，征收机关就合意制作笔录，并由参加人签字。制作成文件的合意书等同于不可撤销的征收决议。未达成合意的，征收机关依据口头审理的结果，以决议的形式对征收申请、其他申请以及所提出的异议作出决定。征收机关所作的决议应向参加人送达。

德国将补偿程序独立出来，因此当参加人仅就所有权或所有权上设定的负担转让给应予征收的土地达成合意，而未就补偿数额达成合意的，征收程序继续进行。对于补偿问题，征收机关则应命令征收申请人以可能获得的补偿数额为限向权利人作预先支付，但合意另有其他约定的除外。当然，作为行政行为，裁决可以被法院审查或撤销。只有征收机关在征收具有不可撤销性并支付补偿之后，就其执行发布了正式的命令，裁决才能生效并交付执行。

(五)美国财产征收程序

在美国，国会、各州议会或市议会在土地征用方面都有制定法规的权力。审查国会与各级议会立法的合宪性成为法院的一项重要职责。当行政机关依照法律法规对公民财产进行限制或剥夺时，公民若对此有疑义，可请求法院审查法律法规的合宪性及相关问题。通常，征收行为需要经过征收谈判、召开听证会和司法裁决三个阶段。

1.征收谈判

美国是一个以土地私有制为核心制度的国家,征地补偿采取合理补偿的原则,亦即根据征收前的市场价格计算补偿标准,它充分考虑到了土地所有者的利益,不仅补偿被征土地现有的价值,而且考虑补偿土地可预期、可预见的未来价值。因此对于土地所有者来说,当政府征用其土地后,其可以通过所获补偿,较容易地到其他地方购得土地。也就是说,在美国,征收土地实际上是买地。因此,在强制征收土地之前,一般先由政府方和土地所有者进行谈判。谈判的具体步骤是:(1)预先通告。即征收机关必须以合理的方式将其征收的意图通知财产所有人和利害关系人。(2)政府方对所征收的财产进行评估。即具有资格的正式审核员在征得土地所有者同意后,实地调查、汇总,提交审核报告给负责征地的机构,高级监督员进一步研究能否同意审核员提交的审核报告中的补偿价格。(3)征地机构向土地所有者或与之有利害关系的人报价,被征收方也可以提出反要约。

2.召开听证会

政府方在土地征收前一般需要出示公告,没有出示公告的,则要召开听证会。召开听证会的目的是由政府方在土地所有人和利害关系人都参加的情况下,向其说明征收行为的必要性和合理性,以期获得土地所有人和利害关系人的谅解,并就征收达成协议。

3.司法裁决

司法裁决包括征收的合法性和补偿数额两个方面。如果被征收方对政府的征收本身提出质疑,可以提出司法挑战,迫使政府放弃征收行为。如果政府和被征收方在补偿数额上无法达成协议,通常由政府方将案件送交法院处理。为了不影响公共利益,政府方可以预先向法庭支付一笔适当数额的补偿金作为定金,并请求法庭在最终判决前由其提前取得被征收财产。除非财产所有人可以举证说明该定金的数额过低,法庭将维持定金的数额不变。在诉讼阶段双方可以再一次就补偿金的数额进行平等协商,为争取和解作最后的努力。但是,如果双方仍不能达成一致,将转呈由普通公民组成的民事陪审团来确定“合理的补偿”的价金数额。判决生效后,政府将在30天内支付补偿价金并取得被征收的财产。

三、总结

“公正程序应当包括五个方面,程序的合法性,主体的平等性,过程的公开性，决策的自治性和结果的合理性”，①以上几个主要国家的财产征收程序充分地体现了这些原则。

(一)建立了公开的公民参与机制

由于征收是以行政权力剥夺私人合法的财产权利，因此必须做到决策和执行过程的公开透明，依法保障行政相对人的知情权、听证权、陈述权、申辩权、参与决策权等程序性权利和民主权利的有效行使。比如在英国，在启动强制征购程序之前，有关大臣们要组织召开一个公共的调查会，听取各方动用强制征收权的意见；在日本，事业认定机构接到申请以后，要由所在地的市町村公布公告书和平面图，以便于利害关系人在公告期间提出异议，在事业认定以后还要再次进行公告；在美国，则要求政府方在土地征收前发出公告，如果没有出示公告，则要召开听证会；更具有特色的是在德国，权力机构在作出征收决定之前不仅要求公告，而且还要经过一个口头审理程序，该程序要求征收机关收到申请以后传唤申请人、所有权人、土地登记簿上登记的其他参与人和被征收土地所在乡镇参加，陈述自己的主张和要求。

(二)建立了完善的监督制约机制

征收权是政府所特有的一种权力，然而，“凡有权者都易于滥用权力，这是万古不易的经验。有权力的人都是最大限度地使用手中的权力”。② 因此，必须对公共权力进行有效的监督制约以防其假借公共利益之名越权和滥用公共权力损害公众的合法权益。具体而言，就是确立财产征收中的行政审查和司法介入机制。就征收补偿来说，如果发生纠纷，各国一般都允许当事人提起诉讼，为此英国还建立了专门的准司法性质的土地裁判所，裁定土地补偿纠纷。对于征收的合法性而言，由于英国的政治体制是“议会至上”，而征收的决定又是议会作出的，故司法机关无权对此进行审查。但是，在日本、法国、德国和美国等国，不仅补偿纠纷可以提起诉讼，而且认为批准土地征收目的的决定是一个行政行为，因此土地征收的申请单位、被征收的不动产所有人以及利害关系人，不服土地征收目的的决定，都可以提起行政诉讼，请求撤销该决定。

(三)建立了公平的补偿救济机制

公共利益的实现通常是以其他公共利益和个人权利的减损为代价的，而有权利损害必有救济，因此给予减损人以得失相当的补偿是正当的。这不仅是公平正义的社会价值观的体现，也是现代法治的基本精神，因此补偿问题一直是征

---

① 汪进元：《论宪法的正当程序原则》，载《法学研究》2001 第 2 期。

② 孟德斯鸠：《论法的精神》(上册)，中国计划出版社 2002 年版，第 245 页。

收中重点关注的问题。具体表现在以下几个方面:(1)是确立了“正当补偿”的原则。《日本宪法》规定“正当补偿”,就是指对征收土地进行补偿时实行完全的补偿,具体说来就是对“征收前后被征收人的财产价值实行等值补偿”。就补偿的范围而言,除土地补偿以外,还包括损失补偿;美国对征收财产的补偿充分考虑到土地所有者的利益,不仅补偿被征土地现有的价值,而且考虑补偿土地可预期、可预见的未来价值。(2)明确补偿金支付是取得被征收财产所有权或使用权的前提。比如日本的法律规定,事业人在取得权利之前,要支付补偿金,如果事业人在取得权利之前或者腾空期届满之前没有支付补偿金的,则权利取得裁决和腾空裁决就失去效力。(3)建立专门的补偿金裁决机构。比如英国的土地裁判所和日本的征收委员会,就是一个由专业人员组成的对土地补偿纠纷裁决的专门机构。美国虽然没有专门的补偿金纠纷裁决机构,但是要求政府方对征收财产进行评估时必须由具有资格的正式审核员进行,在实地调查、汇总后提交审核报告给负责征地机构的高级监督员进行进一步研究以确定补偿价格。(4)确立补偿金纠纷的司法救济机制。对于补偿金纠纷,各国基本上都允许当事人提起诉讼,寻求司法救济。这些具体措施既可以使公民个人的权利损害降到最低的限度,又不至于因为个人利益而阻碍到公共利益的实现。

(四)体现了当事人主义原则

征收虽然是一种行政行为,但是征收的对象却是私人财产,因此各国在征收制度的安排上都充分体现了当事人主义原则,即当事人协议优先。对于征收补偿金额来说,因属于私益,各国皆采用当事人主义原则,由当事人协商确定,协商不成的才由专门机构裁决或者由法院确定。有的国家比如美国,在诉讼阶段还可以再一次对补偿金数额进行平等协商,为争取和解作最后的努力。而对于征收本身而言,一些国家也充分体现了这一原则。如美国规定,在强制征收土地之前,一般先由政府方和土地所有者进行谈判,谈判不能达成协议的才进行强制购买;德国法律规定,征收机关首先应促使参加人之间达成征收和补偿的合意。参加人达成合意的,征收机关就合意制作笔录,并由参加人签字,制作成文件的合意书等同于不可撤销的征收决议;在日本,大部分的公共用地是事业人通过买卖合同的方式取得的,在实际上申请征收委员会裁决的案件数很少,即使是在接受事业认定以后也不妨碍通过缔结买卖合同取得公共土地。①

① [日]平松弘光:《日本的土地利用、土地征用以及补偿金》,丁相顺译,载《民商法前沿》(第一、二辑),第155页。

四、我国财产征收程序的重构

(一)我国土地征收程序

我国没有一部专门的《财产征收法》或《不动产征收法》，因而财产征收的程序散见于《土地管理法》以及其他法规和部门规章之中。总结这些散乱的法律法规和规章，我国土地征收程序大致有六个步骤：

1. 申请

根据《土地管理法实施条例》规定，具体建设项目需要使用土地的，建设单位应当根据建设项目的总体设计一次性进行申请，办理建设用地审批手续；分期建设的项目，可以根据可行性研究报告确定的方案分期申请建设用地，分期办理建设用地有关审批手续。建设单位须持建设项目的有关批准文件，向市、县人民政府土地行政主管部门提出建设用地申请，由市、县人民政府土地行政主管部门审查，拟订供地方案，报市、县人民政府批准；需要上级人民政府批准的，应当报上级人民政府批准。根据我国《土地管理法》第五章规定，任何单位和个人进行建设，需要使用土地的，必须依法申请使用国有土地，这里的国有土地包括国家所有的土地和国家征收的原属于农民集体所有的土地。也就是说，农村集体土地除兴办乡镇企业和村民建设住宅经依法批准可以使用本集体经济组织农民集体所有的土地的，或者乡(镇)村公共设施和公益事业建设经依法批准可以使用农民集体所有的土地外，都必须由国家征收转化为国家所有的土地后才能作为建设用地使用。因此建设项目需占用集体土地的，必须履行征地手续。

2. 发布征地公告

在征地依法报批前，由县或市级国土资源局在被征收土地所在地的村范围内发布征地通告，将拟征土地的用途、位置、补偿标准、安置途径等告知被征地农村集体经济组织和农户。通告后抢栽、抢种的农作物或者抢建的建筑物不列入补偿范围。

3. 确认征地调查结果

由县或市级国土资源局会同被征收土地的所有权人、使用权人实地调查被征土地的四至边界、土地用途、土地面积，地上附着物种类、数量、规格等，并由国土资源局现场填写调查表并一式三份，由国土资源局工作人员和所有权人、使用权人共同确认无误后签字。国土资源局应将所有权人、使用权人签字的材料作为报批的必备材料归档上报。

4. 组织征地听证

在征地被依法报批前，当地国土资源部门应当会同所在地的乡镇政府，就征地通告的内容征询村集体经济组织和农民的意见，有不同意见的应记录在案，根据村委会或村民提出的意见分别处理并协调解决。对补偿标准、安置途径、补偿方式有异议的，应告知被征地相对人，其有权提出听证申请，并依法组织听证。国土资源部门应将村民对征收土地的意见和听证的材料作为报批的必备材料归档上报。

5. 拟订“一书四方案”组卷上报审批

由县或市级国土资源局根据征询、听证、调查、登记情况，按照审批机关对报批材料的要求拟订“一书四方案”。即“建设用地说明书，农用地转用方案，补充耕地方案，征收土地方案，供应土地方案”，并组卷向有批准权的机关报批。

6. 审批

根据《土地管理法》的规定，国家建设用地的土地征收由国务院审批或者经省、自治区、直辖市人民政府批准后报国务院备案。征收农用地的，应当依照《土地管理法》第44条的规定先行办理农用地转用审批。其中，经国务院批准农用地转用的，同时办理征地审批手续，不再另行办理征地审批；经省、自治区、直辖市人民政府在征地批准权限内批准农用地转用的，同时办理征地审批手续，不再另行办理征地审批；超过征地批准权限的，应当依照《土地管理法》的相关规定另行办理征地审批。另根据《土地管理法实施条例》第33条规定，“能源、交通、水利、矿山、军事设施等建设项目确需使用土地利用总体规划确定的城市建设用地范围外的土地，涉及农用地的，按照下列规定办理：(1)建设项目可行性研究论证时，由土地行政主管部门对建设项目用地有关事项进行审查，提出建设项目用地预审报告；可行性研究报告报批时，必须附具土地行政主管部门出具的建设项目用地预审报告。(2)建设单位持建设项目的有关批准文件，向市、县人民政府土地行政主管部门提出建设用地申请，由市、县人民政府土地行政主管部门审查，拟订农用地转用方案、补充耕地方案、征用土地方案和供地方案(涉及国有农用地的，不拟订征用土地方案)，经市、县人民政府审核同意后，逐级上报有批准权的人民政府批准；其中，补充耕地方案由批准农用地转用方案的人民政府在批准农用地转用方案时一并批准；供地方案由批准征用土地的人民政府在批准征用土地方案时一并批准(涉及国有农用地的，供地方案由批准农用地转用的人民政府在批准农用地转用方案时一并批准)”。

7. 组织实施征地方案

根据《土地管理法》第46条规定，“国家征收土地的，依照法定程序批准后，由县级以上人民政府予以公告并组织实施”。县级以上人民政府组织实施征地方案，有以下几个步骤：(1)公告。被征用土地所在的市县人民政府应当在收到省或国务院征用土地批准文件之日起10个工作日内在被征地所在村进行征用土地公告。征用土地公告的内容包括征地批准机关、批准文号、批准时间和批准用途；征用土地的所有权人、位置、地类和面积；征地补偿标准和农业人员安置途径；办理征地补偿登记的期限、地点。(2)征地补偿安置方案公告。县或市级国土资源局根据省或国务院征用土地批准文件批准的《征用土地方案》在征用土地公告之日起45日内以村为单位拟订征地补偿、安置方案并予以公告。征地补偿、安置方案公告的内容：被征用土地的位置、地类、面积；地上附着物及青苗的种类、数量；需要安置的农业人口的数量；土地补偿费的标准、数额、支付对象和支付方式；安置补助费的标准、数额、支付对象和支付方式；地上附着物及青苗的补偿标准和支付方式；农业人员的具体安置途径；其他有关征地补偿、安置的具体措施。被征地农村集体经济组织、农村村民或者其他权利人对征地补偿、安置方案有不同意见或者要求举行听证会的，应当在征地补偿、安置方案公告之日起10个工作日内向县或市级国土资源局提出。县或市级国土资源局应当研究被征地农村集体经济组织、农村村民或者其他权利人对征地补偿、安置方案的不同意见，对当事人要求听证的，应当举行听证会；确需修改征地补偿、安置方案的，应当依照有关法律、法规和批准的征用土地方案进行修改。(3)报批征地补偿安置方案。县或市级国土资源局将公告后的土地补偿、安置方案，连同被征地农村集体经济组织、农村村民或者其他权利人的意见及采纳情况报市、县人民政府审批。(4)组织实施补偿安置方案。市、县政府将征求意见后的征地补偿安置方案批准后，报省国土资源厅备案，并交由市、县国土资源行政主管部门组织实施。被征地农村集体经济组织、农村村民或者其他权利人应当在征用土地公告规定的期限内持土地权属证书(土地承包合同)到指定地点办理征地补偿登记手续。被征地农村集体经济组织、农村村民或者其他权利人未如期办理征地补偿登记手续的，其补偿内容以市、县国土资源行政主管部门的调查结果为准。在征地申请人按规定支付征地补偿安置费后，被征地单位和个人按期交付土地。

(二)我国财产征收程序的完善

程序是指有关某项活动应当遵循何种方式、步骤、顺序、时限等公示性的过程。没有程序的公正就没有实质的公正。在一个法治的国家里，即使是政府亦不能肆意限制或剥夺他人的私产，政府的行为亦必须按照法律规定的程序进行活动。尤其是以公权力来强制私权人转移自己的私权时，必须要严格按程序进行。这在其他一些国家的法律中规定得十分明确，例如《德国基本法》规定，以征收的方式取得他人财产所有权，被视为是对他人财产所有权的剥夺，故必须由国家将征收所涉及的事项制定成法律，然后由行政机构依法实行。任何机构不得在没有法律规定的条件下剥夺私有不动产。同样亦不得未依法定程序剥夺他人财产所有权。因为剥夺私有不动产是件极为严肃的事情，任何国家机构均无决定权，而只有执行权。目前，在我国法律中对于不动产的征收程序，规定得比较粗糙、不科学，公正性和公示性不够，这就给征收活动留下了法律漏洞，且极易使拥有不动产征收权的人发生滥用权力的现象，使被征收人的利益遭受侵害。所以，在不动产征收制度中强化程序制约是十分必要的。

1. 征收和补偿程序设定法治化

行政程序的设定权是行政法上的一个重要问题。行政法的一个基本原则就是，行政程序的设定权与实施权应该分开，不能由同一个国家机关行使。如果行政程序的实施机关可以规定在何种情况下该实施何种程序，就可能导致行政权的不受约束，从而造成某些行政机关最大限度地扩大自己的行政权，追求部门利益，并尽量减少其应负的法律责任。① 一切行政程序必须依法设定，这是一个基本原则。虽然考虑到我国的实际情况，我国的立法体制又赋予了国务院各部委和地方政府制定规章的权力，也允许规章有一定的程序设定权，但同时，我们也应认识到，对规章的设定行政程序的权力应当从严掌握，不宜过大。

就土地征收而言，由于我国没有专门的征收法，因此征收和补偿程序也没有一个统一的规定，而是散见于相关的法律、法规和规章之中。《土地管理法》以及《土地管理法实施条例》中有关土地征收和补偿程序的规定是片面和凌乱的，较为具体的规定是国务院的非正式规范性文件和国土资源管理部门的一些规章和非正式的规范性文件。除了国务院《关于深化改革严格土地管理的决定》外，还有国土资源部《建设用地审查报批管理办法》、《建设项目用地预审管理办法》、《征用土地公告办法》等部门规章，以及《国土资源部关于完善征地补偿安置制度的指导意见》、《关于完善农用地转用和土地征收审查报批工作的意见》、《国土资源部关于调整报国务院批准城市建设用地审批方式有关问题的通知》等通知、指导意见。由此可见，我国土地征收和补偿程序不仅散乱，而且主要是由规章设定的，这在根本上违背了法治的原则。因此，完善我国的征收和补偿程序，首先就是要制定专门的财产征收法律，统一当前散乱的程序规定，实现征收补偿程序设定的法治化。

2. 程序设计要赋予利害关系人广泛的参与权

行政程序的参与性是程序民主性的重要表现，也是现代社会民主的一个标志。随着委任立法范围的扩大，行政权力的膨胀，公民若不参与行政过程就没有

---

① 张正钊：《行政法与行政诉讼法》，中国人民大学出版社 1999 年版，第 183 页。

真正的民主可言。行政程序的参与性的基本内涵是,行政机关在进行决策、制定规范性文件和制定行政计划时,应尽可能地听取和尊重行政相对人的意见,建立健全行政程序中相对人参与机制,赋予利害关系人相应的权利。由于征收是以行政权力剥夺私人合法的财产权利,因此必须做到决策和执行过程的公开透明,依法保障行政相对人的知情权、听证权、陈述权、申辩权、参与决策权等程序性权利和民主权利的有效行使。国外立法一般都建立了公开的公民参与机制。

我国在土地征收中,也赋予了利害关系人一定的参与权。具体表现为:(1)预征知情权。即行政机关在准备实施征地之前应当将与征地有关的事实告知被征地农民。国务院《关于深化改革严格土地管理的决定》中规定:"在征地依法报批前,要将拟征地的用途、位置、补偿标准、安置途径告知被征地农民",据此行政机关在征地之前应将被征土地的用途、被征土地的位置、此次实施征地初步拟订的补偿标准、对被征地农民的安置途径等信息告知被征地农民。(2)调查结果确认权。国务院《关于深化改革严格土地管理的决定》第 14 项中的规定"对拟征土地现状的调查结果须经被征地农村集体经济组织和农户确认"。此规定也意在保障被征地农民的合法权益不受侵害,防止征地机关在被征地农民不知道调查结果的情况下进行征地活动,侵害被征地农民的合法权益。(3)听证权。包括预征听证权和补偿方案听证权。国务院《关于深化改革严格土地管理的决定》中还规定:"确有必要的,国土资源部门应当依照有关规定组织听证。"据此,被征地农民在对行政机关实施征地行为有异议的情况下可以申请举行听证会。听证会由当地国土资源管理部门组织,参加听证的主体应当包括被征地农民、被征地集体组织、其他有利害关系的当事人,还可以邀请有关方面的专家学者共同参加听证。补偿方案听证权,是指在征地实施机关将拟定的征地补偿方案报有权机关批准后,依法对补偿安置方案进行公告后,征地实施机关再次听取被征地农民的意见,被征地农民仍享有申请听证的权利。该项权利的法律依据为《土地管理法》第 48 条,国土资源部颁发的《征收土地公告办法》对此也作出了更为具体的规定。(4)被征土地批复结果知情权。在征地过程中具体体现为行政机关在征地报批文件经过有权机关批准后,应当将批复的有关内容向被征地农民公告。(5)土地补偿知情权。被征地农民的土地补偿知情权表现为征地前的知情权和征地后的知情权,在征地依法报批前,征地组织机关要发布公告,将拟征收土地的位置、地类、面积,安置补助费的标准、数额、支付对象和支付方式等相关事宜告知被征地农民;同时,国土资源部门还应当依照有关规定组织听证会,听取被征地农户的意见,这是征地之前被征地农民享有的知情权。(6)补偿标准争议权。《土地管理法实施条例》第 25 条第 3 款规定:"对补偿标准有争议的,由县级以上地方人民政府协调;协调不成的,由批准征用土地的人民政府裁决。”

虽然我国在土地征收中,赋予了利害关系人一定的参与权。但是相比国外立法而言,我国现行立法中被征收权利人在财产征收过程中的参与程度不够,其中最重要的一点是被征收人无权参与到财产征收的决策过程中来。国外财产征收审批程序中一般存在征收目的合法性的专项审查,在这个专项审查的过程中,审批机构要广泛听取利害关系人的意见或者是要在征收申请人和利害关系人的直接参加下进行裁决的。但是在我国,被征收人和其他权利人是无权参与征收决策的。像我国的预征知情权、调查结果确认权、被征土地批复结果知情权、土地补偿知情权等权利的设定,只能是一种情报公开制度的体现。如预征听证权,本来可以设计成为利害关系人参与征收决策过程的一项权利。但是,根据我国法律规定,土地征收的审批权在国务院和省、自治区、直辖市人民政府,而预征听证权是由当地国土资源部门组织的,并不是一个必经的程序,而是在“确有必要的”情况下才组织进行。对于被征收人和其他权利人在预征听证会上的意见,现行法律法规也没有规定要将其作为材料上交征收的决策机关。① 因此从根本上来讲,预征听证会实际上成了征收“动员会”。当前,就土地征收而言,主要在政府部门和作为土地所有者的农村集体经济组织之间进行。政府在征地过程中占有主导地位,而被征地农民由于只拥有土地承包经营权因而无法在事关自身财产权利的土地征收过程中施加实质性的影响力。而农村集体经济组织由于和政府部门天然的行政隶属关系使得其在忠实地维护农民利益上显得力不从心。在征地的决策过程中没有农民的参与权,其结果必然导致在征地过程中农民的合法权益受到严重侵犯。因此,在征收的决策过程中,必须赋予被征收者和其他权利人以参与权。

3. 进一步明确财产征收的权限

征收权是一种行政权,拥有征收权是行政机关以征收主体的身份作出征收行为的最基本前提。《物权法》第 42 条规定:“为了公共利益的需要,依照法律规定的权限和程序可以征收集体所有的土地和单位、个人的房屋及其他不动产。”可见,从征收主体的方面来讲,只有被法律赋予了征收权的机关,才能实施征收行为,但是《物权法》对于这个问题又恰巧没有明确。我们说,征收是国家以行政权取得集体、单位和个人财产所有权的行为,但是国家是一个抽象的概念,国家的主权属性和社会管理属性是由具体的国家机关的管理活动体现出来的。就具体的国家管理机关而言,我国就有中央和地方两级,地方国家管理机关又可分为

① 可以参见国土资源部《建设用地审查报批管理办法》第 9 条。

省(自治区、直辖市)、市、县三级。因此,立法不能笼统地规定征收要“依照法律规定的权限”,还必须明确为相应层级的政府。一般而言,有权决定征收的行政机关的级别越高,对征收权利人的保护就越有利。但是,由于信息不对称、层级越高管理效率越低等因素的影响会增大行政成本。这就涉及行政成本的节约和个人权利保护谁优先的利益衡量问题。由于公民的财产权利是人权、自愿和民主的根基,没有对个人财产权利的保障,民主、自由和法治建设就无从谈起,因此在面临行政成本和私权保护的取舍时,则应首先考虑私权的保护。《物权法》草案曾将征收权赋予“县级以上人民政府”,由于地方人民政府注重经济效益和政绩而忽略对基本权利的保护是不争的事实,因此最后通过的《物权法》索性就没有明确征收权行使的主体。就土地征收而言,根据征收土地的现用途和面积大小,《土地法》将其征收权分别赋予国务院和省、自治区、直辖市人民政府行使。但是从我国征收的相关程序来看,土地征收是由下级政府或者国土资源管理部门具体操作的,国务院和省、自治区、直辖市人民政府所谓的批准是一种形式上的审查。换言之,我国土地征收权的名义享有者和征收权的实际行使者是不同一的。这也是当前如野蛮拆迁这类侵犯人民群众利益的现象屡禁不止的一个原因。

征收权的赋予必须既要达到控权的目的,又要能够保证征收权行使的效果。考虑到我国的实际情况,将征收权赋予国务院和省、自治区、直辖市人民政府行使显然是不现实的,因为这两级政府的主要职能是对地方政府或者下级政府的管理活动进行规范性的指导和监督,而征收行为是一种具体行政行为,国务院和省、自治区、直辖市政府从时间和精力上来讲是无力承担过多的此类具体管理工作的。即使真的将征收权设定为这两级政府的权限,最后也会通过行政授权移交给下级政府和具体职能部门行使,倒不如直接在立法上将征收权设定为县级以上政府的权限。由于征收行为是一种具体行政行为,而具体行政行为是一种可诉行为,即是一种可以申诉的行政行为。因此说,县级政府可能存在的注重经济效益和政绩而忽略基本权利的保护的问题,就可以通过行政复议制度和行政诉讼制度进行纠正。换言之,建立健全征收的监督制约机制,可以将这种事情发生的可能性降低到最小的限度之内。

4. 建立健全征收和补偿的监督制约机制

征收权是政府所特有的一种权力,然而,“凡有权者都易于滥用权力,这是万古不易的经验。有权力的人都是最大限度地使用手中的权力”。[①] 因此,必须对

① 孟德斯鸠:《论法的精神》(上册),中国计划出版社 2002 年版,第 245 页。

公共权力进行有效的监督制约以防其假借公共利益之名越权和滥用公共权力损害公众的合法权益。具体而言,就是将行政救济作为前置程序,以期经济有效地解决纠纷;如果纠纷仍不可解决,司法救济将为当事人寻求最终的正义。通过这种组合。力求做到效率和正义的最优组合,并以公平正义为最终目标。[①] 就征收补偿来说,如果发生纠纷的,各国一般都允许当事人提起诉讼,为此英国还建立了专门的准司法性质的土地裁判所,裁定土地补偿纠纷。对于征收的合法性而言,由于英国的政治体制是"议会至上",而征收的决定又是议会作出的,故司法机关无权对此进行审查。但是,在日本、法国、德国和美国等国,不仅补偿纠纷可以提起诉讼,而且认为批准土地征收目的的决定是一个行政行为,因此土地征收的申请单位、被征收的不动产所有人以及利害关系人,若不服土地征收目的的决定,都可以行政诉讼,请求撤销该决定。我国对于财产征收出现争议时的行政和司法救济措施,现行立法缺乏明确全面的规定。根据我国《土地管理法》及其《实施条例》的规定,被征收者对补偿标准有争议的,由县级以上地方政府协调;协调不成的,由批准征地的政府裁决。行政复议是上级行政机关对下级行政机关行使监督权的一种形式,但是这里的裁决是由批准征收的机关作出的,因此说不是一种严格意义的行政复议制度。而且裁决的对象只限于补偿标准争议,对征收决定不服的,则不能申请裁决。另外,现行立法也没有规定被征收者向司法机关获得救济的权利,导致征地纠纷被拒于司法审查的大门之外。这种制度安排,给征收者以过大的权力,而被征收者连起码的司法救济权都没有。双方的攻防武器严重失衡,无法通过司法权来制约政府征地行为,更不能有效地维护被征收者的利益。

值得欣慰的是,司法机关已经开始尝试把征收行为纳入司法审查中来。1996 年最高人民法院在《关于受理房屋拆迁、补偿、安置等案件问题的批复》中指出:"公民、法人或者其他组织对人民政府或者城市房屋主管行政机关依职权作出的有关房屋拆迁、补偿、安置等问题的裁决不服,依法向人民法院提起诉讼的,人民法院应当作为行政案件受理"。2007 年 2 月 1 日,国务院以行政复议裁决书(国复[2007]12 号)的形式,首次支持了浙江省龙泉市龙渊街道部分村民不服浙江省政府土地征收决定而提起的复议申请。2007 年 4 月,浙江省高级人民法院判决撤销了浙江省政府征收浙江省奉化市锦屏街道长汀村 12 名村民所在的地段并出让给某地产公司的具体行政行为。这些事例表明,征收的合法性问

① 季金华、徐骏:《土地征收纠纷解决的法律机制》,载《金陵法律评论》2006 年秋季卷,第 100 页。

题也开始进入行政复议和行政诉讼审查的范围。为了防止和排除不当干扰，保证人民法院依法公正审理行政案件，最高人民法院又于 2008 年 1 月 14 日发布了《关于行政案件管辖若干问题的规定》(法释〔2008〕1 号)，指出以县级以上人民政府为被告的一审行政案件，由中级人民法院直接受理。这就可以使行政审判跳出地方的利益圈，也为征收行为进入司法审查的范围打下了基础。但是，中国是一个成文法国家，司法判例只具有指导意义而不具有法律约束力，而个别地方法院的创举对于其他法院的影响力就更加有限。因此，当务之急是在征收程序立法中，确立行政复议和行政诉讼制度，将征收的合法性审查和补偿纠纷纳入申诉和诉讼的轨道上来。当然，我们还可以探讨是否可以成立解决征收纠纷的专业裁决机构等其他的解决方式。相比较而言，行政复议制度具有程序简单、受理便捷、不收费等优点，如果成立专业裁决机构，从具有丰富房地产经验的从业人员和房地产领域的律师中选拔合格人选，由其居间裁决财产征收中的各种纠纷，可以更好地增进行政裁决的公正性和公信力，吸引更多的纠纷通过行政救济的途径解决。

第四节　征收补偿

征收补偿的前提是行政机关为了公共利益的需要而给无义务的特定公民、法人或者其他组织增加了额外的负担，补偿是由国家对承担额外负担的相对人给予的救济，它调整的是公共利益和私人利益之间的一种关系，是基于社会公平负担为基础的国家责任。征收补偿也是一项保护私有财产权的法律制度。凡确认征收制定者，皆以补偿作为征收的前提条件，无补偿则禁止征收。如 1789 年法国的《人权宣言》第 17 条规定："财产是神圣不可侵犯的权利，除非当合法认定的公共需要为显然必需，且在公平面前预先补偿的条件下，任何人的财产不得受到剥夺。"德国的《基本法》第 14 条规定："财产之征收，必须为公共福利始得为之。其执行，必须根据法律始得为之，此项法律应规定赔偿之性质与范围。赔偿之决定应公平衡量公共利益与关系人之利益。赔偿范围如有争执，得向普通法院提起诉讼。"《美国宪法修订案》第 5 条规定："非经正当程序，不得剥夺任何人的生命、自由或财产，非有公正补偿，不得征用私有财产供公共使用。"《日本宪法》第 29 条规定："财产权不得侵犯，财产权的内容，应由法律规定以其适合公共福祉。私有财产，在公正补偿下得收归公用。"《意大利宪法》第 42 条第 3 款规定："为了公共利益，私有财产在法定情况下得有偿征用之。"我国在建国之初确立征收制度的同时，也明确规定征地的基本原则是"既应根据国家建设的确实需要，又应照顾当地人民的切身利益，必须对土地被征用者的生产和生活有妥善的安置"，"用地单位应协同当地人民政府和中共党委，向当地人民进行解释工作，宣布对土地被征用者补偿安置的各项具体办法，并给群众以必要的准备时间，然后始得确定征用，进行施工。如征用大量土地，迁移大量居民甚至迁移整个村庄者，应先在当地人民中切实做好准备工作，然后召开人民代表大会讨论解决之"，"被征用土地的补偿费，在农村中应由当地人民政府会同用地单位、农民协会及土地原所有人(或原使用人)或由原所有人(或原使用人)推出之代表评议商定之"(第 8 条)。[①] 遗憾的是 1982 年的《宪法》虽然规定了征收，但是没有明确征收补偿。这一缺憾正说明了当时的立法者对征收补偿的不重视。因此，虽然在其他的法律法规如 1982 年的《国家建设征用土地条例》、1986 年和 1998 年的《土地管理法》和国务院《土地管理法实施条例》中都规定了征收补偿，但是由于对征收补偿不重视的原因，也造成了征收补偿的规定不合理、不完善。20 世纪 90 年代，市场经济的快速发展使用地需求急速增长，而征地能给政府和开发商带来巨大的经济利益，征地行为愈演愈烈，被征地农民权益却往往得不到应有的保护，现实的征地补偿和安置并不能保证失地农民的长远生活，被征地农民集体上访甚至是流血冲突事件也屡屡出现后，征收补偿制度的完善才相应地被引起了重视。首先是 2004 年的《宪法修正案》弥补了 1982 年的《宪法》没有规定征收补偿的缺憾，在其第 10 条中规定了，"国家为了公共利益的需要，可以依法对土地实行征收或者征用并给予补偿"，从而将土地征收的条件限定在"公共利益"和"给予补偿"两个方面。与此相适应，《土地管理法》于 2004 年作了相应的修改，国务院的规范性文件以及国土资源部门的行政规章也进一步强调了征收补偿。而《物权法》以民事基本法的形式，将土地征收的有关制度规定其中，对土地征收的原则及补偿安置作了原则性的规定。尤其是在第 42 条第 2 款中规定了，"征收集体所有的土地应当安排被征地农民的社会保障费用，保障被征地农民的生活，维护被征地农民的合法权益"，这一规定将被征地农民权益的保护提到了基本法的地位。但由于土地征收牵涉的主体范围广、利益关系复杂，现行的土地征收补偿制度还是没有全面妥善地处理好因征地引发的问题，征收补偿制度仍然需要进一步完善。

---

① 参见 1953 年的《国家建设征用土地办法》第 3 条、第 5 条、第 8 条。

一、征收补偿的原则

(一)主要国家财产征收补偿的原则

1.美国的正当补偿原则

《美国宪法第五修正案》规定了正当补偿的原则。正当补偿是一个抽象的概念。何谓正当补偿?一般从公平的角度进行把握,即:(1)主体的公平,即有权得到补偿的不仅仅包括财产的所有人,还应当包括财产的相关收益人,如房地产的承租人。(2)客体的公平,即取得补偿的对象不仅应包括房地产本身,还应当包括房地产的附加物,以及与该房地产商誉有关的无形资产(good will)。(3)估价的公平,这是指法律要求补偿的价金应当以"公平的市场价值(fairmarket value)"为依据。因此说,美国所谓的正当补偿实际上是公平补偿。

2.德国的正当补偿原则

德国的补偿原则经过了三个发展阶段,在不同时期,征收补偿的原则也不相同。(1)19世纪的德国,各州对补偿采用完全补偿的原则。这主要是受私有财产权神圣不可侵犯理念的影响。例如,在1874年6月11日公布的《普鲁士土地征收法》中第1条就规定了"征收补偿须以'全额'为之"。这种完全补偿,不仅应补偿被征用标的物的通常价值,而且要补偿该物的特别价值。所谓通常价值是指物对任何人都能使用的价值以及对任何人都能产生及估价计算出的便利和舒适的价值。所谓特别价值则是除通常价值外,基于某种条件及关系才产生的价值。实际上,就是要补偿被征用人的任何损失。① 在完全补偿的原则下,由于补偿范围极为广泛,致使国家在征用时所应给予的补偿费用极为庞大,并且加上对征用标的物的通常和特别价值的补偿,有造成双重补偿的嫌疑。因此,《普鲁士土地征用法》规定,征用标的物的补偿是指补偿该征用标的物及包括附属物及其孳息在内的完全价值,并对于因一部分征用而导致残余地发生价值减少的特别损失,也给予补偿。即被征用人必须是客观价值的损失,方可请求补偿,而属于个人主观因素的价值,例如情感价值以及个人嗜好等有关偏爱价值等的主观价值,则不能请求补偿。同时,间接损失,比如营业迁移的损失等,也不能请求补偿。(2)《魏玛宪法》下的适当补偿。德国在第一次世界大战后,经济萧条,百业待兴,自由法治国的理念逐渐没落,社会法治国的理念逐渐抬头,所以《魏玛宪法》带有极其强烈的社会福利主义色彩。且由于在第一次世界大战期间,为了支持战事,德国采取了一连串的战时经济管制措施,尤其是管制民生物资等。这些

---

① Schulthes. *Die Hohe der Enteignungsentschadigung*, 1965, S. 12.

措施的实施，包括冻结价格、强制私人出卖物品给其他人民，以及政府强制收购物资和军事征用等，都不可避免地侵害了人民的财产权。如果依照以前的完全补偿原则，对于人民的一切损失皆予补偿的话，由于国家财力有限，政府的上述措施将无法实现。因此，在当时德国的许多法令中，规定了对于遭受损失的人民，给予相当的价格补偿。① 战后，《魏玛宪法》仍沿用其作为补偿原则，《魏玛宪法》第 153 条第 2 项规定："公益征收，惟有因公共福利，根据法律，方可准许之。除了联邦法律有特别规定外，征收必须给予适当补偿，有关征收之争讼，由普通法院审判之。"(3)德国现行的《基本法》下的公平补偿原则。德国的《基本法》第 14 条第 3 项规定："立法机关不但要规定补偿的范围与种类以及对征用侵害的法律效果和补偿义务的内容，给出法律根据，同时要在斟酌公共利益与参与人利益后，才能公平决定。"

3. 日本的正当补偿原则

《日本宪法》第 29 条第 3 项规定："私有财产在正当的补偿下得收归公用。"但是何谓正当补偿，学者的见解不一。有人认为，补偿的目的在于实现客观平等的原则，所以应当对全部损失给予补偿，即完全补偿。② 也有人认为正当补偿并非完全补偿，而是只需依照一般社会观念认为公平妥当者即可。③ 日本在司法实践上认为，宪法上的正当补偿，就是对征收前后被征收人的财产价值实行等值补偿。④

4. 法国的公平补偿原则

法国早在 1789 年的《人权宣言》中就宣布："财产是神圣不可侵犯的权利，除非当合法认定的公共需要所显然必需时，且在公平而预先赔偿的条件下，任何人的财产不得受到剥夺。"1804 年通过的《法国民法典》重申了《人权宣言》的这一基本精神并规定："非因公益使用之原因并且事先给予公平补偿，任何人不受强迫让与其所有权。"

无论是"正当补偿"还是"公平补偿"，都是一个抽象的概念。正当、公平都必须依赖相应的标准和规则而存在，不同的国家，可能有不同的解释。在"正当补

---

① E. Schmidt－Assmann, aa. S. 596; J. Schulthes, aaO. S. 33; W. Ehrenforth, aaO. S. 268; R. Stodter, aaO. S. 238.

② ［日］柳濑良干：《公用负担法》，有斐阁昭和 47 年版，第 258 页。

③ ［日］今村成和：《损失补偿制度的研究》，有斐阁昭和 43 年版，第 37 页。

④ 参见日本最高裁 1973(昭 48)，10.8。转引自［日］平松弘光：《日本的土地利用、土地征用以及补偿金》，丁相顺译，载《民商法前沿》(第一、二辑)，第 161 页。

偿”和“公平补偿”的原则下，主要存在着“安全补偿说”和“适当补偿说”两种学说。[①] 完全补偿说认为，对成为征用对象的财产的客观价值，应按其全额予以补偿。其中，有一种更为彻底的观点认为，除了对财产的全额进行赔偿之外，还应加算伴随征用所发生的一切附带性的损失，如搬迁费用，营业上的经济损失等。这种学说的源流，可以追溯到《魏玛宪法》时代之前的德国理论，前已有述。当代日本也仍然有人主张完全补偿说。日本现行的《土地征用法》第 77 条和第 88 条就规定了彻底的完全补偿原则。而适当补偿说则认为，对财产权的限制，只需综合斟酌制约措施的目的及其必要程度等因素，并参照当时社会的观念，给予公正和恰当的合理金额，便足以视为正当补偿。“适当补偿”的用语，出现于第一次世界大战之后的德国，《魏玛宪法》第 153 条中的补偿条款就是采用了适当补偿的原则。第二次世界大战，德国现行的《基本法》中采用了公平补偿的原则，然则公平补偿究竟是应当理解为全额补偿还是适当补偿，德国联邦法院于 1968 年在著名的“汉堡水坝法”一案中作出了权威解答。法院认为，《基本法》的公平补偿系《宪法》授权立法者，可以斟酌、审视立法时的各种不同的、所欲规范时间及时间因素的特性，来决定是否应给予被征用人全额或低于全额的补偿。《基本法》并未期待征用补偿一定需全额支付、一个僵硬的、只以交易价值为导向的补偿要求，自非基本法的本意。因此，依照法院的见解，是否应当给予被征收人与被征收财产完全等值的补偿，仍应视具体情况而定。[②]

（二）我国财产征收补偿的原则

我国的《宪法》没有规定征收补偿的原则，作为民事基本法的《物权法》虽然具体规定了征收补偿的范围，但是也没有明确征收补偿的原则。在我国，征收补偿的原则散见于涉及征收补偿的法律法规中，且用语不一。在涉及征收的法律法规中，大多数规定了“相应补偿”的原则。如我国《城市房地产管理法》第 20 条规定：“国家对土地使用者依法取得的土地使用权，在出让合同约定的使用年限届满前不收回；在特殊情况下，根据社会公共利益的需要，可以依照法律程序提前收回，并根据土地使用者使用土地的实际年限和开发土地的实际情况给予相应的补偿。”我国《海域使用管理法》第 30 条也规定：“因公共利益或者国家安全的需要，原批准用海的人民政府可以依法收回海域使用权。依照前款规定在海域使用权期限届满前提前收回海域使用权的，对海域使用权人应当给予相应的补偿。”此外，我国《外资企业法》、《合资经营企业法》、《台湾同胞投资保护法》等

---

① 林来梵：《论私人财产权的宪法保障》，载《法学》1999 年第 3 期。

② 陈新民：《德国公法学基础理论》，山东人民出版社 2001 年版，第 485 页。

也规定了相应补偿的原则。至于什么是相应补偿，法律上没有明确的解释，也有的法律法规规定了适当补偿的原则。如《中华人民共和国土地管理法》第58条规定："在为公共利益需要使用土地和实施城市规划进行旧城区改造需要调整土地的，可以收回国有土地使用权，并对土地使用权人应当给予适当补偿"；第65条也规定："在为乡镇村公共设施和公益事业建设而收回集体土地使用权的，对土地使用权人应当给予适当的补偿"。我国《草原法》第7条规定："国家建设使用集体长期固定使用的全民所有的草原，参照《国家建设征用土地条例》的规定，给予适当补偿，并妥善安置牧民的生产和生活。"我国征收补偿的原则采用"相应"、"适当"等用语，两者的涵义是一致的。相应亦即相当，适当即合适、相当的意思，都是要求补偿符合客观情况和客观要求。征收补偿要考虑的客观情况和客观要求，从本来意义上来讲应该是"因征收而给被征收人造成的损失"，但是我们在事实上却更为关注征收的政绩效应和"花小钱办大事"。减少征收成本不是坏事，但是以牺牲征收权利人的利益为代价却是不可取的。从我国现行的法律法规来看，我国补偿的范围偏窄而且补偿的标准较低，我国法律法规所规定的"相应"与"适当"，在事实上根本没有体现"公正"和"恰当"的要求，也与上述"适当补偿说"的中的补偿要求相差较远。

征收补偿的原则在征收法律体系中作为征收法律规则的指导思想、基础或本源的、综合的、稳定的法律原理和准则，无论是对《财产征收法》的制定还是对其实施都具有重要的意义。从法律制定的角度看，征收补偿的原则直接决定了征收法律制度的基本性质、内容和价值取向；从法律实施的角度看，征收补偿原则的重要作用在于确定了行使自由裁量权合理范围的依据，可以防止由于适用不合理的规则而带来的不良后果。因此，采用何种征收补偿原则，是完善我国征收补偿制度首先要考虑的问题。有学者认为，我国的征收补偿应当以正当补偿和公平补偿为原则，具体包括两个方面：第一，一般应坚持完全补偿原则，承认我国行政补偿是根据被征收人的全部损失并充分考虑到对当事人的生存和发展的长远影响来确定补偿的具体数额；第二，当当事人有过错时不排除适当补偿原则的适用。[①] 也有学者认为，完全补偿实际上是将征收等同于普通的侵权行为，这与征收的性质不符，毕竟征收是对私有财产权的合法侵害，因而不能采用完全赔偿原则。尤其是因为完全补偿涉及直接损失和间接损失，如果这两类损失都同时赔偿，也会导致征收征用的成本过高，不能够起到维护公共利益的目的。而适当补偿的标准也过低，我国目前许多地方政府在征收征用采取适当补偿的原则

① 沈开举：《征收、征用与补偿》，法律出版社2006年版，第247－248页。

时，常常不能给被征收人以满意的补偿。[①]

对直接损失和间接损失的区分标准，理论界和实务界存在着不同的观点。第一种观点认为，应根据损害与侵权行为之间的直接和间接因果关系来划分。第二种观点认为，应根据损害的标的来区分。侵权行为直接损及标的的，其损害为直接损害，其他的损害则为间接损害。第三种观点认为，间接损失与直接损失有着原则上的区别。首先，间接损失不是现有财产的减少，不表现为受害人现实拥有的财产价值量的实际减少，而是受害人应该得到的财产利益因侵权行为的实施而没有得到；其次，间接损失具有依附性，而直接损失不具有依附性；最后，直接损失是直观的、现实的财产价值的损失，间接损失虽然也是客观的损失，但不是直观现实的，而是要根据实际情况进行计算后才能得出实际的间接损失的量。由于直接损失和间接损失区别的标准本身存在着问题，因此学者们认为区别直接损失和间接损失在实务上的意义并不太大。[②] 完全补偿说认为，对成为征收对象的财产的客观价值，应按其全额予以补偿。其中一种更为彻底的观点认为，除上述补偿之外，还应加算补偿伴随征收所发生的一切附带性的损失，如搬迁费用，营业上的经济损失等。我国房屋拆迁补偿的范围包括房地产的市场价格、搬迁补助费用、临时安置补助费用和拆迁非住宅房屋造成停产、停业的补助费用，以及被拆迁房屋内自行装修装饰的补偿金额。由此可见，事实上我国征收补偿的范围中也包含了部分的间接损失。

征收补偿采用完全补偿的原则，其意义在于完全补偿的原则可以限制国家权力的滥用，并使处于不可预期、随时可能发生的征收危险中的不特定的公民、法人的合法权益得到有力的保障。无论是从遵从社会公平和正义原则的角度出发，还是从发展社会经济、保护人权、促进法治文明的角度考虑，都要求补偿受害人的全部损害。但是，由于损害可以具体划分为客观损害、主观利益和感情上之利益等，而客观损害单指一般情形下所造成的损害，衡量客观损害时应将与受害人特殊环境相牵连而发生的其他损害摒除；主观利益是指特定损害事故对受害人在财产上所造成的具体损害，衡量主观利益则应将受害人的特殊环境考虑在内；感情上之利益是指特定事故依受害人本其个人感情的估价，于其财产上所造成的损害，衡量感情上之利益不但应考虑受害人的特殊环境，而且还应考虑其感情因素。三种损害相比较，感情上之利益比主观利益大，而主观利益原则上也大

---

① 王利明：《物权法与国家征收补偿》，载《上海城市管理职业技术学院学报》2007 年第 2 期。

② 曾世雄：《损害赔偿法原理》，中国政法大学出版社 2001 年版，第 138 页。

于客观损害。[①] 因此，进行完全补偿应当将补偿范围限制在补偿被征收人的全部客观损害上，而不能包含其他损害。

二、补偿的范围和方式

(一)各国土地征收补偿的范围和方式

1. 美国

土地征收在美国被称为“最高土地权的行使”，然而美国在成立初期，征用土地是没有补偿的。现在的美国，土地完全商品化，《宪法》明确规定，只有限于公共目的，而且需有正当的补偿，政府及有关机构才能行使征用权。根据美国的《财产法》，正当补偿是指赔偿所有者财产的公平市场价格，包括财产的现有价值和财产未来赢利的折扣价格。美国土地征收补偿根据征收前的市场价格为计算标准，它充分考虑到土地所有者的利益，不仅补偿被征土地现有的价值，而且考虑补偿土地可预期、可预见的未来价值；同时，还补偿因征收而导致相邻土地所有者、经营者的损失，充分保障了土地所有者的利益。至于什么才是公平的市场价值，目前最有效的方式是：双方分别聘请独立的资产评估师提出评估报告。如果各自的评估报告结论相差悬殊，则由法庭指定的陪审团裁定。人们可以抱怨，资产评估师的报告并非完美和科学，但是在现阶段经济科学的发展水平上，除此之外，人们实在没有什么更好的办法来解决这个问题。在司法实践中，美国法院通常都认定高出政府补偿价格的评估报告。[②]

2. 英国

英国对土地征用的补偿作了较详尽的规定，包括土地征收补偿原则、补偿范围和标准、土地征收补偿的估价日期、补偿争议的处理等。具体来看，土地征收补偿原则是：土地征收补偿以愿意买者与愿意卖者之市价为补偿的基础，补偿以相等为原则，损害以恢复原状为原则。土地征收补偿的范围和标准：(1)土地(包括建筑物)的补偿，其标准为公开市场土地价格；(2)残余地的分割或损害补偿，其标准为市场的贬值价格；(3)租赁权损失补偿，其标准为契约未到期的价值及因征收而引起的损害；(4)迁移费、经营损失等干扰的补偿；(5)其他必要费用支出的补偿(如律师或专家的代理费用、权利维护费用等)。补偿的估价日期是指土地征用机关在行使土地征收权时，应通知被征收土地的所有权人及其他权利

---

① 曾世雄：《损害赔偿法原理》，中国政法大学出版社 2001 年版，第 133－135 页。

② 周大伟：《美国土地征用和房屋拆迁中的司法原则和判解——兼议中国城市房屋拆迁管理规范的改革》，载《北京规划建设》2004 年第 1 期。

人，但其取得土地往往会在通知后的几个月或更长时间，在地价上涨的情况下，土地征收补偿的估价日期成为十分关键的议题。英国土地征收评估准则规定，假如补偿金额为双方所同意时，则以土地征收通知日期为估价日期。假如土地征收补偿争议上诉时，则以土地法庭听证的最后一日为估价日期。①

3.加拿大

加拿大的土地征用制度沿用的是英联邦的体制，在征用土地方面一直进展比较顺利，较好地解决了国家、征地机构和个人的利益关系。加拿大对土地征用的补偿是建立在被征土地的市场价格基础上，依据土地的最高和最佳用途，按当时的市场价格补偿。具体来看，加拿大的土地征用补偿包括：(1)被征用部分的补偿，必须依据土地的最高和最佳用途，根据当时的市场价格补偿。(2)有害或不良影响补偿(如严重损害或灭失价值)，主要针对被征用地块剩余的非征地，因建设或公共工作对剩余部分造成的损害，还包括对个人或经营损失及其他相关损失的补偿。这种补偿不仅包括被征地，还包括受征地影响相邻地区的非征地。(3)干扰损失补偿，被征地所有者或承租人因为不动产全部或基本征用，因混乱而造成的成本或开支补偿。(4)重新安置的困难补偿。②

4.德国

德国的土地征用补偿范围和标准为：(1)对土地或其他标的物损失的补偿，其标准为以土地或其他标的物在征用机关裁定征用申请当日的移转价值或市场价值；(2)营业损失补偿，其标准为在其他土地投资可获得的同等收益；(3)征用标的物上的一切附带损失补偿。德国被征用土地的补偿价格计算与英国一样，也是以官方公布征用决定时的交易价格为准。在城市再开发区，为了防止利用预期的公共开发事业进行投机活动，政府规定，凡因预测土地将变为公共用地而引起的价格上涨，都不能计入补偿价格。对补偿金额有争议时，应依法律途径向辖区所在的土地法庭提起诉讼，以充分保障被征地所有权人的合法权益。同时各类补偿费由征收受益人直接付给受补偿人，且各类补偿应在征收决议发出之日起1个月内给付，否则征收决议将被取消。另外，德国的土地征用补偿方法，除了现金补偿，还有代偿地补偿、代偿权利地补偿等。③

由此可以看出，世界上的一些发达国家和地区都非常重视土地征用补偿制度。其征收补偿范围主要包括以下几个方面：(1)土地补偿。土地所有权是土地

---

① 陈和午：《土地征用补偿制度的国际比较及借鉴》，载《世界农业》2004年第8期。

② 同上。

③ 同上。

征收最主要的对象，因此对土地的补偿是土地征收补偿中最重要的部分。(2)地上物补偿。此项主要包括建筑物补偿和农作物补偿。在地上物与土地一并被征收的情况下，对于地上物也应该予以补偿。对于被征收的土地和建筑物上所设定的他项权利也必须予以补偿，但应以土地或建筑物应得的补偿金额为限。(3)搬迁费。不被征收的地上物、原有的生产设备、水产、畜产等物品在土地征收之后，必须予以迁移，为此应向被征地方发给搬迁费。(4)邻接地损失补偿。这种补偿主要包括以下几方面：第一，由于土地征收，可能导致残存的土地或邻接地价格下跌或遭受其他损失，对此必须给予补偿；第二，由于土地征收使残地明显难以用于以前所使用的目的时，土地所有人可以请求征收全部土地。(5)离职者或失业者补偿。这是指国家征收土地后造成原土地权利人或其雇员离职或失业，应对其离职或失业期间的损失给予赔偿。(6)间接可得利益损失补偿。被征地者在征地中利用原有财产进行营利的活动也会受影响，因此被征地者还承担了另外一些间接损失，包括营业停止或营业规模缩小的损失，建筑物迁移造成的租金损失等。

西方国家的财产征收，实际上是强制购买。该种强制买卖和一般商品买卖的不同在于国家的强制购买权，但就购买价格而言仍然是正常的市场交易价格。因此，上述不同的补偿项目通常会有不同的补偿标准，然而其中最为重要的是对于土地补偿这一项的补偿标准，大多数国家和地区的做法是以市场为基础，即以征地时的市场价格作为土地补偿的标准，有时候还需要根据物价的变化做一定的调整。比如在美国，财产征收补偿是指赔偿所有者财产的公平市场价格，包括财产的现有价值和财产未来赢利的折扣价格。美国土地征收补偿根据征收前的市场价格为计算标准，它充分考虑到土地所有者的利益，不仅补偿被征土地现有的价值，而且考虑补偿土地可预期、可预见的未来价值。公平的市场价值是美国最重要和被普遍接受的估价方式。又如在英国，土地征收补偿以愿意买者与愿意卖者之市价为补偿的基础。在加拿大，财产被征用部分的补偿，必须依据土地的最高价值和最佳用途，根据当时的市场价格补偿。在德国，被征用土地的补偿价格计算与英国一样，也是以官方公布征用决定时的交易价格为准。在日本，根据《土地征收法》第 71 条的规定，对征收土地的补偿是以事业认定公告时，以附近同类土地的交易价格所计算出的相当价格，乘以至权利取得裁决时的物价变动修正率后所得的金额。由此可见，实行市场价格标准最有利于对被征地一方的保护，充分体现了“效率、公平”原则，也是补偿标准发展的趋势所在。

三、我国财产征收补偿制度的完善

(一)征收补偿方式的创新

一方面,我国现行征收补偿的方式不够灵活,主要有金钱补偿和实物补偿两种方式。金钱补偿即货币化安置,是财产征收补偿最主要的方式。实物补偿也就是以同等条件或性能的实物来弥补行政相对人的损失的方式。我国法律规定的实物补偿方式主要有产权调换、开发荒地滩涂、调剂土地、外迁等。其中,产权调换适用于房屋拆迁补偿,是拆迁人以异地建设的房屋或原地建设的房屋补偿给被拆除房屋的所有人,使其继续对房屋持有所有权的一种形式。《城市房屋拆迁补偿条例》第23条规定:"拆迁补偿的方式可以实行货币补偿,也可以实行房屋产权调换"。除此之外,开发荒地滩涂、调剂土地、外迁等补偿方式也曾适用于土地征收补偿,比如1991年国务院颁布的《大中型水利水电工程建设征地补偿和移民安置条例》第4条第3项规定:"移民安置应当因地制宜、全面规划、合理利用库区资源,就地安置;没有可靠安置条件的,可以采取开发荒地滩涂、调剂土地、外迁等形式安置,但应当遵守国家法律、法规的有关规定。"2006年国务院修订该条例,大中型水利水电工作建设征地补偿以货币补偿和移民安置为主要形式。另一方面,我国现行的征地补偿的利用机制都不算很成熟。农民失地后很难再获得较好的工作机会,缺乏长远的生活保障。而补偿费用有时候一次性发到农民手上,容易导致农民出现坐吃山空的现象。因此,要鼓励在合法的前提下进行土地补偿方式的创新,在符合现行法律的前提下,各地可以根据本地的实际情况,努力探索各种合理的征地补偿方式。归根到底,各种方式都要以保障农民长远的生活为最终目标。在实践中,很多地方已经开始了这方面的尝试。对于这些有利于保障农民生活的创新,国家应予以鼓励,同时法律法规也应该针对社会发展的实际需要适当地作出调整,保留及发展其中符合社会和农民利益的条款制度。具体而言,在我国土地的补偿方式在实施以货币补偿为主的同时,可以采用实物补偿和债券或股权补偿等多样化的土地补偿方式加以补充。①

1. 社会保险安置

对于城市规划区内的农民,失去土地后就失去了一切保障。这部分人,应享受和其他城镇居民一样的社会保障。即对采用一次性金钱补偿方式的征收,应使其失地农民享受与城镇居民同等的社会保障待遇。2004年国务院颁布的《关

---

① 张韵声:《征用补偿制度比较研究——以美、德、日为参照》,对外经济贸易大学2006年博士论文,第105－106页。

于深化改革严格土地管理的决定》明确规定，县级以上地方人民政府应当制定具体办法，使被征收农民的长远生计有保障。现在浙江的嘉兴、江苏的苏州等地就将土地补偿费中的很大部分用来为农民办理养老与医疗保险，这种补偿方式既使农民放心，又扩大了政府的社会保障网络。《物权法》第 42 条第 2 款进一步规定："要安排被征地农民的社会保障费用，保障被征地农民的生活。"

2. 留地补偿

为了保障征地后农民的生活、生产，在征收土地的同时按规划划定部分土地，给被征地的农村集体经济组织，用于发展二、三产业。在城乡结合部等经济条件较好的地方很适合采用这种补偿方式，留地安置使集体经济组织和农民通过对留用地的合法经营，获得了较为稳定的收益，从而提供了生活保障。

3. 替代补偿

替代补偿指以国有宜农土地作为替代地补偿，以解决农民的就业问题。须注意的是，被征收的土地的地价与替代地的地价之差价应该补偿给农民。

4. 债券或股权补偿

对于综合效益周期长，收益稳定的重点能源、交通水利等基础建设用地项目以发放一定数量的土地债券给土地被征用人作为补偿，或者让土地被征用人入股参与经营，以保障和维护农民的利益。比如对土地征用后用于公路等有收益的公益项目，可以以土地做股，使失地农民长期分享土地的增殖收益。

5. 风险共担、土地入股方式

比如上海，集体土地所有者将集体土地使用权以折价入股的形式参与公益基础设施的建设和经营，这样既从长远的角度保护了集体土地所有者的土地权益，又在当地征地安置比例增高，安置补偿标准逐年上涨的背景下降低了安置难度，同时还缓解了政府在征地过程中一次性投入巨额资金的压力，降低了政府投资基础设施建设的门槛，可谓"一箭三雕"。

(二)扩大补偿的范围和提高补偿的标准

1. 扩大征收补偿的范围

根据《土地管理法》第 47 条的规定，征用耕地和征用其他土地的补偿范围和标准不同。耕地征收补偿的范围包括：土地补偿费、安置补助费以及地上附着物的补偿费。(1)土地补偿费的标准：征用耕地的土地补偿费，为该耕地被征用前三年平均年产值的 6—10 倍。至于具体为多少倍，由各地省、自治区、直辖市人民政府在上述法定的范围内根据当地的情况予以确定。征收耕地以外的其他土地的，土地补偿费由各省、自治区、直辖市参照上述对耕地的土地补偿费标准予以确定。(2)征用耕地的安置补助费，按照需要安置的农业人口数计算。需要安置的农业人口数，按照被征用的耕地数量除以征地前被征用单位平均每人占有耕地的数量计算。每一个需要安置的农业人口的安置补助费标准，为该耕地被征用前三年平均年产值的4—6倍。但是，每公顷被征用耕地的安置补助费，最高不得超过被征用前三年平均年产值的15倍。(3)被征用土地上的附着物的补偿标准：地上附着物补偿费是指地上的各种建筑物和构筑物，如房屋、水井、道路等物的拆迁费用和恢复费用以及被征收土地上林木、青苗等补偿费用的综合。根据《土地管理法》规定，地上附着物补偿费的具体标准由省、自治区、直辖市规定，所以对于地上附着物补偿费，各地的规定不尽相同。通过对我国和其他国家或地区的补偿范围和标准的比较，不难发现，我国在财产征收上存在着补偿范围过窄和补偿标准过低等问题。其中，就补偿的范围而言，具体存在以下问题：

第一，没有对农民享有的土地承包权等土地他项权利之损失给予补偿。我国征收补偿的权利损失仅限于土地所有权，但是从被征收土地上存在的权利体系角度考察，在被征收土地上还存在着土地承包权。而土地承包权是农民对土地享有的最主要的权利，因为集体所有的土地实际上是不可能进行分割的，但在名义上是由农民享有和处分其所有权，所以，农民享有的土地所有权实际上是一个虚有权，对于农民而言只有土地承包权才有实际意义。土地经营的目的是取得收益，土地承包经营权的实质是农民对其承包的土地的收益权。长期稳定的土地承包经营权获取的应是长期稳定的经济收益，包括直接耕作的长期收益和土地经营权流转的收益(转包费、租金、转让费)。承包土地的农民正是靠对所承包的土地的使用和经营取得收益而维系生存的。由此可知，长期稳定的土地承包经营权有其长期经济价值，是承包土地的农民的重要财产权。但是长期以来，当这种权利遭受征收制度侵犯时，国家却恰恰忽视了对这个在农民看来具有实质性和决定性意义的权利给予补偿。所以，当承包的土地被国家征用后，农民不仅失去了对土地的承包经营权，更失去了经营土地的长期的收益来源，对此，国家应当给予失地农民以充分合理的补偿。如果农民得不到合理补偿，则极易陷入生活无依靠的困境。

《物权法》第125条进一步把土地承包经营权明确规定为一种用益物权。用益物权是当事人依照法律规定对他人所有的不动产享有占用、使用和收益的权利。用益物权虽然是从所有权中派生出来的，但它是一项独立的物权。用益物权人是对他人所有的物享有占用、使用和收益的权利人，虽然不是所有人，但也是享有独立的物权地位的权利人。因此在他人不动产被征收后，除了依法给予所有权人补偿外，因征收致使用益物权消灭或者影响用益物权行使的，用益物权人也有权依法获得相应的补偿。因此，《物权法》第121条规定："因不动产或者动产被征收、征用致使用益物权消灭或者影响用益物权行使的，用益物权人有权依照本法第 42 条、第 44 条的规定获得相应补偿。”土地承包经营权既然已经明确规定为一种用益物权，那么在集体土地被征收后，补偿范围就要包括土地承包经营权的损害补偿。

第二，征收补偿范围基本上只限于被征收人的直接损失，没有考虑被征收人的间接损失。从被征收土地的财产损害角度来看，除了直接损失外，还存在间接损失。比如上述其他国家征收补偿范围中的邻接地损失补偿和间接可得利益损失补偿等等。邻接地损失补偿主要包括以下几方面：一是由于土地征收，可能导致残存的土地或邻接地价格下跌或遭受其他损失，对此必须给予补偿；二是由于土地征收使残地明显难以用于以前所使用的目的时，土地所有人可以请求征收全部土地。间接可得利益损失补偿，是因为被征地者在征地中利用原有财产进行营利的活动也会受影响，因此被征地者还承担了另外一些间接损失，包括营业停止或营业规模缩小的损失，建筑物迁移造成的租金损失等。我国对被征收人的间接损失如残余土地补偿和间接可得利益损失等等，则根本就没有考虑，这是我国征收补偿制度上一个明显的立法漏洞。

2. 提高征收补偿的标准

不同的补偿项目通常会有不同的补偿标准，就土地征收而言，其中最为重要的是对于土地补偿这一项的补偿标准。大多数国家和地区的做法是以市场作为基础，即以征地时的市场价格作为土地补偿的标准，有时候还需要根据物价的变化做一定的调整。市场价格标准最有利于对被征地方的保护，充分体现“效率、公平”原则，也是补偿标准发展的趋势所在。然而，根据《土地管理法》规定，我国征用耕地的土地补偿费，为该耕地被征用前三年平均年产值的 6—10 倍。也就是说，我国土地征收的补偿费标准没有像绝大多数国家和地区一样采取以市场价格作为土地补偿的标准，而是采取了法定价格补偿的方式，即根据法律直接规定的价格作为补偿标准。按照法律规定的价格进行价格补偿虽然可以控制补偿资金，为国家积累更多的建设资金，但是这种标准的缺点在于对被征地一方的保护不足。相比较而言，我国在征收房屋等不动产时已经开始注重对被征收人利益的保护，其补偿标准已由原来的重置价格慢慢向市场价格转变。比如，1991 年国务院公布的《城市房屋拆迁管理条例》中第 20 条规定，作价补偿的金额按照所拆房屋建筑面积的重置价格结合成新结算。以重置价格作为房屋拆迁的补偿标准，在理论上是不符合等价有偿的原则的，在实践中被拆迁人所获得补偿也不足以在市场上购买相应的房屋。因此，在 2001 年国务院的《城市房屋拆迁管理条例》的第 24 条中规定，“货币补偿的金额，根据被拆迁房屋的区位、用途、建筑面积等因素，以房地产市场评估价格确定”。

马克思政治经济学理论认为，商品的价格是由商品的价值决定的，而商品的价值又是由生产该商品的社会必要劳动时间决定的。但是对于那些本身没有任何价值，即不是劳动产品的东西（如土地），或者至少不能由劳动再生产的东西（如古董，某些名家的艺术品等等）的价格，可以由非常偶然的各种情况组合来决定。① 通常情况下，土地的价值，像永久性租金的价值一样，是依据同样原则用地租资本化来计算的。但是，土地的价格按照年收益若干倍来计算，不过是地租资本化的另一种表现形式。实际上，这个价格不是土地的购买价格，而是土地所能提供的地租的购买价格，它是按照普通利息率计算的。② 我国以土地平均年产值作为补偿标准的方式是极不科学的。因为根据政治经济学的原理，地租包括绝对地租和级差地租，而级差地租是由土地肥沃程度、地理位置、劳动生产率等几个因素决定的。平均年产值最直接地反映了土地的肥沃程度，但是对于土地的地理位置、劳动生产率却不能明确反映。此外，平均年产值还有（数值）不稳定、统计不准确等缺点。马克思主义政治经济学理论还认为，地租只能以真正的垄断价格为基础，这种垄断价格既不是由商品的生产价格决定，也不是由商品的价值决定，而是由购买者的需要和支付能力决定的。③ 目前，我国的土地资源供需矛盾突出，形势严峻。我国拥有全球25%的人口，却只有5%的可耕地，人均耕地面积1.4亩，不足世界平均水平的40%。而今后30年，是我国城市化进程加速发展的时期，在这个时期，各方面对土地资源的需求将进一步加大，耕地与建设用地的矛盾会愈加突出。在我国土地资源十分紧张的背景下，城市化的进程也在日益加速，而对于城市化进程的一个重要环节——房地产开发与建设而言，土地的重要性就更不言而喻。因此说，土地的稀缺性决定了土地的价格在很大程度上是由市场供求关系来决定的。我国土地征收补偿费的标准按照法定价格计算，不仅不利于保护被征地方的利益，而且违背了马克思政治经济学原理。换言之，我国土地征收补偿费标准应当按照市场评估价格计算，从而消除征地、拆迁过程中补偿太少的根本矛盾，维护社会稳定。

（三）完善征收损害评估机制

在补偿标准的确定过程中，损害评估是极为重要的一环，损害的认定和评估公正与否直接关系到补偿标准是否公平与合理。为了达到对损害认定和评估的

---

① 参见研究生教材《〈资本论〉选读》，中国人民大学出版社1996年版，第398页。

② 参见研究生教材《〈资本论〉选读》，中国人民大学出版社1996年版，第397页。

③ 参见研究生教材《〈资本论〉选读》，中国人民大学出版社1996年版，第412页。

合理性，必须加强征用补偿的损害认定与评估机制建设。建立独立、中立、客观、公正的损害评估机制，搞好损害评估机制建设，这也是建立公正国家补偿制度的重要基础和前提。

1.征收损害评估必须由专门的机构进行

国外财产征收的损害评估多由中立的中介机构评估或者由独立于征收机关的专门机构裁决。在美国，法律要求补偿的价金应当以“公平的市场价值”为依据。为了实现公平的市场价值，最有效的方式就是双方分别聘请独立的资产评估师提出评估报告。如果各自的评估报告结论相差悬殊，则由法庭指定的陪审团裁定，而在司法实践中，美国法院通常都认定高出政府补偿价格的评估报告。在日本，土地补偿以及土地补偿以外的损失补偿，由征收委员会站在第三人的立场上裁决。韩国也在建设部设立了中央土地征用委员会，在汉城特别市、直辖市及道设立地方土地征用委员会，对土地征用的区域、补偿、时期等进行裁决。在新加坡，有关土地征用补偿的决定由土地税务兼行政长官作出，但补偿金额由专业土地估价师评估，以公告征用之日的市价为补偿标准。英国和我国香港地区，则成立了专门的土地裁判所，法国也有专门的征用裁判所，无论是英国和我国香港地区的土地裁判所，还是法国的征用裁判所，都是对征收补偿纠纷裁决的专门机构。

我国征收损害评估在很大程度上是由征收机关自己决定的。就土地征收而言，一方面法律法规规定了一个大致的补偿标准，另一方面又明确授权省、自治区、直辖市决定具体的补偿标准。比如土地补偿费和安置补助费，《土地管理法》第47条第2款规定：“征收其他土地的土地补偿费和安置补偿费标准，由省自治区直辖市参照征收耕地的土地补偿费和安置补偿费的标准规定。”国务院《关于深化改革严格土地管理的决定》规定：“省、自治区、直辖市人民政府要制订并公布各市县征地的统一年产值标准或区片综合地价……。大中型水利水电工程建设征地的补偿费标准和移民安置办法，由国务院另行规定。”国土资源部《关于完善征地补偿安置制度的指导意见》进一步规定：“有条件的地区，省级国土资源部门可会同有关部门制定省域内各县(市)征地区片综合地价，报省级人民政府批准后公布执行，实行征地补偿。”对于被征收土地上的附着物和青苗的补偿标准，《土地管理法》第47条第4款规定“由省、自治区、直辖市规定”。在我国《城市房屋拆迁管理条例》首先明确房屋拆迁补偿标准按照市场评估价格计算之后，国家建设部发布了《城市房屋拆迁估价指导意见》，明确规定“拆迁估价由具有房地产价格评估资格的估价机构承担”，具有开创性的意义。但是长期以来，我国拆迁和评估公司隶属于各地政府国土房管部门，使我国拆迁和评估业务具有行政性、部门垄断性或地区封锁性。而且，这里的房屋拆迁评估价格为被拆迁房屋的的房地产市场价格，不包括拆迁补偿费、临时安置补助费和拆迁非住宅房屋造成停产、停业的补偿费，以及被拆迁房屋室内自行装修装饰的补偿金额。拆迁补助费、临时安置补助费和拆迁非住宅房屋造成停产、停业的补偿费，仍然按照省、自治区、直辖市人民政府规定的标准执行。征收损害评估由征收机关自己决定，那么征收机关必然要从自身利益考虑而尽可能地少补偿，损害被征收人利益的情况就不可避免地发生。征收补偿制度是财产征收制度的重要组成部分，它有效地平衡了财产权保护和行政权力限制之间的关系，而公平补偿是征收补偿制度的关键，是现代民主法治理念的反映。因此，为了更有效地保护国家、集体、农民三者的合法权益，我们要借鉴国外征收补偿制度中的合理因素，将征收损害的评估交由独立的专业评估机构来完成。

2.被补偿的权益损害评估必须市场化

①合法权益损害的补偿涉及被补偿人的切身利益，必须认真对待。财产损害的价值评估，必须由中立的价格评估事务所进行，它不应当是隶属于政府或由政府独家指定的，而应是在社会上存在着的多家不同的机构，可供公民和组织进行选择。最合理的情况是，由补偿机构和受害人共同选择和委托独立的市场评估机构来进行操作，这是对损害范围认定采取社会中性第三人标准的必然要求。为确保损害评估的公正，在损害价值的评估过程中，评估机构应当在由补偿义务机关代表、受害人(补偿权利人)代表(可以是受委托的律师或者一方单独出资委托的评估机构派出人员)的共同参与下，公开进行听证，在认真听取双方意见的前提下，作出正确的评估结论。因此而产生的损害评估费用作为补偿行为的交易成本由补偿义务机关承担。补偿义务机关或补偿权利人任何一方如认为损害价格评估过高或过低，双方都有权利申请再次评估，再次评估应当由不同的评估机构作出。申请再次评估的评估费用，原则上应由申请人支付。双方共同选择和指定的评估机构，原则上可以不受地域限制。当然，具体怎样设计选择独立评估机构的合理方案，可以进一步深入讨论，但是走损害评估市场化的道路是一种必然趋势和也是最佳选择，应当通过立法规定来予以保障落实和健全完善。

(四)完善征收补偿纠纷救济机制

1.完善征收补偿的协商机制

征收虽然是一种行政行为，但是征收的对象却是私人财产，因此各国在征收

---

① 参见张韵声:《征用补偿制度比较研究——以美、德、日为参照》，对外经济贸易大学2006年博士学位论文，第106页。

制度安排上都充分体现了当事人主义原则，即当事人协议优先。对于征收补偿金额来说，因属于私益，各国也都采用了当事人主义原则，由当事人协商确定，协商不成的才由专门机构裁决或者由法院确定。有的国家比如美国，在诉讼阶段还可以再一次对补偿金数额进行平等协商，为争取和解作最后的努力。德国法律规定，征收机关首先应促使参加人之间达成征收和补偿的合意。参加人达成合意的，征收机关就合意制作笔录，并由参加人签字，制作成文件的合意书等同于不可撤销的征收决议。在日本，其中大部分公共用地是事业人通过买卖合同的方式取得的，在实际上申请征收委员会裁决的案件数很少，即使是在接受事业认定以后也不妨碍通过缔结买卖合同取得公共土地。有的国家为了保证充分的平等，政府以中立的身份出现在土地的征收过程中，双方当事人为需用地人和土地权利人，征收行为已经演变成为准民事行为。① 然而，我国土地征收的程序是，土地一经征收即变为国家所有的土地，然后由国家将其划拨或者出卖给土地的开发商或者使用者，农民与土地的最终使用者之间没有直接的交易。这种做法使得农民以及他们所组成的集体不能与土地的最终使用者直接进行交易，从一开始就剥夺了农民的交易权，使交易有了不公正的性质。即使是在这种不合理的制度安排下，也往往是由政府土地管理部门和村委会举行谈判，以决定征收补偿的有关问题。农户基本上被排除在谈判主体之外。这种做法，非常不利于对农户利益的保护。因为集体经济组织的利益和农户的利益并不完全一致，村委会或村干部并不能必然地代表农户的利益，相反，村干部往往会因为一己之私而损害农户的利益。解决这一问题的办法之一，是让农户选派代表参加谈判，以维护他们的自身利益。

2. 引入司法机制

就征收补偿来说，如果发生纠纷的，各国一般都允许当事人提起诉讼，为此英国还建立了专门的准司法性质的土地裁判所，裁定土地补偿纠纷。日本、法国、德国和美国等国，不仅补偿纠纷可以诉讼，而且认为批准土地征收目的的决定是一个行政行为，因此土地征收的申请单位、被征收的不动产所有人以及利害关系人，不服土地征收目的的决定，都可以行政诉讼，请求撤销该决定。在我国，房屋拆迁补偿纠纷可以提起司法裁决，但是对于土地征收补偿纠纷则缺少必要的司法机制。根据《土地管理法实施条例》第 25 条第 3 款的规定，对补偿标准有争议的，由县级以上地方人民政府协调；协调不成的，由批准征用土地的人民政

① 季金华、徐骏:《土地征收纠纷解决的法律机制》，载《金陵法律评论》2006 年秋季卷，第 100 页。

府裁决。由此可见，政府的裁决为终局裁决。这种制度安排，排斥了司法机关在解决补偿标准争议中的作用，不利于对集体经济组织和农户利益的保护。土地征收作为行政机关剥夺或限制相对人财产权的具体行政行为，征收补偿引起的纠纷当然也可以向法院起诉，行政诉讼是重要的救济渠道。土地管理法未规定土地征收补偿争议的司法诉讼程序，这不利于保护被征收人的权利，也不利于监督行政主体行使权力。对于土地征收补偿争议应当明确规定——在穷尽行政程序后可以通过司法诉讼程序解决，经过审查符合受理条件的，人民法院应当受理。因此可以考虑，由征收各方选派代表共同确定征收补偿方案，意见不一致时，由批准征用土地的人民政府裁决，对裁决不服的，可以向人民法院起诉，由人民法院裁定，以保证补偿方案的公正性。

第二章　不动产登记制度

第一节　不动产登记制度概述

一、不动产登记的含义

不动产登记，即经权利人申请国家专职部门将有关申请人的不动产物权的事项记载于不动产登记簿的事实。因不动产登记的内容就是关于不动产的种种物权变动的登记，所以不动产登记又称为不动产物权登记[①]。也就是说，不动产登记是登记申请人对不动产物权的设定、移转在专门的登记机关依法定程序进行的登记。从主体方面看，不动产登记需要有登记申请人和登记机关。登记申请人可以是不动产的所有人乃至共有人，也可以是不动产权利变更的当事人，还可以是与不动产登记有利害关系的人。对登记申请而言，根据情况有时候需要双方当事人共同提出，有时则可以由一方当事人独立提出。登记机关在不同的国家、地区不尽一致：一类是由依法设立的专职登记机关充任，如日本的登记所；一类是由司法机关充任，如瑞士的地方法院；还有一类是由房地产行政管理部门充任，如我国台湾地区的地政局。我国目前的不动产登记机关并不统一，而是由多个行政部门充任，其基本的出发点是不动产的行政管理，而不是物权公示。这种由多个行政登记机关负责登记的情况给我国的经济生活带来了很多弊端，因而应予以改变。

二、不动产登记的性质

所谓的不动产登记的性质问题就是指不动产登记机关所进行的登记行为或涂销行为究竟是一种行政行为还是一种司法行为。德国的学者对此问题形成了

---

① 孙宪忠：《论物权法》，社会科学出版社 2005 年版，第 439－440 页。

三种观点，较早的看法认为登记是国家行为，所以是具有行政管理性质的管理者行为，这是第一种看法；第二种看法是当代有的学者认为登记行为具有决定当事人的实体民事权利的作用；第三种是当前大多数人的看法，他们认为登记行为是一种程序司法行为或者司法程序行为，并不是决定当事人实体权利的司法行为。

在国内，通说认为不动产登记的性质属于行政行为。有一种观点认为，登记是为了使当事人获得某种法律上的利益而对其提供服务的行为，因此，不动产登记具有“服务行政”的性质①。还有一种观点认为，从本质上说，财产登记行为与国家公证行为等司法行政行为实际上是一致的，因此不动产登记行为具有司法行政行为的性质②。

我们认为，实行不动产登记的国家在选择登记机关的时候，由于受历史传统和法律政策等诸多因素的影响会具有自己的特点，因而不动产登记的性质可能因为登记机关的性质而有差异，或为行政行为，或为司法行为，或为社会服务行为。

三、不动产登记的分类

不动产登记是不动产物权取得、变更与废止的要件，依照不同的标准，可以把不动产物权登记划分为各种类型，它们在不动产《物权法》原理上各有其意义。

(一)所有权登记与他项权利登记

按照被登记的实体权利划分，不动产物权登记分为所有权登记和他项权利登记。区分两者之间的意义，在于不动产的所有权登记具有一个特别的登记程序，即初始登记。所有权登记是指不动产的所有权人依法在规定的时间内对其权利进行的登记。进行所有权初始登记的情况有三种：一是对新产生的不动产如新建成的建筑物、新出现的土地的所有权进行登记。二是需要全面核实，换发房地产产权证。三是产权产籍资料管理出现混乱或灭失，需要重新进行整理登记。由于所有权对以后的不动产物权变动具有原始根据的意义，故法律对该登记一般均规定有特别的申请程序和申请条件。如《城市房屋权属登记管理办法》第16条规定，“新建的房屋，申请人应当在房屋竣工后的3个月内向登记机关申请房屋所有权初始登记，并应当提交用地证明文件或土地使用权证、建设用地规划许可证、建设工程规划许可证、施工许可证。房屋竣工验收资料以及其他有关

---

① 梁彗星：《制定中国物权法的若干问题》，载《民商法论丛》总第16卷，第360页。

② 李秀海：《论我国不动产物权登记制度的完善》，载《黑龙江省政法管理干部学院学报》2005年第3期，第3页。

的证明文件”。我国国有土地管理部门制定的土地登记规则规定，国有土地使用权也应纳入初始登记。这一规定应该说是正确的。因为，我国现阶段的国有土地使用权，已经成为一种独立的不动产物权，从其权利人的独立支配和可为各种处分的特点来看，把它在学理上解释为一种“相似所有权”是完全可以成立的。因此国有土地使用权的登记规则应遵循所有权登记规定，列入所有权登记一类。

他项权利登记是指在不动产所有权确立之后，不动产上可设定地役权、抵押权、典权等其他权利，登记机关基于权利人的申请对此类他项权利的设定所为的登记。这类登记在国外极为普遍，在我国由于物权制度不发达，因此目前刚开始不动产抵押权登记。今后，随着经济的发展，物权制度的完善，房地产他项权利登记的适用范围在我国会越来越广。

(二)初始登记、转移登记、变更登记、更正登记和涂销登记

从不动产登记机关的工作程序来看，不动产登记分为初始登记、转移登记、变更登记、更正登记和涂销登记。初始登记的含义已如上述(见所有权登记)；转移登记是指初始登记后，不动产权属因发生买卖、赠与、继承等法律行为而涉及产权人变更，必须办理产权过户手续的情况时所进行的登记。变更登记是指在不涉及其他人的情况下，权利主体对自己的权利内容的变更进行的登记。更正登记是指对错误登记的改正登记。而涂销登记是指不动产物权因抛弃、混同、灭失等原因而消失时进行的登记。这五种登记在不动产登记中的程序及其条件是各不相同的。

(三)本登记与预登记

本登记又称终局登记，是指直接使当事人所期待的不动产物权变动发生效力的登记。① 经过本登记，当事人所要设立的物权即刻设立，所要变更、废止的物权即刻发生变更、废止的效力。

预登记是在当事人所期待的不动产物权变动所需要的条件缺乏或尚未成就时，也就是说权利取得人只对未来取得物权享有请求权利时，法律为保护这一请求权而为其进行的登记。预登记制度为《德国民法》所创立，为《瑞士民法》和《日本民》法所承受，我国法律尚未有此种制度的规定。在附条件或附期限的不动产物权转让中，在合同缔结后，因所约定的条件或期限未成就，权利取得人不可能在不动产登记簿上登记为该物权的权利人。此时虽然原权利持有人已经承担了债法上的出让物权的义务，但该物权的取得人除拥有债法上的请求权外，并不具有排斥第三人的权利。这种情况对权利取得人不利，因此为保全取得人的请求

① 孙鹏:《不动产预告登记》，载《上海政法管理干部学院学报》2003年第5期，第28页。

权，权利取得人可以将该请求权在不动产登记簿上进行预登记，使取得人取得顺位优先权。在预登记后，在不动产上设定的其他权利，例如抵押权等，如妨害了预登记的请求权便不能生效。如未进行预登记，当条件成就或期限届满时，则请求权会因该不动产上设定的其他权利而落空。因此，预登记是尚未成为物权的一切不动产请求权（如附条件，附期限的不动产请求权）的保全措施，它赋予了不动产请求权以排他的物权效力，其本质属于《物权法》向债法的扩张。从该项制度内容来看，对我国的《物权法》立法具有一定的借鉴作用。①

（四）实体权利登记和程序权利登记

所谓实体权利登记，就是指对当事人所享有的实体权利进行登记，物权是一个完整的体系，物权的变动均应进行公示。在不动产物权体系中，包含所有权、使用权、抵押权等内容，这些实体权利取得、变动的登记，即属于实体权利登记。实体权利登记决定权利人对不动产享有哪些权利。

所谓程序权利登记，也就是指顺位登记，指在对同一不动产客体上承担的多个性质的物权，按先后顺序进行登记。如一桩地产上，可同时存在所有权、以使用为目的的使用权、以收益为目的的用益权、以铺设管线为目的的地役权以及起担保作用的抵押权等。这些权利的享有人能否全部实现其权利，则完全取决于这些权利的顺位登记。例如，一不动产在实现抵押权时，先于抵押权登记成立的，即顺位登记中排在抵押权登记之前的使用权，收益权不得涤除，而后于抵押权成立的使用权，收益权应该涤除。由此可见，程序权利登记在不动产法中意义同样非常大。实体权利的实现有时会受到程序权利的影响。

四、不动产登记的效力

虽然在世界各国普遍建立了不动产物权变动登记制度，但对于登记的法律效力各国却有不同的主张。就登记对不动产的效力而言，各国立法有四种模式：(1)意思主义。即以登记作为公示不动产物权状态的方法，不动产物权的变动以当事人合意而发生效力，也就是说买卖契约有效成立，标的物所有权即行转移，无需登记和交付。如法国的立法模式，这种立法模式不承认物权行为。(2)登记对抗主义。以登记作为公示不动产物权状态的方法，不动产物权的变动非经登记不得对抗善意第三人。即是说，买卖契约一经有效成立，标的物所有权即行转移，但非经登记或交付，不能对抗善意第三人。如日本的立法模式。(3)登记要件主义。将登记作为不动产物权变动的要件，非经登记在当事人之间不能产生

---

① 孙鹏：《不动产预告登记》，载《上海政法管理干部学院学报》2003 年第 5 期，第 32 页。

物权变动的效力，更不得对抗第三人。采用此模式的国家很多，如奥地利、俄罗斯、匈牙利、瑞士等。(4)形式主义。买卖契约有效成立后，在登记或交付之外，还需要当事人就标的物所有权的转移，达成一个独立于买卖契约的合意，此项合意以物权变动为内容，此物权变动即物权行为。以德国的民法典为代表。[①] 概括起来，这四种立法模式其实可以归纳为登记对抗主义和登记要件主义两种模式。法国的立法模式虽采用意思主义，但也不是绝对的，当事人形成物权变动的意思表示虽然会产生物权变动的法律后果，但是在未依法进行公示之前，不能对抗善意第三人，只是对法国的立法模式对公示的要求较宽松，其实质上仍是登记对抗主义。德国的立法模式虽然采用了形式主义，但其实可以归纳为更为严格的登记要件主义。

相比较而言，登记要件主义与登记对抗主义各有利弊。登记要件主义将登记与不动产物权变动本身结合为一体，对不动产物权变动采取了严格公示的态度。其优点是便于统一确定物权变动的时间，使物权归属关系明晰化，对善意第三人的保护较为有利；其缺点是过于注重形式，缺乏必要的灵活性，且易助长“一物二卖”的现象。登记对抗主义则将登记与不动产物权变动本身分开，不以登记作为物权变动要件而使不动产交易较为便捷，但因不动产物权的变动缺乏表面的公示形式，易使善意第三人的利益受损。就其精神而言，前者偏重于交易秩序的维护，后者注重当事人意思和交易的效率，但都有顾此失彼之弊。鉴于此，一些国家和地区立法者在采用某一立法主义时，往往以另一立法主义为补充。如日本，以登记对抗主义为原则，但对采矿权则采用登记要件主义。相反，德国的《民法》虽采用了登记要件主义，但不是一概适用于各种不动产物权。如担保物权的让与就无需登记。此外，依法国、瑞士的《民法》，因继承、公用征收、法院判决等法定事由取得不动产物权者，登记仅为物权的处分要件。此种立法主张，被称为相对的登记主义。可见，各国立法在不动产物权变动方面所采用的立场并非绝对。对此问题，我国在《物权法》颁布前尚无统一规定，但有关法律、法规实际上采用的是登记要件主义立场。如《城市房地产管理法》第 35 条规定，房地产转让、抵押，当事人应按有关规定办理权属登记。《城市私有房屋管理条例》第 6 条规定，城市私有房屋所有权转移或房屋现状变更时，须到有关部门办理所有权转移或房屋现状变更登记。而《担保法》第 41、42 条进一步规定，以土地使用权、城市房地产或乡镇、村企业的厂房等建筑物抵押的，应当办理抵押物登记手续，抵押合同自登记之日起生效。但此类规定主要是针对因法律行为而发生的不动

---

① [德]鲍尔、施蒂尔纳：《德国物权法》(上册)，张双根译，法律出版社 2004 年版，第 425 页。

产物权变动而言，对于因其他法定原因而发生者则未见规定。我们认为，基于保障交易安全和社会经济秩序的考虑，我国立法在不动产物权方面采用登记要件主义的基本立场是必要的，但在因继承、强制执行、取得实效、法院判决、新建、添附、婚姻关系等而引起的不动产物权变动的场合下，如果将登记作为物权变动的生效要件，实际上等于否认了有关法律规定和司法行为的绝对效力。而如果不进行登记，又难以使其权属关系明晰化，第三者(尤其是善意受让人)的利益也得不到切实保护。为解决这一矛盾，《瑞士民法》所采用的“相对登记主义”(即将登记作为处分要件)立场不失为一种可行的选择。

我国立法采用登记要件主义，有利于国家对不动产的管理。此处所指要件是变更要件，而不是合同生效要件。若把登记作为不动产买卖合同的生效要件，会产生以下弊端:(1)不利于当事人认真订立和履行买卖合同。(2)如果将登记作为合同的生效要件，则在出卖人交付不动产之后;仍可能将房屋一物数卖，而不承担违约责任。这会助长违约甚至欺诈行为。(3)绝对适用登记要件主义，会冲击现有的财产秩序。(4)根据我国一些法律规定，房屋所有权因买卖而变更登记时，需在三个月内申请变更登记。若将登记作为房屋买卖合同的生效要件，在这三个月内，买受人支付价金的行为缺乏依据，而在出卖人一物数卖时，买受人难以获得合同法的补救(因合同不是生效合同)。(5)登记要件主义也难以适用于房屋的分期付款买卖。从以上规定可以看出，对变更登记中的登记要件主义，应理解为物权变动要件，而不应理解为合同生效要件。最高人民法院司法解释也采用物权变动要件说。

第二节 我国《物权法》对不动产登记制度的规范

《物权法》颁布以前，我国关于不动产登记的规定，主要散见在《土地管理法》、《城市房地产管理法》等行政管理法中。《物权法》贯彻不动产物权公示、公信的原则，在不动产登记方面作出了较为系统的规定。

一、《物权法》规定了不动产物权登记的效力

《物权法》第9条规定:“不动产物权的设立、变更、转让和消灭，经依法登记，发生效力;未经登记，不发生效力，但法律另有规定的除外。依法属于国家所有的自然资源，所有权可以不登记。”由此看来，我国《物权法》确立了以不动产登

记生效为原则、登记对抗为例外、无需登记生效为辅助的登记制度。

(一)登记生效的原则

我国立法过去一向采纳登记要件主义,认为不动产物权的取得、消灭和变更非经登记,不能发生法律效力。例如,建设部发布的《城市房屋产权产籍管理暂行办法》第18条规定:“凡未按照本办法申请并办理房屋产权登记的,其房屋产权的取得、转移、变更和他项权利的设定,均为无效。”然而根据《合同法》第44条的规定:“依法成立的合同,自成立时起生效。法律、行政法规规定应当办理批准、登记等手续生效的,依照其规定”,合同法对登记的效力没有作出规定。2000年最高人民法院《关于适用合同法若干问题的解释(一)》第9条规定:“依照合同法第44条第2款的规定,法律、行政法规规定合同应当办理批准手续,或者办理批准、登记手续才生效,在一审法庭辩论终结前当事人仍未办理批准手续的,或者仍未办理批准、登记等手续的,人民法院应当认定该合同未生效;法律、行政法规规定合同应当办理登记手续,但未规定登记后生效的,当事人未办理登记手续不影响合同的效力,合同标的物所有权及其他物权不能转移。”这一观点实际上是采纳了登记对抗说,因为根据上述解释,合同本身仍然有效,只是不能对抗第三人。①

物权的变动,需要特定的方式予以公示才发生法律效力。对不动产物权登记的生效要件,《物权法》第9条明确规定:“不动产物权的设立、变更、转让和消灭,经依法登记,发生效力;未经登记,不发生效力。”因物权属于绝对权、对世权,故物权的任何变动均应进行公示。动产物权的公示手段是交付,而不动产物权的公示手段是登记。所以登记发挥着向社会展示当事人的物权变动的公示和公信的作用。由此不动产物权登记作为物权变动生效要件的效力得以确立,不动产物权登记的公信力也得以明确。

(二)登记对抗效力的体现

在以不动产登记生效为原则的基础上,《物权法》也确立了采用登记对抗主义的原则。如《物权法》第129条规定:“土地承包经营权人将土地承包经营权互换、转让,当事人要求登记的,应当向县级以上地方人民政府申请土地承包经营权变更登记;未经登记,不得对抗善意第三人。”第158条规定:“地役权自地役权合同生效时设立。当事人要求登记的,可以向登记机构申请地役权登记;未经登记,不得对抗善意第三人。”此外,对于担保物权中最重要的抵押权,《物权法》188条也明确规定:“对正在建造的建筑物、船舶、航空器和交通运输工具,未经登记,

① 王利明主编:《物权法专题研究》(上),吉林出版社2004年版,第344页。

不得对抗善意第三人。”

登记对抗主义原则的意义主要表现在保护善意第三人利益上。在司法实践中，登记对不动产物权的善意取得人的利益至为重要，法律就是为了保护善意第三人，才将不动产登记簿记载之权利视为真实，赋予其社会之公信力。使信赖登记的善意第三人在登记取得不动产物权时，其正当权利不会因为有错误的登记而被剥夺，这样，客观公正的社会交易秩序才能得到维护。

二、《物权法》确立了统一的不动产登记制度

我国一直没有统一的不动产登记制度，此种不统一体现在多个方面：

（一）登记机关不统一

长期以来，我国将不动产登记作为行政机关的重要管理职能，负责不动产登记的机关在性质上是行政机关，如负责土地、房屋登记的是隶属于国土资源部的地方国土管理局和隶属于建设部的地方房管部门，负责森林、林地及草原登记的是县级以上地方政府授权的行政部门。由此可见，由多个行政机关负责对不动产的管理造成了不动产登记机关“分别管理”、“多头执政”的局面。[①]

这种登记机关不统一的多头负责制产生的弊端有：首先，登记机关分散，不利于有关交易当事人查阅登记，很难给交易当事人提供全面信息。如：当事人要查阅某工厂是否已经实行抵押的情况，就需要到土地管理局查阅土地是否抵押，到房屋管理部门查阅房屋是否抵押，到工商管理部门查阅设备是否抵押等，这就给当事人查阅登记情况造成了极大不便[②]。其次，不同部门发放的权属证书所记载的权属、界址经常冲突，导致不动产所有者和使用者之间的纠纷不断。分散的登记制度也造成了房屋、土地分别抵押和房产重复抵押的现象出现。最后，国家要成立几个机构，组织几班人马分别登记土地及附着物，不动产界址重复勘测造成人力、物力、财力的巨大浪费，而且对于不动产登记的申请人来说要分别向几个机构申请并缴费，也造成金钱和时间的浪费。

（二）有关不动产登记法律、法规不统一

我国的不动产立法数量在不断增加，其中有关不动产登记制度的有不少。这些法律规范对不动产登记进行了一些原则性的规定，起了一定的规范调整作用。但由于我国不动产法律体系还不完善，这些现有的不动产登记法律、法规杂

---

① 许明月等：《财产权登记法律制度研究》，中国社会科学出版社 2002 年版，第 233 页。

② 薛亮：《我国不动产登记制度的现状及存在问题与建议》，《青海金融报》2005 年第 9 期，第 3 页。

乱无章，互相矛盾，严重损害法律的尊严。如《土地管理法》和《城市房地产管理法》的关系就十分混乱，从理论及内容上无法确立两者的关系，这直接导致土地登记机关和房产登记机关的权限冲突。同时，有关登记法规同其他法律规范之间的冲突影响了法律的效力，损害了登记机关登记行为的法律效力。

（三）不动产登记程序不统一

由于我国不动产登记在不同的登记机关办理，其所依据的登记规则也是由不同部门制定，如国家土地管理局发布的《土地登记规则》，建设部颁布的《城市房屋权属登记管理办法》，还有很多的地方性的登记规则。这些条例、规则都体现了部门和地方利益，所以在登记程序上是不相同的。

（四）不动产登记的权属证书不统一

登记权属证书即登记机关颁发的不动产确权文书。由于不同的部门对不同的不动产进行登记，必然颁发不同的权属证书。目前我国由房产部门颁发的权属证书有《房屋所有权证》、《房屋共有权证》、《房屋他项权证》；由土地部门颁发的有《国有土地使用证》、《集体土地所有证》、《集体土地使用证》及《土地他项权证》；还有由林业部门颁发的《林权证》。这些权属证书在格式上及记载事项上都是不相同的。不动产权属证书不统一，不但不利于交易的方便快捷，而且还加重了权利人的经济负担，加重了市场规范的矛盾，加剧了不动产登记管理机关之间的争执。

（五）不动产登记效力不确定

不动产登记的效力，是指登记这一法律事实对当事人的不动产物权所产生的实际作用。它是整个不动产登记的核心①。登记的效力是不动产物权变动是否生效的判断标准，是不动产登记制度的核心内容，然而我国目前的法律规范对登记效力的规定模糊。

上述冲突的结果既不利于当事人进行不动产登记，也不利于交易人查阅登记，增加了不动产交易成本，影响了土地资源的高效利用和对我国不动产利用的宏观管理，妨碍了不动产市场的顺利发展。在实践中，这种分散登记制度也易于造成房地分别抵押和房地重复抵押，既损害了当事人的正当权益，又影响了正常的不动产交易秩序。为克服上述实践中存在的弊端，我国《物权法》明确规定建立统一的不动产登记制度，《物权法》第10条明确规定："国家对不动产实行统一登记制度。统一登记的范围、登记机构和登记办法，由法律、行政法规规定。"因此，在《物权法》出台后，需要出台与之相适应的专门的不动产登记的法律或法

---

① 么忆延：《我国不动产登记制度初探》，载《中国律师》2004年第8期，第1页。

规，来进一步保证《物权法》规定的统一不动产登记制度的贯彻和实施。

《物权法》统一的不动产登记制度的确立，为建立有助于不动产安全与交易的登记制度，确立了科学的、统一的不动产物权登记的法律依据，也消除了目前“政出多门”、“各自为政”的不正常现象，更有利于维护交易秩序和安全，可以在最大程度上维护当事人的合法权益。

三、《物权法》规定了具有操作性的不动产登记程序

不动产登记制度的程序性极强，《物权法》坚持以人为本的立法精神，较为完整地规定了一整套不动产物权登记的程序：

（一）申请

《物权法》第 11 条规定：“当事人申请登记，应当根据不同登记事项提供权属证明和不动产界址、面积等必要材料。”由此可见，《物权法》规定的不动产登记程序主要由当事人的申请启动。登记启动机制中最具有意义的就是登记申请，它决定了登记机关的工作范围和方向，是整个登记程序发动的基础。尽管登记申请能够产生实体法律效力，但其无论在权利性质范畴还是在行为性质范畴归属上均属于程序机制，这是我们认识和构造登记申请程序的基础。申请制度貌似简单，却涉及不动产登记制度的基础；申请制度的具体内容也必将影响不动产登记制度的实践效果。

（二）审查

如果说登记申请是登记启动机制中最有意义的部分，那么，决定登记申请命运的登记审查机制就是整个登记程序中最具有理论意义和实践意义的机制。在采用以登记为生效要件的物权公示原则的大前提下，登记具有决定物权能否发生变动并将该信息向社会公众予以展示、进而引导公众普遍信赖的作用，为了实现这个目的，就应保证登记必须反映客观真实的权利，登记审查也应采用“穷追式”的实质审查和裁判审查方式。《物权法》第 12 条第 1 款规定：“登记机构应当履行的职责，即审查登记义务包括：查验申请人提供的权属证明和其他必要材料；就有关登记事项询问申请人；如实、及时登记有关事项；法律、行政法规规定的其他职责。”同时，《物权法》第 12 条第 2 款进一步规定：“申请登记的不动产的有关情况需要进一步证明的，登记机构可以要求申请人补充材料，必要时可以实地查看。”通过上述规定我们可以看到，我国《物权法》坚持的是形式审查的原则，但是实质审查在登记机关认为必要时也可依法进行。

(三)记载

《物权法》第14条规定:"不动产登记簿是物权归属和内容的根据,不动产物权的设立、变更、转让和消灭,依照法律规定应当登记的,自记载于不动产登记簿时发生效力。"根据上述规定,不动产登记簿应为记载不动产权属状态的重要法律文件。《物权法》第16条规定了不动产登记簿的效力以及管理机构。根据权利正确性推定原则,即在不动产登记簿上记载某人享有某项物权时,推定该人享有该权利,其权利内容以不动产登记簿上的记载为准。在司法实践中,普遍存在重视不动产权属证而轻视不动产登记簿的现象,这在一定程度上削弱了不动产物权的公示性,危及不动产交易的安全。《物权法》第17条规定:"不动产权属证书是权利人享有该不动产物权的证明。不动产权属证书记载的事项,应当与不动产登记簿一致;记载不一致的,除有证据证明不动产登记簿确有错误外,以不动产登记簿为准。"上述规定理顺了不动产登记簿与不动产权属证书之间的关系,对于我国客观公正的不动产交易秩序的建立有着极为重要的意义。

四、《物权法》增设了三类特殊的不动产登记制度

(一)规定了更正登记制度

《物权法》第19条第1款规定:"权利人、利害关系人在认为不动产登记簿记载的事项错误时,可以申请更正登记。不动产登记簿记载的权利人书面同意更正或者有证据证明登记确有错误的,登记机构应当予以更正。"更正登记制度是不动产登记制度的重要组成部分,这一制度旨在保护真正权利人的利益和维护静态的财产安全。尽管《物权法》对更正登记制度的规定较为原则,但该项制度在基本法层面的确立,对于我国不动产登记制度的完善仍有着里程碑式的意义。

(二)规定了异议登记制度

异议登记制度是一项针对不正确登记的补救制度。《物权法》第19条第2项规定:"在不动产登记簿记载的权利人不同意更正时,利害关系人可以申请异议登记。并明确了异议登记的时效,申请人在异议登记之日起十五日内不起诉的,异议登记失效。异议登记有阻断登记公信力的作用,异议登记不当,造成权利人损害的,权利人可以向申请人请求损害赔偿。"根据以上规定,我国的异议登记制度主要包括以下内容:

1. 异议登记提起的条件

综合分析《物权法》第19条的规定,异议登记提起的实质要件应为不动产登记簿记载的事项错误,即登记权利和事实权利不一致。此处登记错误的范围应仅限于权利错误,不动产的面积、形状等事实状况的登记错误不包括在内。还需

要说明的是，所谓登记记载错误强调的是异议登记申请人的主观认识，这一主观认识可能与实际状况不符。

2. 异议登记提起的主体

异议登记必须由申请人向不动产登记机构提出申请。异议登记的申请人是利害关系人。所谓利害关系人，是指除权利人外因登记错误而受到损害的人。我们认为《物权法》第 19 条第 2 款所规定的利害关系人应该解释为真正的权利人。

3. 异议登记不当造成的损害

因异议登记不当，造成权利人损害的，权利人可以向申请人要求赔偿。也就是说异议登记通常伴有一定的风险，异议登记申请人理应承担此种风险，否则会造成异议登记申请人滥用权利，恶意利用异议登记制度来损害权利人的权益。

（三）规定了预告登记制度

《物权法》借鉴国外立法例并结合现有住房贷款按揭制度，创设了预告登记制度。《物权法》第 20 条规定："当事人签订买卖房屋或者其他不动产物权的协议，为保障将来实现物权，按照约定可以向登记机构申请预告登记。预告登记后，未经预告登记的权利人同意，处分该不动产的，不发生物权效力。"《物权法》对预告登记的效力期间也作了明确规定，这样更有利于维持登记秩序和提高登记效力。《物权法》规定："预告登记后，如果债权消灭或者自能够进行不动产登记之日起三个月内未申请登记，则预告登记失效。"

预告登记是为保全一项以将来发生不动产物权变动为目的的请求权的不动产登记。不动产预告登记制度的法律效力主要体现为债权的物权化。物权是绝对权，但物权的变动只能在公示后才能成立或具有对抗第三人的效力，不动产物权的变动是以登记为公示手段的。债权是相对权，是只在债权法律关系当事人之间产生相应的权利义务关系，不能对抗第三人。然而，法律为保护债权人的利益，也设有特别规定，使债权物权化。换句话说，即使只具有相对性的债权具有了若干程度的物权绝对性，以对抗第三人。预告登记制度就是为了保护尚未成为物权的权利而将物权公示手段适用于债权人请求权，这样使请求权具有了对抗第三人的物权效力。因而预告登记制度具有物权性质，是法律设有的特别规定，使债权物权化，以达到保护债权请求权的目的。同时，经过预告登记后，债权请求权也就具有了对抗相对人与第三人的物权效力，使其以后发生的危害请求权的不动产物权的处分行为无效。[①]

五、《物权法》规定了登记当事人和登记机关的民事责任

《物权法》规定的不动产登记制度中，有一个非常令人瞩目的制度安排，是以往的法律法规没有明确的，那就是明确了登记机关错误登记的赔偿责任。根据《物权法》第 21 条的规定，当事人提供虚假材料申请登记，给他人造成损害的，应当承担赔偿责任。因登记错误，给他人造成损害的，登记机构应当承担赔偿责任。登记机构赔偿后，可以向造成登记错误的人追偿。在上述规定中，登记机关是属于实质审查还是形式审查，以及是承担民事赔偿责任还是国家赔偿责任都可能会产生争议，这些都需要《物权法》的配套法律法规或司法解释来进一步明确。我们认为，根据对上述条文的理解，我们更倾向于登记机关是属于实质审查，应承担民事赔偿责任的观点。登记机关对于登记之申请，除须审查登记条件是否完备外，对于不动产物权变动的原因与事实是否相符，有无瑕疵，也须详加审查，经确定后方予登记。如果登记有错误、遗漏、虚假而致使权利人受损害时，登记机关应予以赔偿。这样，可以更有效地维护不动产权利人的合法权益，更有利于交易安全。

第三节　我国不动产登记制度的不足与完善

一、应建立统一的不动产登记机关

我们认为，我国登记不统一的根源在于部门利益之争，解决的根本途径是统一不动产登记机关。统一了不动产登记机关，登记原则、根据、程序、效力、簿册自然便统一了。因为登记对不动产物权变动至关重要，故登记机关的问题也应在不动产立法上予以明确规定。我国的《物权法》确立了建立统一的不动产登记制度的立法原则，但对于如何建立统一的不动产登记机关并未明确。在国际上，不动产登记机关，在德国为属于地方法院的土地登记局；在日本为司法行政机关法务局、地方法务局及其派出所；在瑞士，大多为各州的地方法院。这种做法，是

---

① 吴剑平：《关于建立不动产预告登记的诸干思考》，载《广西政法管理干部学院学报》2005 年第 3 期，第 90 页。

以不动产物权登记来直接决定当事人的权利义务关系，故登记应以建立与司法系统的直接联系为前提。如在德国，不动产物权登记的争议直接进入诉讼程序，当事人在此程序中已经不必起诉，而是向上级法院直接上诉。我国历史上制定《民法》之初也曾采用法院统一登记的做法，但后来因为民国初期司法的混乱而改为属于行政机构的地政局统一登记。此法在我国台湾地区延用至今。[①] 总之，考察世界各地的不动产登记制度可以发现，关于不动产的登记机关有两个规则性的特点：一是不动产登记机关一般是司法机构而不是行政机构。不论在何种机构登记，因不动产物权登记均具有决定公民与法人的财产权利的司法意义，故各国法律一般均把不动产登记机关当作司法机构之一。二是不动产登记机关的统一性。为维护在不动产登记上的司法的统一性，同时也因为不动产在自然上的紧密联系性，国家法律均规定在一国之内或一个统一司法区域内实行不动产统一登记的制度，即不论是土地房屋还是其他不动产，也不论是何种不动产物权，均实行统一的登记机关。当然，这一统一机关，只能适用统一的登记法律，实行统一的登记效力。不动产登记机关的司法性和统一性应当说是不动产法的基本规则之一。

我国建立统一的不动产登记机关应当遵循国际惯例和实际需要，在法院内部设立专门的登记机构，统管不动产登记的有关事宜。由此可见，无论是从现实的角度或是从法理的层面上看，我国应当在司法机关内部设立一个专门的、统一的不动产登记机构，统管不动产有关事宜。

二、应细化不动产登记的程序

（一）申请的提出

申请是登记程序的启动机制，登记行为应主要由当事人的申请行为引发，并最终导致不动产物权的变动成就，因此，当事人的申请在登记程序中的重要性是不言而喻的。申请程序的运行，是当事人通过自己意思请求登记机关为或者不为审查、登记行为的动态表现。当事人向登记机关提出申请，是申请运行开始的标志；在提出申请后，当事人撤回申请，则意味着申请运行因当事人的意志而终止。综上可知，当事人申请不动产登记的程序所涉及的法律问题相当丰富。

1. 申请的提出

当事人提出申请，意欲向登记机关表明不动产物权变动的内容，并由登记机

---

① 许明月、胡光志等著：《财产权登记法律制度研究》，中国社会科学出版社 2002 年版，第 309 页。

关加以确认。为了实现这个目的，当事人必须采用符合法定的方式提交相关文件，以证明自己行为的合法性并便于登记机关据以审查和控制。

申请时应当提交的文件，必须能够表明当事人的身份、意欲达到的目的以及相关的证据，它们包括：

(1)申请书。由于申请涉及当事人的利益归属和变化，也决定了登记机关审查和登记的范围，为了促使当事人谨慎从事，也为了防止登记机关滥用职权私自改变民事主体的权利状态，当事人必须通过书面形式提出申请，以此来印证登记结果，这也是目前我国通常采用的形式。申请书应当说明申请人身份、登记类型、登记原因、标的等。为了方便当事人提出申请和规范当事人的申请行为，申请书宜由登记机关提供标准样式，明晰当事人应该填写的事项和应提供的证据，由当事人按照提示进行填写和准备。这种做法无疑具有便利性，比如，葡萄牙从1984年开始采用这种方法，结果是"实践证明填写一张简单的申请表并不会妨碍公众进行登记"，相反还能够起到简化程序的作用。①

(2)其他证明文件。证明文件要服务于申请书的内容，因此，申请人必须附带提交身份证明、登记原因证明或文件(即不动产物权变动原因的证明，如行政许可文件、遗嘱、取得时效构成的证明等)、登记义务人的权利证明(即登记义务人的权利证明文书或者登记簿中的权利编号)、申请所涉及第三人的同意证明以及法律规定的其他文件。

2. 申请的方式

申请方式主要有以下几种：

(1)共同申请，即登记权利人和登记义务人共同向登记机关申请登记。这是申请的一般方式，也是我国登记实务通常所采用的做法，它适用于因法律行为产生的不动产物权变动情况，比如，因为买卖、交换、赠与、抵押等进行登记的，应当由当事人双方共同申请。在这种申请方式中，登记申请权的主体必须具备完全行为能力。

(2)单方申请，即由登记权利人或者登记义务人一方向登记机关申请登记。这种申请主要出现于初始登记(如建筑物所有权的第一次登记)、经过国家公权力确认的物权变动(如经法院通过已经发生法律效力的判决确定的不动产物权变动)、因继承发生的物权变动等非因法律行为而产生的物权变动情况之中。比如，《瑞士民法》第665条第2项即规定："在先占、继承、征收、强制执行或法院判决等情况下，取得人得自行请求登记。"与共同申请一样，单方申请人也要具有完

① [葡]Vicente Joo Monteiro:《澳门物业登记概论》，澳门司法事务局1998年版，第18页。

全行为能力。

(3)代理申请,即申请人的法定代理人或者申请人委托代理人向登记机关申请登记。在这种情况下,代理人应当出具身份证明、委托书等代理证明文件。

(4)代位申请,即登记权利人怠于申请登记,与其有利害关系的人为了保全自己的利益或者同时兼顾登记权利人的利益,以自己的名义代位登记权利人向登记机关申请登记。代位申请主要分为两类:其一,基于债权人的代位权进行的代位申请。这种代位申请的目的在于保全代位权人的利益,是债权人行使代位权的表现,因此,其必须符合代位权的条件。根据《日本不动产登记法》第 46 条第 2 款规定:"债权人在代位申请时,应当在申请书中记载债权及债务人的姓名或者名称、住所或事务所及代位原因,并附具证明代位原因的文件。"其二,基于共同利益进行的代位申请。这种代位申请的目的在于保全代位申请人以及被代位的登记权利人的共同利益,因此,其两者之间必须存在利益上的牵连关系,形成利益共同体,而且代位申请的目的只能是为该权利共同体的利益。比如,我国台湾地区的"土地登记规则"第 31 条第 1 项规定:"继承人为二人以上的,部分继承人因故不能与其他继承人共同申请登记时,其中一人或者数人为了全体继承人的利益,就被继承的土地,申请为公同共有之登记。"需要注意的是,无论是何种代位申请,均必须由法律明确规定其情形以及证明事项,以防止申请权利人的利益受到不当侵害。

3. 申请的撤回

申请的提出是申请人自己依据自主意思而选择的行为,其当然也可以选择撤回这种行为,这是当事人自己的权利。因此,有学者就称,不存在"不可撤回"的登记申请。① 不过,申请人撤回申请的权利要受到登记机关登记行为的限制,即只有在登记完成之前,申请人才能部分或者全部撤回申请,因为登记的完成标志着申请已经达到目的,其作为程序行为已经正常终结,就不再具有撤回的可能性。如果登记机关主张当事人撤回申请的表示到达登记机关的时间晚于登记完成的时间,则要由登记机关对此负担证明义务。

申请人应当采用书面形式撤回申请,其中需要明确表示出撤回申请的意思,但无需陈述撤回申请的理由。在共同申请场合,应当由双方共同向登记机关出具撤回申请请求书;在代理申请场合,应当由代理人向登记机关出具申请人撤回申请的授权文书。如果撤回申请的表示不符合上述形式要求,则视为申请没有

---

① [德]弗里德里希·克瓦克:《德国不动产物权变动中的合意与登记》,孙宪忠译,载孙宪忠:《论物权法》,法律出版社 2001 年版,第 710 页。

被撤回，登记机关仍然可以完成登记。原则上，在登记完成之前，申请人撤回申请的，登记机关必须尊重申请人的意思，并负担准许撤回的义务，而不能擅自加以限制。但是，在共同申请中，当只有部分申请人提出撤回申请的，就应根据情况进行区别对待，而不能拘泥于上述原则。比如，在共同继承登记中，一个继承人撤回登记申请不能影响他人的登记申请，登记机关应准许该申请撤回，但其他人的申请仍要发生法律效力。又如，在因买卖而导致的所有权移转登记情况中，只有一方申请人提出撤回申请，而另一方不同意撤回的，为了平衡当事人的利益，登记机关就不能准许撤回。在这种情况下，登记机关应当中止登记程序，在当事人共同同意撤回申请或者法院、仲裁机关确认权利归属时，再作出同意撤回申请或者继续登记行为的决定。

(二)登记机关的审查

公示是维护不动产交易安全的必要条件而非充分条件，所以为实现交易安全，法律须进一步赋予登记以公信力。不动产物权登记的公信力主要取决于以下三个制度：物权公示制度、登记审查制度和物权行为制度。物权公示制度直接决定了登记公信力的有无，登记公信力可以间接地反映登记审查制度，而登记审查制度与登记机关承担赔偿的范围、归责原则都有着直接的联系。我国《物权法》第 12 条说明了登记机关的主要职责，反映了审查模式。审查制度一共分为两种，即形式审查主义和实质审查主义。"形式审查"就是登记机关仅就申请人的申请是否符合程序法上的条件进行的审查，如审查申请的文件、手续形式是否符合法律规定的要求，文件、手续是否齐全、清晰等，其特点是不对文件内容的真实性和合法性进行审查。相对应的"实质审查"则是指登记机关就申请人申请的真实性、合法性进行的审查，如通过调查、勘验、核对权利文件等方式，确定权利是否存在，权利的变更、移转是否合法，申请登记的权利是否与客观事实相符等。①

学者们大多认为，登记机关只有在承担实质审查义务时，才有更多赔偿的可能，也会赔付得更多；实质审查制度总是与登记错误的赔偿制度联系在一起的，没有赔偿制度，则实质审查不可能彻底实行。

1. 形式审查主义

在大陆法系国家，对登记效力的立法规范有两种不同的模式，即契据登记制度(也称为登记对抗制)和权利登记制度(也称为登记生效制)。"契据登记制度"

① 常鹏翱：《不动产物权登记程序的法律构造》，载中国民商法律网，2006－7－27，www.civillaw.com.cn。

是指当事人一旦形成物权变动的意思，便可以发生物权变动的法律效果，未经登记的物权也可以通过当事人之间的合意而成立，只是在没有依法进行公示前，物权变动不能对抗第三人。此时，登记对不动产物权变更的行为只具有确认或证明的效力，而没有决定其能否生效的效力，[①]因此，登记没有公信力。采用此种模式的代表国家是法国。法国虽然采用了契据登记制度，登记没有公信力，登记时只进行形式审查，但这并不说明法国不追求登记的准确性。事实上，在法国不动产物权变动的登记程序中，仍间接地要求当事人必须做公证证书。[②] 在法国，不动产公示与公证行为存在密切的联系，法国的公证制度十分完善，几乎所有不动产交易都要经过公证。从 14 世纪开始，在法国几乎所有地方，不动产交易都要经过公证人的参与。公证程序的目标在于审查并确认当事人的实体权利。而公证人要对其做成的公证书的合法性和有效性负责，他必须详细调查当事人的权利，而他客观上也有进行这种有效调查的基础。由于公证程序提前进入法律行为中，起到了过滤风险的作用，所以这种形式审查机制，并非如同表面上看来的那样不能保护交易的安全。在登记行为符合形式要件后，登记机关无需再审查申请的合法性，只要符合形式要件就可进行登记。登记机关的审查事项范围不涉及实际权利内容，除了一些特殊情况，比如在抵消权注销情形下，行为已经严重到不可挽救时，登记员无权就当事人交由登记的行为进行评价。

德国不动产登记模式采用权利登记制。“权利登记制度”是指不动产物权的各项变动都必须登记，不登记者不生效的立法体例。此种立法体例也为我国台湾地区和瑞士的法律所采纳。采用权利登记制时，登记有公信力。但是关于德国登记审查模式，在我国素有争论，我们认为，德国采用的应是形式审查主义。从德国法的发展历史来看，1872 年《普鲁士土地所有权取得法》率先将萨维尼的物权契约与无因性理论在法条上进行了规定，目的在于摒弃此前的登记实质审查主义的弊端。

根据物权行为理论，纳入审查范围的是物权行为，此时，形式审查是指登记机关对登记同意的审查，实质审查是指还要对物权合意和处分权进行审查。德国采用单方申请模式，只要当事人一方提出申请，登记承诺人一旦做出相应的配合登记的行为（出席于土地登记所，自己陈述登记承诺），那么便可以认定双方同意登记。如此采用形式审查时，其范围仅限于不动产交易双方的登记申请和登

---

① 常鹏翱：《不动产物权登记程序的法律构造》，载中国民商法律网，2006－7－27，www.civillaw.com.cn。

② 王轶：《物权变动论》，中国人民大学出版社 2001 年版，第 157 页。

记同意，登记机关只对登记申请及附件证书进行程序性审查，并不介入审查实体法律关系。采用形式审查是出于减轻登记官的负担、加快登记效率的考虑。德国《土地登记簿法》利用“同意原则”和“在先登记原则”形成合意替代机制，达到了不审查物权合意和处分权，仅审查登记同意的效果。“同意原则”指以当事人的登记同意替代物权合意，其理由在于当事人一般只有在真实合意之后才会做出登记同意，登记同意的权利人在实体法上当然也同意权利变动。“在先登记原则”指权利人在登记簿中的登记状态替代处分人的所有权等实体权利，其理由在于《德国民法》第 891 条规定的推定力，使登记权利人在任何规则下都被推定为实体权利人。① 通过上述两个机制，德国的登记审查基本上就可以不用考察当事人之间是否具有真实有效的物权变动意思表示、处分人是否具有真实的处分权。在此意义上，德国登记审查方式被称为形式审查。公证制度为德国顺利实行形式审查起到了关键作用。在德国的“窗口审查”中，公证机关是物权契约的确认机关。在登记机关进行审查前，先由公证人对物权契约进行审查，此时，物权契约实际上是与债权契约一起以公证证书的形式缔结。因而，登记官吏纵使只做形式审查，也可以保证登记的正确性，维护登记的公信力。“故德国的形式审查实可以起到实质审查同样的效果。”②因此，申请登记时，登记官吏只需在窗口审查已然做成的以公证证书所表现的物权契约就可以了。因为通常只有物权行为会对不动产物权变动的效力起决定性作用，所以审查原因行为没有实质意义。窗口审查和裁判审查仅仅是审查方法上的差异，即裁判审查是指登记人员对登记的各项内容详加审查，而窗口审查指确定关系是否践行了必要的形式。③

2. 实质审查主义

瑞士受《德国民法典》的影响，实行权利登记制和物权公示原则，承认物权行为中的分离原则，但不承认物权行为的无因性或独立性原则，采“有因主义”。所以其审查要件除了与德国一致的“登记申请”和“登记承诺”(登记同意)外，还要审查有效的法律原因，即导致不动产变动的基础法律关系。登记官对于原因关系的审查，其重点是审查原因关系是否践行了必要的形式。依《瑞士民法典》第

---

① [德]鲍尔·施蒂尔纳:《德国物权法》(上册)，张双根译，法律出版社 2004 年版，第 305 页。

② 朱岩:《形式审查抑或实质审查——论不动产登记机关的审查义务》，载《法学杂志》2006 年第 2 期。

③ [德]鲍尔·施蒂尔纳:《德国物权法》(上册)，张双根译，法律出版社 2004 年版，第 305 页。

657 条的规定,"必要的形式"指对原因行为的公证。所以,当公证人对物权变动原因、当事人的行为能力及有无处分权等做完审查并做出公证书后,土地登记只要"窗口审查"便可完成。可见,瑞士和德国一样,采用权利登记制度,对债权契约采用了公证书的形式,只是因为对物权独立性原则的否认,使得公证的内容有些许不同。在英美法国家,广泛采用了托伦斯登记制度,这种制度是权利登记制度的改良,它的特点是除了登记以外,还要交付权利证书,产权一经登记,便具有不可推翻的效力,由国家给予保障。托伦斯登记制度不强制要求一切土地所有权、他项权利都须申请登记,但一经登记,之后的任何变更或设定房地产权利的行为,不经登记就不能发生效力。为了保障登记真实地反映实际状况,登记官有实质审查的权利,登记官要了解交易情况、明确权利归属,并对当事人的所有权进行认证,然后发出申请公告,以公告的方式提醒利益相关者注意,如果没有人提出异议,就签发土地所有权证书。① 这种将实质审查和公告程序相结合的制度,有效地避免了错误的发生。

我国的学者们在我国登记审查模式的选择上存在较大的分歧,即便是在《物权法》第 12 条中对此问题仍未下清晰的定论。支持实质审查主义的学者们有以下理由:(1)我国出于市场经济发展初期,市场秩序比较混乱,为了减少欺诈现象出现,即便实质审查会妨碍效率,但是交易安全和秩序是更值得关注的;(2)实质审查可以有效地避免登记权利和真实权利状态不一致的情况,有利于保护交易当事人的合法权益;(3)在登记操作中便要求登记人员尽到审慎的注意义务,有利于强化登记机关的责任感;(4)增强登记公示和公信功能,此乃权利登记制度的必然要求。②

支持形式审查主义的学者们有以下理由:(1)从可行性方面考察,登记机关每天承担着繁重的登记工作,根本无法对所有基于不动产物权变动的申请进行实质审查;(2)从法理出发,登记簿仅有权利推定的效力,登记机关不必保证登记簿内容完全真实;(3)实质审查追求实体权利的真实,所以必须严格仔细地进行审查,甚至有必要实地考察,这样会阻碍促进交易迅捷,增加交易成本;(4)实质审查要求登记机关承担严格责任,加重了登记机关的责任;(5)登记人员未经过专业培训,法律素质不高,依靠他们发现登记申请背后的实体法律关系瑕疵根本

---

① Hewitson R. *Land Registration: New Rules and Focus*. Sol Jo, 1998, p.49, 转引自阳金花:《不动产登记审查方式研究》,[学位论文],湖南大学图书馆 2005 年版,第 9 页。

② 王利明:《物权法研究》,中国人民大学出版社 2002 年版,第 225—226 页。

不可能。①

从学者们的争论中，我们看到：凡同意形式审查的学者，都是针对实质审查的弊病来抨击的；而同意实质审查的学者，也都是针对完全纯粹的形式审查进行批评的。我们认为，就国外立法情况来看，不论是采用形式审查主义，还是实质审查主义，为保证公信力、追求准确性以及确保登记效率都会有相应的制度来弥补现有审查模式的不足。形式审查的优点是，效率高；缺点是，由于只作程序上的审查，不涉及实体法，会威胁到登记的公信力。实质审查的优点是，登记内容和实体权利一致，可以确保公信力；缺点是，实质审查验证过程势必消耗大量人力物力，且有公权力干预私权利之嫌。例如，在我国，对于配偶间共有的房产，大部分的所有权人是以一方的名义申请登记，在对房屋进行处分时，如当事人不能举证说明房屋为一方所有的财产，则要求配偶作为房屋共有人表示同意，这就牵涉到对当事人婚姻状况的审查，但这种审查，显然越出了权属登记机关的职权。由于《物权法》对不动产登记制度采取了权利登记制的态度，且不承认物权的抽象原则，我们可以借鉴瑞士立法体例来具体明确我国的登记审查模式。虽然《物权法》第 12 条中“权属证明和必要材料”是否包括原因行为的证明和相关资料并不明确，至于“就有关登记事项询问申请人”是否包括非程序法上的事项也不太清楚。但是从“如实”字样，以及第 2 款的规定“登记机构对申请不动产的实际状况认为需要察看的，申请人有义务协助”来看，登记机关是有审查原因关系的权限的。借鉴各国立法和实践经验，我国可以引入公证制度来为登记做先行工作，从速度上保证登记效率，从准确性上辅助公信力的需要，从程序上减少开支和繁琐，从效果上防止公权力过度干预私权利。《公证法》(草案)规定：“公证机构是依本法授权履行国家公证职能的公益性、非营利性的事业法人组织；公证机构依法自主开展业务，独立承担民事责任。”目前公证机关经过改制，基本上已经成为事业性机构，中立性、独立性、服务性和中介性的特征日益明显。由具有这些特征的公证机关来实行实质审查，不会导致政府职能扩张的弊端，例如德国，就成功地运用公证制度和物权行为理论切断了公权力对私权利的干涉。我们如此主张还有另外一方面的考虑。即，在赔偿出现时，公证机构还可以分担一部分赔偿责任。因为，若由登记机关全部承担实质审查义务，那么登记机关要对登记内容负绝对担保责任，全部赔偿责任的部分都应由登记机关承担。但若由公证机构介入，一旦出现审查错误，公证机关必须承担“专家责任”，那么不仅帮登记机关卸下了沉重的审查任务，也帮登记机关减轻了应承担的赔偿责任。

① 王利明：《物权法研究》，中国人民大学出版社 2002 年版，第 225—226 页。

三、应强化不动产登记赔偿责任

无论对不动产登记是采用形式审查还是实质审查,不动产登记的错误均在所难免。问题是,如何有效地减少登记的错误,以及在登记发生错误时,如何及时、便捷地加以补救。我们认为,强化不动产登记赔偿责任应该是行之有效的方法。所谓不动产登记赔偿责任是指登记机关因违反审查义务造成登记错误的,需依法对产权人及其他交易当事人造成的损失进行赔偿的法律制度。

对于登记机关登记错误的赔偿责任,很多国家和地区均在有关不动产登记的法律中作了规定。例如,日本《不动产登记法》第 152 条规定:"由于登记官的失误造成他人损失的,受损人可以向法务局局长或地方法务局局长提出审查的申诉,也可以向法院提起诉讼,要求经济赔偿。如查明确系登记官失误而使他人受到损害的,登记官不仅要依法赔偿受害人的全部损失,还要被解除职务。"①德国对此设有专门的赔偿基金,以弥补公信力制度可能造成的对真正权利人利益损害的缺陷。根据我国台湾地区"土地法"的规定,因登记错误、遗漏或虚假致受损害者,由该地政机关负损害赔偿责任。但该地政机关已证明其原因应归责于受害人时,不在此限。地政机关所收登记费,应提存 10%作为基金储备,专备损害赔偿之用。②

在《物权法》颁行之前,《土地管理法》和《城市房地产管理法》在"法律责任"中仅规定了刑事责任和行政责任,并未规定民事责任。在其他相关的行政法规和部门规章中,也少有关于登记错误的民事赔偿责任的规定。《物权法》第 21 条明确了不动产登记机关对其错登记行为应承担赔偿责任的立法原则。而对于该项法律制度在司法实践中的运作机制,仍有进一步研究的必要。

(一)赔偿的性质

登记损害赔偿究竟属于何种性质,这是一个决定损害赔偿条件、程序以及范围的重要问题,必须首先澄清。《物权法》中对此没有明确,学者们也有不同意见。一种观点认为其是民事责任,对于登记簿错、漏的赔偿责任,应当按照《民法》中关于侵权责任的有关规定加以认定。另一种观点认为其应是国家赔偿责任,登记机构应依照《国家赔偿法》的相应规定承担赔偿责任。③

我们认为,登记错误赔偿兼备了国家赔偿性质和侵权责任性质两种性质。

---

① 于敏:《日本侵权法》,法律出版社 1998 年版,第 304 页。

② 刘春堂:《国家赔偿法》,三民书局 1994 年版,第 14 页。

③ 肖厚国:《物权变动研究》,法律出版社 2002 年版,第 220 页。

首先,登记错误赔偿应属于国家赔偿。原因如下:(1)"登记官吏对当事人的登记申请进行审查,登记乃属行使国家公权力的行为……假使登记因登记官吏的错误使权利人遭受牺牲的,有权提出行政诉讼,获得国家赔偿;"[①](2)通过对国外登记机关登记错误的赔偿制度的分析,各国最终都是由国家机构对此承担责任。其次,登记错误赔偿也应属于侵权赔偿。原因如下:(1)即便登记机关参与的登记行为有公法性质,但是违法行使职权给当事人造成损害,显然不是国家公法行为的目的,而是典型的职务侵权,因此登记机关的赔偿本质上应为平等主体之间的民事损害赔偿;(2)侵权行为的本质在于不法侵害他人权益,不管行为人是私人还是国家机关,行为发生在交易过程中还是在执行职务过程中,只要发生权利受害的情况,行为人均应承担侵权赔偿责任;(3)从各国立法的经验来看,即便将赔偿定义为国家赔偿也是将国家赔偿作为特殊的民事侵权赔偿来看待的。比如,日本的司法判例多认为,国家赔偿请求权的性质为私法性质的请求权。[②] 我国《民法通则》第 121 条也有相类似的规定:"国家机关或者国家机关工作人员在执行职务中,侵犯公民、法人的合法权益造成损害的,应当承担民事责任";第四,从归责原则和赔偿范围的角度来看,为充分保护受害人的权益,适用侵权责任相关制度优于适用国家赔偿相关制度。最后,值得一提的是,登记错误赔偿的性质直接决定求偿程序的适用。由于我国从事《国家赔偿法》研究的主要是《行政法》学者,《国家赔偿法》的制定也主要是由《行政法》的学者牵头进行,《民法》学者对《国家赔偿法》的研究远不及行政法学者,所以绝大多数《行政法》的学者认为《国家赔偿法》属于公法,国家赔偿诉讼也被纳入了行政诉讼的范畴。而在奥地利和我国台湾地区,国家赔偿诉讼和一般的民事赔偿诉讼一样,适用民事诉讼程序。鉴于上文对赔偿性质的讨论,我们并不认为在诉讼程序的适用上必须"非此即彼"。根据《民法通则》第 121 条的规定:"登记机关要赔偿实际损害,而根据《国家赔偿法》第 28 条第 7 项规定,登记机关只赔偿直接损害。"我们认为,《国家赔偿法》属于《民法》的《特别法》,国家赔偿责任是侵权行为法的专门领域。如果适用特别法优于一般法的原则,登记机关负担的就是直接损害赔偿责任,但这并非僵硬教条,为了充分保护受害人,要给受害人以更大选择空间,在《民法》和《特别法》上的侵权行为损害赔偿请求权发生竞合时,受害人可以自由选择。鉴于国家赔偿责任属于补充赔偿责任,而且权利人在获得赔偿前必须先寻求其

---

① 朱岩:《形式审查抑或实质审查——论不动产登记机关的审查义务》,载《法学杂志》2006 年第 2 期。

② 肖厚国:《物权变动研究》,法律出版社 2002 年版,第 220 页。

他途径救济，所以我们支持选用一般民事诉讼程序。

(二)归责原则

目前，我国不动产登记机关承担赔偿责任的依据是《国家赔偿法》第 2 条和《民法通则》第 121 条，但对归责原则的确定，在理论和实践中存在不同的理解。从《物权法》第 21 条中的两款规定来看，也没有明确登记机关承担责任是否要求过错。有学者认为，登记行为乃国家机关行使职权的行为，登记错误责任应归结为国家赔偿责任，因而主张违法责任(无过错责任)，只要在执行职务过程中造成损害，无论有无过错均应该承担赔偿责任。采用违法责任，无需当事人在诉讼中举证对方的过错，对权利保护最为有利。另一种观点主张过错责任原则，确立以过错为职务侵权责任的归责原则，这在最大程度上保护了求偿机会，并认为国家机关或者其工作人员执行职务时的故意或过失行为若侵犯了公民、法人或其他组织的合法权益，应当承担赔偿责任，如果无过错，则不承担责任。有学者更进一步认为登记机关应当只有在“重大过失”时才承担责任。[①] 我国《城市房屋权属登记管理办法》第 37 条以及《珠海市房地产登记条例》第 48 条也有类似采用过错原则的规定。

对于不动产登记错误的赔偿责任的归责原则，是实行无过错责任原则还是过错责任原则的问题，一些学者把《物权法》第 21 条中规定的“登记机构因登记错误应当承担赔偿责任”解释为严格责任，认为只要登记有误，登记机构都要承担责任。我们不同意这样的意见。因为法条第 1 款已经规定清楚了，在发生登记错误的情况下，应当区分两种情况：一是因为登记申请人弄虚作假而登记机构已经尽到了自己的职责的；二是因为登记机构自己的原因造成的。前者登记机构不必承担责任，而由弄虚作假的申请人承担责任。但是若将该条与第 12 条登记机构的职责联系起来，即登记机构如果已经尽到了第 2 条规定的职责，其就不需要再承担其他责任了。所以，所谓登记机构的责任，原则上应该还是一个过错责任。

我们认为，采用过错推定原则乃是最佳的选择。首先，从平衡权利义务、合理分担举证责任的角度来看，过错推定原则更合理。登记错误赔偿责任属于国家赔偿责任范畴，其本质是侵权责任。按过错责任原则，适用“谁主张，谁举证”的规则，一般是由受害人证明登记机关的行为是种过错行为，这会让受害人遇到极大的举证困难。而如果适用无过错原则，虽然可以免除当事人的举证责任，有

① 许明月、胡光志等：《财产权登记法律制度研究》，中国社会科学出版社 2002 年版，第 309 页。

助于强化登记机构的责任心，但势必加重了登记机关的责任，会使登记机关陷于诉讼而影响正常工作。若国家机关及其工作人员已经尽到了一般注意义务和特定的职务义务，仍要其承担责任势必会影响其发挥执行职务的积极性和能动性。所以为平衡双方在实体上、程序上的权利义务，采取举证责任倒置的方法，使登记机关就相反的事实负举证责任，即实行过错推定，更为合理。其次，过错推定责任符合实质审查的需要。“与实质审查相对应，登记机关如因审查疏忽，使登记的财产权与该权利的现实状态不符，就应对因此受到损害的人承担赔偿责任。”①

过错推定责任是由过错责任移向无过错责任的中间责任。这个过渡的标杆就是“审查内容”，登记机关对私权利干预的程度越强，那么规则标准的制定也就越严格，登记机关也就理所应当应适用过错推定原则；而在形式审查的情况下，只有在故意或重大过失时，登记机关才承担责任。从诉讼程序上来看，在实质审查模式下，登记机关更容易证明自己没有过失。

（三）不动产登记错误的认定标准

由于登记错误是登记机构违背了必要的审查义务后所产生的直接后果，其行为具有不法性，该行为与登记错误所产生的损失之间有因果关系，故错误登记行为构成侵权行为，登记机构要负担赔偿责任。对此，中外立法态度一致，我国《物权法》第 21 条第 2 款也已有明确的规定。问题在于，登记机构究竟应负担什么样的审查义务？而审查义务是登记机构避免侵害他人权利的合理注意义务，是衡量登记错误行为是否构成侵权行为的重要标准，必须认真对待。

我国《物权法》第 12 条规定：“登记机构应当履行下列职责：(1)查验申请人提供的权属证明和其他必要材料；(2)就有关登记事项询问申请人；(3)如实、及时登记有关事项；(4)法律、行政法规规定的其他职责。申请登记的不动产的有关情况需要进一步证明的，登记机构可以要求申请人补充材料，必要时可以实地查看。”有人据此认为，我国《物权法》采用了实质审查方式以保障交易安全，也就是说，不动产登记机构对申请人提供的登记材料的真实性、合法性和有效性应作全面审查。② 我们认为，我国《物权法》实际采取的是一种折衷的办法，既不是完全的实质审查，也不是完全的形式审查，而是以形式审查为主，实质审查为辅的一种模式。《物权法》的规定没有采纳实质审查的意见，主要是因为我们的登记

---

① 肖厚国：《物权变动研究》，法律出版社 2002 年版，第 230 页。

② 王达：《物权法中的行政法问题：不动产登记制度》，《人民法院报》2007 年 3 月 27 日，第 5 版。

机构主要是行政机关，如果要实行实质审查，一旦没有尽到审查义务就必须承担所有责任，而登记机构承担不了。但登记机构要实施完全的形式审查也是有障碍的，即登记机构的职责和责任都会加重，承担责任的比例会大大上升，这对于登记机构来说是一个非常高的要求。在目前登记机构主要是政府机关的情形下，要承担如此重的责任也是不能落到实处的。根据《物权法》的规定，不动产登记机构应当履行如下登记审查的职责义务：

1. 查阅申请人提交的权属证明和其他必要材料

查验是指检查验收的意思，不是指查验无误，不要求登记者做出准确无误的判断，但也不是完全的形式审查。有一些材料还是需要查验的，比如说房产证，房产证的真伪应该审查，因为房产证是由登记机构发出的，审查房产证的真伪对于登记机构来说没有什么困难。比如在一个案件中，登记机构发出了两个房产证，结果两个房产证人都持房产证办理了抵押，造成了抵押权无效，给抵押权人造成了重大损失，在此，登记机构确实是有责任的。

2. 就有关登记事项询问申请人

所谓询问，是指询问就与登记事项有关的问题，向申请人询问。只要是与登记事项有关的问题，登记机构都有权向登记申请人询问。询问既是一种权利，也是一种义务。作为一种权利，登记机构在询问时，申请人就应该如实回答；作为一种义务，如果不进行询问而导致登记的错误，就是没有尽到责任。当然，这里只是规定了询问申请人，而没有规定询问第三人，对于登记机构来说责任不是太重。

3. 如实、及时地登记有关事项

登记机构应当及时准确地进行登记。如实是指正确性，及时是指迅速性。比如说，在一个案件中，登记机构在登记时错误地记载了楼层和建筑面积，本来1000平米的房产登记成了1500平米的房产，最后，该房产在抵押之后实现抵押权时发生了争议，抵押权人遭受了重大的损害。后来，抵押权人向法院起诉了登记机构。我们认为这种情况就是登记机构没有尽到合理谨慎的义务，登记机构是有过错的。

4. 法律、行政法规规定的其他职责

该款为兜底条款，写的很原则，将来还需要相应的法律法规予以细化。根据《物权法》第10条第2款的规定，“国家对不动产实行统一登记制度。统一登记的范围、登记机构和登记办法，由法律、行政法规规定”。将来有关不动产统一登记的法律、行政法规所规定登记机构应当履行的职责，都是登记机构应当履行的审查义务。

5. 要求申请人补充材料，必要时实地查看

这是在“申请登记的不动产的有关情况需要进一步证明的”情形下，法律赋予登记机构的一项权力，是否要求申请人补充材料或实地查看，由登记机构裁量决定；但笔者认为，这也是法律要求登记机构履行的一种审查义务，即在确实有必要要求申请人补充材料和进行实地查看的情形下，登记机构没有要求申请人补充材料和进行实地查看，由此造成登记错误并给他人造成损失的，登记机构应当承担责任。

（四）登记机关赔偿范围及其追偿

登记机关赔偿责任的范围应根据当事人因登记错误造成的实际损失来确定，包括主权利受损害的赔偿、利息及当事人或利害关系人主张权利的费用，如申请更正登记、异议登记的费用，进行诉讼的费用，等等。该赔偿数额应以其权利受损害时的价值来确定，不得超过其受损害时的价值。因此，当事人在主张损害赔偿权利时，既不能以其实际取得权利时的价值为标准来计算其损失，也不能以其主张权利时的价值为依据，只能以其财产受损害时的价值来确定。在具体计算时，可委托不动产评估机构对受损的不动产价值进行评估。只要权利人或利害关系人可以证明其因为登记错误而受到损害，并向登记机关提供了证明文件，就可向登记机关请求赔偿。登记机关进行审查后，认为当事人的赔偿请求成立的，应当予以赔偿。

造成登记错误的原因，既包括登记机关工作人员故意或者疏忽大意等过错，也包括与申请人恶意串通进行不实登记等情形，但不论何种原因，登记机关都应当首先给予赔偿，以充分保护处于相对弱势地位的受害人的合法权益。登记机关赔偿后，可以向造成登记错误的人追偿。规定登记机关的追偿权可以减轻赔偿的压力，同时又能够增强登记人员的责任心，确保其认真地履行审查义务。

四、应完善预告登记制度

我国《物权法》第20条规定：“当事人签订买卖房屋或者其他不动产物权的协议，为保障将来实现物权，按照约定可以向登记机构申请预告登记。预告登记后，未经预告登记的权利人同意，处分该不动产的，不发生物权效力。预告登记后，债权消灭或者自能够进行不动产登记之日起三个月内未申请登记的，预告登记失效。”根据上述规定，我国的《物权法》规范了预告登记的适用范围、发生条件、效力以及预告登记的消灭等主要内容。毋庸置疑，预告登记制度的确立，对于《物权法》所追求的价值——保障不动产物权交易的迅捷和安全——意义重大。但是，《物权法》简略的规定难免让人产生几许担忧，面对十分复杂的司法实

践，我国的预告登记制度能否有效运转，实现其应有的立法目的？我们通过对我国预告登记制度进行实证分析，能够得出相应的结论。

（一）预告登记的适用范围

所谓预告登记的适用范围，即何种请求权可以依法进行不动产预告登记。采纳该制度的国家和地区均有明文规定。如《德国民法典》在第883条第1款规定“为保全目的在于转让或废止一项土地上的物权请求权，或土地上负担的物权请求权，或者变更这些物权的内容或着顺位的请求权，得在土地登记中为预告登记。被保全的请求权附条件或附期限时，也准许为预告登记。”①德国的《民法》将预告登记专项限定于土地权利变动的请求权，瑞士的《民法》则进一步缩小其适用范围，将预告登记原因分为个人权利的预告登记和处分的限制。《瑞士民法典》第959条规定：“个人权利的预告登记，需法定预告的，如先买权及买回权、买受权、租赁权等个人权利，得在不动产登记簿上为预告登记。”②可见，对于预告登记的适用范围，虽各国的明文规定有所不同，但大体上都包括了两种情形的请求权：一种是以不动产物权得丧变更为内容的请求权，另外一种为附有起始期、停止条件或其他可于将来确定有关不动产物权变动的请求权。

我国的《物权法》在规定该问题时采用了列举与一般条款并用的方式。针对实践中大量存在于商品房交易中的“一物二卖”甚至于“一物多卖”现象，《物权法》明确地进行了规范，即房屋买卖合同中的买受人可以通过申请预售登记，确保所有权的实现。当然，不动产物权的变动不限于所有权的流转，设定他物权以及他物权的变动同样需要预告登记对相应请求权人的保护，因此，《物权法》将当事人基于“其他不动产物权的协议”产生的请求权同样也纳入了预告登记保全的范围。据此，我们以为，以比较法为依据，结合我国的立法实践，应将我国预登记制度的适用范围解释为以下几种类型：(1)不动产所有权的设定、移转、变更或消灭的请求权；(2)用益物权的设定、移转、变更或消灭的请求权。如国有土地使用权与农村土地承包经营权的设定、移转、变更或消灭，也可以适用预告登记；(3)有关的特殊不动产物权，如建筑工程承包人的优先受偿权、优先购买权等；(4)附条件或者附期限的不动产物权请求权。

（二）预告登记制度的发生条件

预告登记的发生必须基于权利人的申请，同时还须具备一定的条件。在预告登记中，应以所保全的请求权的权利人为预告登记权利人，以不动产物权人为

① 《德国民法典》，郑冲、贾红梅译，法律出版社1999年5月版。

② 《瑞士民法典》，吴兆祥译，法律出版社2002年11月版。

预告登记的义务人。

1. 比较法的考察

我国台湾地区的“民法”和德国的《民法》对预告登记的发生原因都有较为详尽的规定。我国台湾地区“土地登记规则”第 98 条之规定：“预告登记，须因假处分或经土地权利登记名义人之同意为之。”该规则第 125 条进一步规定：“预告登记的申请应提出登记名义人同意书。申请人须为债权人，第三人利益契约的受益人亦属之，受益人有权申请预告登记。登记名义人的同意是单方法律行为，非属契约，具有处分性质，须为登记名义人始得为之。”①

《德国民法典》第 885 条第 1 款之规定：“预告登记根据临时处分或者根据预告登记所涉及的土地或者权利的人的同意进行登记。为了发布临时处分命令，无需证实应保全的请求权已受到危害。”德国《土地登记簿法》第 29 条也规定了单方许可，该许可是一种单方的意思表示，它必须由与预告登记有利害关系的权利人类推适用《德国民法典》第 875 条第 1 款第 2 句、第 876 条第 2 句之规定，向受让人或者土地登记机关做出表示。与中国台湾地区的法规的不同之处在于，在权利人的许可非出于自愿的情形下，为保全请求权，债权人可以以权利人为债务人申请诉讼保全，这是根据德国《民事诉讼法》第 938 条的规定进行预告登记，或者权利人被判令进行一项权利变更的先与执行，也可以根据《民事诉讼法》第 895 条进行保全。

2. 小结

对预告登记的发生条件，我国的《物权法》只规定了当事人按照约定可以向登记机构申请预告登记，而对于在当事人未达成协议或达成协议后预告登记义务人不协助时，权利人的利益该如何保护，《物权法》未作规定。然而，在不动产物权人拒绝为预告登记时，物权变动请求权人的权利不能实现的危险将大大增加。预告登记正是为了消除这种危险而产生的制度，如果此时没有可以代替相关当事人的同意要件并进行预告登记的途径，将大大降低预告登记制度的作用。基于以上比较法的考察，我们认为，对于预告登记的发生条件，我国《物权法》至少应在以下两个方面进行完善：

(1)应将权利人(即登记义务人)的同意明确为独立的要件。预告登记对权利人而言是一种负担，因此登记之前须经过权利人的同意。权利人所为的同意登记行为是单方法律行为，应以明确的意思表示为要件，并且应与当事人双方签订的物权变动的协议相区别。我国《物权法》所规定的“当事人的约定”就未能明

---

① 许明月等著：《财产权登记法律制度研究》，中国社会科学出版社 2002 年版。

确此种区别，在适用的过程中可能会产生一些歧义，如当事人持有双方签订的房屋买卖协议向登记机关申请预告登记时，登记机关就不能据此推定权利人已同意进行预告登记。

(2)应规定假处分制度。假处分是法院为保全某项请求权而做出的有临时效力的指令，我国诉讼法中没有假处分制度，假处分类似于我国司法中的保全措施，可类推适用。当登记义务人无正当理由拒绝同意进行预告登记且有侵害登记权利人的危险时，请求权人有权向法院申请，经由法院的保全裁定进行预告登记。

(三)预告登记的效力

预告登记制度的核心问题是预告登记的效力问题。预告登记的风险防范能否实现，权利能否得到保全，完全取决于预告登记具有何种效力。综观大陆法系其他国家和地区的民法典，预告登记制度应具有保全效力、完善权利的效力以及顺位效力。反观我国《物权法》第20条的规定，预告登记所具有的保全权利的效力得到了确认，但对于其他几项效力却未予提及。

1. 保全效力

预告登记的保全权利的效力，即保障请求权发生所指定的效果，是其在保全对象上所表现的作用，又称为预告登记的担保作用。学理上一般认为，对预告登记的保全效力可以采取以下三种规范模式：

(1)禁止登记型。依据该种制度，禁止对预告登记后出现的中间处分行为进行登记。权利人完成预告登记后，登记义务人将不动产再行让与第三人，或为第三人设定其他物权，并申请办理登记时，登记机关应拒绝受理。在这种情况下，由于中间处分不能取得登记，则中间处分行为不发生效力。因此，也可称之为"完全无效型"。

(2)禁止处分型。权利人为预告登记后，尽管义务人与第三人的中间处分行为能够取得登记，但是义务人的处分权限已受到限制，已完成的中间处分行为属效力未定，如果不能取得权利人的追认，则处分无效。

(3)相对无效型。违反预告登记的处分只是相对于预告登记权利人无效，而对于其他人而言是有效的；并且只在保全目的范围之内无效，不妨碍预告登记之权利的处分仍然有效。因此，所谓的相对无效，即一方面为对人的相对无效，另一方面为内容上的相对无效。①

上述三种规范模式，从预告登记权利人的角度看，均能实现预告登记的保全目的。但是从第三人及义务人的角度看，禁止登记型与禁止处分型对于权利行

---

① 扬雪飞：《预告登记制度比较考察》，载自《河北法学》2006年第11期。

使的可能性的考量欠全面，可能会产生对第三人或其他无关人员的不必要的损失。相比之下，相对无效型则是利益兼顾的规范模式。《德国民法典》是采用相对无效型规范模式的代表。《德国民法典》第 883 条第 2 款规定："在对土地或权利作预告登记后所进行的处分，如果此处分可能损害或者妨害请求权时，为无效。以强制执行或者假扣押的方式或者由破产管理人所进行的处分，亦同。"我国《物权法》第 20 条规定："预告登记后，未经预告登记的权利人同意，处分该不动产的，不发生物权效力。"通过比较不难发现，我国对预告登记保全效力的规定与德国有很大的不同：在认定预告登记完成后所进行的中间处分行为的效力时，我国的《物权法》并未对该中间处分行为的类型加以区分。也就是说，在我国，请求权人只要完成了预告登记，义务人所为的中间处分行为就必须经过权利人的同意才可能发生物权效力，至于该中间处分行为是否会影响到权利人的权利则不再过问。从学理上来看，该种规范方式过于强化了交易安全，而对物的利用效率有所影响，未能很好地实现法的安全与效率价值的平衡。

2. 完善效力

预告登记的完善效力，即预告登记的权利已经表现出将来（物权）权利的某种效力，在一定场合可被当作将来完整的权利看待。[①] 预告登记的此种效力是以受保全的权利具有类似于物权的特征为前提。能够明确预告登记的完善效力，有着十分重要的实践意义：

(1)预告登记的破产保护效力。即在登记义务人陷入破产且登记请求权的履行条件并未成熟，期限尚未到来时，预告登记具有排斥他人而保障请求权发生指定的效果。例如当债务人破产时，尽管债务人已被宣告破产，但是因预告登记而受保全的债权人，还是可以向破产管理人请求该请求权之履行。这样，在房屋所有权让与请求权的预告登记中，债权人就可以申请房屋所有权让与的预告登记，其效力是将该房屋自破产财团中取回。

(2)预告登记对因公权力的行使而发生的不动产物权变动的排他效力。对此问题，《德国民法典》第 883 条第 2 款规定："在土地或者权利作预告登记后所进行的处分，如果此处分可能损害或妨害请求权时为无效。以强制执行或者假扣押的方式或者由破产管理人所进行的处分，亦同。"可见，在德国，预告登记的效力范围及于因强制执行而生的不动产物权变动。我国台湾地区的规定则与德国的相反。我国台湾地区的"土地法"第 79 条第 1 款第 3 项中规定："预告登记因征收、法院判决或强制执行而为新登记，无排除之效力。"

① [德]曼弗雷德·沃尔夫：《物权法》，吴越、李大雪译，法律出版社 2002 年，第 18 页。

显然，在我国因公权力的行使而发生的不动产物权变动的事实也频繁发生，特别是在征地、房屋拆迁的过程中。因此，司法实践需要立法对此问题作出明确的规定。我们认为，在我国，预告登记的效力范围不应及于因公权力而发生的物权变动，这也可以说是《民法》社会本位在立法中的具体体现。

(3)预告登记对继承的效力。预告登记完成后，登记义务人死亡，登记权利人能否对抗登记义务人的继承人？我们以为，继承人不得以继承为由要求涂销预告登记。这也是预告登记保全效力的体现。

3. 顺位效力

预告登记的效力不仅在于其能保全债权请求权这种实体权利，其效力还体现为它能保全这种请求权的顺位，即因预告登记而使得该请求权具有排斥后序登记权利的效力。《德国民法典》第 883 条第 3 款规定："以转让某项权利为请求权标的时，该项权利的顺位按预告登记日期加以确定"。我国的《物权法》已经规定了预告登记的物权效力，对于预告登记完成后的其他登记行为也未予禁止，因此，在我国的《物权法》中，预告登记的顺位效力也应该得到确认。

(四)预告登记的消灭

预告登记发生后，会因为种种原因而消灭。如果发生了法定的消灭事由，登记义务人或利害关系人可以申请涂销预告登记，以排除预告登记对其产生的不利影响。我国的《物权法》规定："预告登记后，债权消灭或者自能够进行不动产登记之日起三个月内未申请登记的，预告登记失效。"首先，从法律属性上来看，预告登记制度具有明显的附随性，即登记权利人所享有的合法有效的债权请求权是其保有登记权利的前提。因此，如果居于主导地位的债权因无效、被撤销、被解除等原因归于消灭时，预告登记自应同时消灭。其次，预告登记使登记的请求权具有了物权的效力，能够防止登记后不利于被保全的请求权的任何物权变动的发生。但是，预告登记制度并不能使权利人在现实中获得物权，如要发生请求权所指向的物权变动，请求权人还必须在约定或者规定的时间内行使其请求权，并以自己的行为实现物权的变动。否则，如果请求权人届时不积极行使自己的请求权，对原来希望发生的物权变动持消极的态度，法律就没有必要保护权利上的睡眠者，应当使该权利消灭。《物权法》规定了三个月的权利行使期间，当属此种情形。再次，如果登记权利人的登记行为有错误，利害关系人可以申请异议登记；当登记权利人与义务人串通进行恶意登记时，利害关系人可以请求涂销预告登记，使该项有瑕疵的预告登记归于消灭；最后，登记权利人的抛弃行为会导致预告登记的消灭；在正常状态下，当预告登记推进到本登记后，预告登记亦自然失效。

第三章 我国水权交易法律制度

第一节 水权交易的物权理论基础

水权交易与水权是两个不同概念，只有在明确水权概念的前提下，才能更好地研究水权交易法律制度。

一、水权的概念及特征

（一）水权的概念

什么是水权？水权的内涵又有哪些？在2007年3月16日《中华人民共和国物权法》(下简称《物权法》)通过之前，我国学者对水权的定义众说纷纭：以裴丽萍为代表的"一权说"认为水权是指水资源的使用权；以汪恕诚为代表"二权说"认为水权是指水资源的所有权和使用权；以沈满洪为代表的"三权说"则认为水权是指水资源的所有权、经营权和使用权；而以冯尚友为代表"四权说"认为水权是指以所有权为基础的一组权利，分为所有权、占有权、支配权和使用权等①。

综观上述观点，不难看出定义的主要分歧在于水权是否包含水资源的所有权的问题。笔者通过考察各国水法及我国现有《物权法》相关规定及各学说观点后认为：水权应为水资源的使用权和收益权，是水权人依照法律的规定或合同的约定所享有的对水资源的使用或收益的权利，是独立于水资源所有权的一项权利。其理由是：首先，按照现代各国水法的一般规定，水权为依法对于地面水和地下水取得使用或收益的权利。它包含有两层含义：第一，水权是独立于水资源所有权的一项法律制度；第二，水权是水权人依照法律的规定或合同的约定所享有的对水资源的使用或收益权。故此，水资源所有权为水权之母，水权是由水资

① 黄锡生：《论水权定义》，重庆大学学报(社会科学版)2004(4)，第114页。

源所有权派生而来的。“水权，系从水资源所有权中派生、分享了后者中的使用权与收益权而形成的物权。”①如在美国，水权被界定为权利人引取(diver)定量之水和存蓄(store)定量之水的权利，它不包含对水资源“所有”的内容，水权归实际用水人享有，而水资源所有权属于公共所有。在日本，学术界认为水权是利用水的权利，而非对水享有所有权。在我国台湾地区的“水利法”中规定，“水权是依法对于地面水或地下水取得使用或收益的权利，而水资源所有权则只归国家享有”。其次，在财产权体系中，水资源所有权的逻辑结构应为“财产权—物权—所有权—水资源所有权”，如果认为水权包含水资源所有权，水权这一概念在财产权体系中就会显得十分尴尬，无所适从。如果我们把水权定位为水资源使用权，成为《民法》上的一种新型用益物权，那么问题就会迎刃而解，形成“财产权—物权—用益物权—水权”的逻辑结构，如此界定水权，更符合财产权体系内部的位阶关系。再次，我国2007年3月16日通过的《物权法》虽然未对水权的概念下一定义，但从《物权法》用“益物权篇”第123条的规定，“依法取得的探矿权、采矿权、取水权和使用水域、滩涂从事养殖、捕捞的权利受法律保护”，可以看出水权应当就是用益物权，也正因为是用益物权，所以水权不应当包括水资源的所有权，它应当与其他用益物权一样，是非所有权人对他人之物所享有的占有、使用、收益的排他性权利。

所以笔者的结论是：水权是指非水资源所有者依法对水资源的使用权和收益权。这里的“水资源”是指可供人类直接利用、能不断更新的天然淡水，主要指陆地上的地表水和地下水。

(二)水权的特征

水权既然一种用益物权，那么水权应当具有与传统用益物权相同的法律属性：(1)水权是对标的物的使用、收益为主要内容，并以对物的占有为前提的一种用益物权；(2)水权是他物权，是在他人所有之物上设定的物权，是非所有权人根据法律的规定或当事人的约定对他人所有之物享有的使用、收益的权利；(3)水权是限制物权，它只是在一定方面支配标的物的权利，没有完全的支配权。(4)水权有期限物权。水权在其存续期限届满时即归于消灭。不过，水权的存续期限可以是一个确定的期限，如15年、30年，也可以是一个不定期的期限。不定期的水权在符合一定的条件时，可以由当事人的行为使其终止。

但是，水权与传统用益物权又有所不同，属于一种新型用益物权，具有如下

---

① 刘斌：《关于水权的概念辨析》，中国水利网，http://www.chinawater.net.cn/CWR_Journal/200301/09.htm。

特征：

1.水权的客体不具有用益物权客体物的一般特征

一般用益物权的客体为不动产，且仅限于土地和建筑物。而水权的客体水或水体，按照《民法》的界定，属于动产，并且还区别于《民法》上一般的动产：如水与土地的不可分离性、水的难以特定性等等。由于不动产在财产体系中的重要地位，以及不动产作为权利客体本身所具有的特殊性，法律对一般用益物权的确认和保护，在权利的效力范围、行使的方式及限制、权利的变动程度等方面的法律思想、法律技术及具体规范都是不同于动产物权。这就需要立法时考虑到水权的这些特殊性，将它与一般用益物权的立法区分开来。

2.水权在性质上属于公权性的私权

水权究竟为私权抑或公权，国内外学者有较大争论，但从目前发展趋势看，水权作为具有公权性质的私权在国外和我国台湾地区的法学界已得到普遍认同。如德国学者认为，“用水权是一种既有私法权利性质，也有公法权利性质的权利”；台湾学者史尚宽先生认为，“水权为跨公私法之独特权利”；法国学者将包括水的利用为内容的地役权称为“行政地役权”。

水权作为公权性私权之所以能被上述学者认同，一方面是基于水权的稀缺性、效用性和可支配性，另一方面则是基于水资源具有重要的生态价值。由于水权的稀缺性、效用性和可支配性，权利人据此可对水资源进行排他性的支配，并进行占有、使用和收益。所以水权对于水权人来说首先是一种私权，是一种“私人品”。而水资源的生态价值则影响和决定了人和其他生命体的生存及发展，使之同时又成为了“公共品”。如水资源开发利用中涉及水保持、防洪、航运、水污染防治、水文监测、流域内部及流域之间的水量分配、生态环境保护等诸多社会公共利益；又如水资源所有人对水权的存在和行使要从保护生态和社会利益角度出发，达到个人效益追求与大众生存需求及生态环境需求相协调等等，这些都使水权带上了浓厚的公法色彩。

明确水权兼有私权性与公权性的特点，对于把握法律赋予水权效力的尺度，对水权进行《民法》、《行政法》、《自然资源与环境保护法》、《刑法》等“综合调整”的合理配置，进而调整水权人的用水行为，规范水管理部门管理水资源、水权运行等，都具有十分重要的意义。因为水权是公法物权还是私法物权，其性质的不同将导致整个法律制度设计上的差别。简言之，若水权是私法物权，则私法物权从属于当事人间的自由交易(《民法》上的私法自治与契约自由原则)。反之，若水权是公法物权，则整部水利法便必须偏重于水权核发的许可条件、行政机关的裁量权限、审查主体、审查程序、使用权的附期限,水权的废止与撤销等。"[①]由于水权兼具两者特性,因此水权交易仍需受到许多公法规范的限制。

二、水权交易的概念及类型

水权作为一种新型用益物权,是允许"基于法律行为的物权变动"的,所以水权作为一种新型用益物权为水权交易奠定了理论基础。

1. 水权交易的概念

目前,我国尚无水权交易的相关法律规定,所以也未有水权交易的法律定义。为此有学者建议对水权交易的规定可参考土地使用权转让交易的相关规定[②]。即根据我国国有土地使用权市场分为一级市场和二级市场,其中在一级市场,国家将国有土地使用权在一定年限内出让给土地使用者,由土地使用者向国家支付土地使用权出让金,是国有土地使用权的第一次移动,称为国有土地使用权的出让。在二级市场,土地使用权的流动是享有土地使用权的人转让其土地使用权的行为,以及通过这种方式获得土地使用权的人再次转移其土地使用权的行为,称为土地使用权的转让。水权的流转也分为两个层次,即水权的初始分配和水权使用权的转让。在水权初始分配中,由于水资源为国家所有,所以国家必须先将水权分配给实际用水人。因初始水权分配类似于土地使用权的出让,因此,有学者套用土地使用权一级市场的概念,将其称为水权的一级市场,并将其纳入水权交易的范畴。但笔者认为,这种看法值得商榷,考察各国水权的初始分配,要么是政府对用水人用水申请的一种许可,要么是政府对用水人实际用水的一种确认,在这个过程中,基本上没有市场的介入,主要是由政府来主导,虽然在智利出现了政府拍卖水权的行为,但被拍卖的水权仅仅是水权初始分配完毕后出现的新水权和剩余水权,比起全国范围内的政府通过行政手段分配初始水权,其数量十分有限,不能因此认定国家将水权分配给用水户的行为是一种市场行为。此外,在各国对水权交易的理论研究和实践中,基本上都是将水权的初始分配作为水权交易的前提,而不是水权交易的内涵。因此,水权交易不应包括水权的初始分配。水权交易实质是水权初始分配后的再分配,目的是优化水权配置,并产生节水激励。

综上所述,笔者的结论是:水权交易是指水权人将其依法取得的水资源使用

---

① 转引林柏璋:《台湾水权及其法律性质之探讨》,载水利部政策法规司编《水权与水市场》(材料选编之二)2001 年版,第 196 页。

② 蔡守秋:《论水权体系和水市场》,载《中国法学》2001 年增刊。

权通过签订水权交易合同等合法的方式转让给其他用水人的行为，是水权流转的一种形式。

2.水权交易的类型

水权交易的类型划分有助于法律对不同类交易的规制。由于划分的依据不同，水权交易种类也不同。

(1)根据获得多少时间的水权，将水权交易分为临时性水权交易和永久性水权交易。临时性水权交易是指一定时间内用户之间的用水交易。因为是临时性的水权交易，所以，价格也相对较低。永久性水权交易是指将部分或全部水权永久转让。这种交易需要一定的法律程序，所需的时间也比较长。

(2)根据水权交易发生在流域的不同情况，可分为流域内水权交易和跨流域水权交易。

(3)根据水权交易发生在行政区域的不同情况可分为省、直辖市、自治区内的水权交易和跨省、直辖市、自治区的水权交易。

(4)根据合法与否，可分为合法的水权交易与不合法的水权交易。

(5)根据我国可以允许的水权转让情况，把水权交易分为：

①直接从地下、江河或者湖泊取水的取水权转让。根据我国《水法》和《取水许可制度实施办法》的规定，国家对直接从江河、湖泊或者地下取水，实行了取水许可制度，申请取水许可证，并依照规定取水。依法拥有取水权的拥有者，可以依法有偿转让自己的取水权的全部或一部分，即水资源使用权。

②水资源开发利用权转让。已经取得了直接从地下或从江河、湖泊取水的取水权，但是没有兴建水工程的，这时转让的取水权实际上是一种水资源开发利用权，主要指兴建水电站、供水等工程的权利。

③取用水工程控制水域里的水的水权转让。取得工程控制的水域取水权的，将自己全部或部分的取用商品水的权利转让给另一方的行为，这也是一种水商品使用权的转让。

④各行政区域的水权转让的形式。国家根据不同的水平年的水资源量，对各省、自治区、直辖市进行水量初始分配，水量分配完成后，具有富余水资源的行政区域可以将富余水权转让给其他行政区域。

第二节 我国水权交易现状及存在的法律问题

一、我国水权交易现状

(一)我国水权制度的发展背景

我国水权制度发展主要体现在《水法》和《物权法》的制定上。

1.水权制度发展在《水法》中的体现

我国水权制度以法律形式出现最早是在1988年六届全国人大常委会第二十四次会议通过的《中华人民共和国水法》中。该法作为新中国第一部管理水事活动的基本法,开中国依法治水的先河。它初步建立了水法规体系,基本理顺了水资源管理体制,强化了水资源的统一管理,为水资源的合理开发与利用以及水利事业的发展提供了强有力的法律保障。但是,随着我国经济社会的快速发展,特别是我国社会主义市场经济体制的逐步完善和成熟,原《水法》的不合理性和不适应性便逐步显露出来。如立法思想中在水资源节约与保护方面的偏颇、立法内容中水资源管理制度规定的不完善和流域管理规定的缺乏以及立法量化和可操作性的不足等问题,在很大程度削弱了原《水法》的法律效力。与此同时,由于我国水资源本身数量短缺、水旱灾害频发,已使我国成为世界贫水国家。据统计我国水资源人均占有量只有2200立方米,约为世界人均水量的1/4,在世界排第110位,已经被联合国列为13个贫水国家之一。目前,全国668座城市中,有400多座城市缺水,年缺水量60多亿立方米。再加上多年来,由于污染所导致的缺水和事故不断发生,不仅使工厂停产、农业减产甚至绝收,而且造成了不良的社会影响和较大的经济损失,严重地威胁了社会的可持续发展,威胁了人类的生存。在这种内忧外患的背景下,全国人大常委会经四次审议、反复论证,在充分考虑水资源在国家经济建设与可持续发展重要性,以及平衡各方利益的情况下,在2002年8月29日审议通过了《中华人民共和国水法(修正案)》。该法在借鉴国外的先进立法经验的前提下,创设了一系列水资源制度,为我国环境立法的完善做出了巨大贡献,也为水权制度发展奠定了法律基础。

《水法》作为水权制度的一部最基本的法律,其制度内容具体表现如下:

(1)确立水资源权为国家所有,采用所有权与使用权分离的原则。《水法》第3条规定:"水资源属于国家所有。水资源的所有权由国务院代表国家行使。农村集体经济组织的水塘和由农村集体经济组织修建管理的水库中的水，归各农村集体经济组织使用。”水资源单一国家所有权制度的建立，意义重大。从实践方面看，它为解决当前中国面临的严重的水资源问题，实现水资源的宏观调控、合理配置、节约使用、污染控制、有效保护等奠定了基础。从理论方面看，水资源单一所有权的规定为水权的独立提供了良好的前提。原《水法》确立水资源国家所有与集体所有的依据是中国土地所有权的现状，这是根据水资源附属于土地所有权的观点设计的。新《水法》确立的单一所有权制度，显然已经突破这一桎梏，承认了水资源权属与其承载体——土地所有权的分离，这是水权得以独立存在的基础。因此，这一制度对中国未来的《物权法》中有关水资源权属的规定产生的影响不可低估。

(2)确立取水权的概念和水资源的有偿使用制度。取水权是水权交易制度的基础。从理论上看，承认了水资源的自然属性与商品属性，并不能解决有偿使用的问题，因为水的资源价值与水的商品价值并非同一层面的问题。水资源的国家所有权的确立，解决了水资源的所有权的问题(我将其称之为资源水所有权)，凡取水者都应向所有权人付费后取得水的使用权，此时取水人支付的水资源费是水资源的价值的价格化。而取水人一旦取得水的使用权并通过其物化劳动将水转化为商品水以后，需要对商品水进行转让时，取水人只能转让商品水的所有权而不再是水资源的使用权了，商品水的使用人支付的水费应该是水资源的价值和物化劳动的价值的价格化。这里明显地存在一个从水资源经由取水而将其特定化成为取水人的独占权，而后经过对特定水资源的使用(物化劳动)获得商品水的所有权，商品水进入市场后由价值规律进行调节的过程，或者说有一个从国家的资源水所有权转化为取水人的商品水所有权的过程，整个转化中最重要的行为是取水，而获得资源水使用权的标志是获得取水权。[①] 因此我国新《水法》第 48 条规定：“直接从江河、湖泊或者地下取用水资源的单位和个人，应当按照国家取水许可制度和水资源有偿使用制度的规定，向水行政主管部门或者流域管理机构申请领取取水许可证，并缴纳水资源费，取得取水权。”显然这是对水的自然属性与商品属性的认识的结果，或者说是对水资源双重价值的承认，而这种认识是市场经济条件水资源配置的前提与基础，取水权的确立对中国进一步完善水权管理制度和完善以市场机制为基础的水权交易制度提供了设计路径。

(3)确立了用水计量与定价制度。《水法》第 49 条规定：“用水应当计量，并

---

① 吕忠梅：《环境资源法视野下的新〈水法〉》，载《法商研究》2003 年第 4 期。

按照批准的用水计划用水。""用水实行计量收费和超定额累进加价制度。"第55条规定:"使用水工程供应的水,应当按照国家规定向供水单位缴纳水费。供水价格应当按照补偿成本、合理收益、优质优价、公平负担的原则确定。"用水计量与定价制度是用水总量控制与定额管理在制度上的具体化,两者相结合体现了节约用水的原则,体现了水资源的稀缺性和市场配置的结果。

(4)完善纠纷处理及法律责任制度。新《水法》增加了水资源管理机构在执法权限方面的规定,赋予流域管理机构以执法权。其第59条规定:"县级以上人民政府水行政主管部门和流域管理机构应当对违反本法的行为加强监督检查并依法进行查处。""水政监督检查人员应当忠于职守,秉公执法。"在第60—63条具体规定了执法措施、被检查者的配合义务、水政监督检查人员的持证检查程序以及上级部门对违法失职行为的处理等内容。

在法律责任追究方面,新《水法》规定了应依法承担法律责任的各种具体行为以及法律责任的追究程序,完善了法律责任制度。

(5)确立了新型管理模式体制。在管理模式方面,确立了流域管理与区域管理相结合,两者并重;统一管理与分部门管理相结合,监督管理与具体管理相分离的新型管理体制。

水资源的一个重要属性就是地表水以河流、湖泊的形式呈地理结构状汇集,并由此形成巨大的网络状系统,一定的自然汇水区形成流域,一个流域是一个完整的生态系统,不同的地理单元与水资源的特殊结合使流域呈现出多样性。新的管理体制的确定,不仅体现了对水资源流域属性的重视,而且力图通过公共权力的合理配置以协调水资源的多种功能和利益。这一方面是对水资源流域自然属性的认识与尊重,体现了资源立法中生态观念的提升;另一方面是对政府管制中出现的部门利益驱动、代理人代理权异化、公共权力恶性竞争、设租与寻租等"政府失灵"问题的克服与纠正,体现了制约行政权力与管理科学化、民主化的公共管理理念。

除了上述《水法》作为水权交易制度的一部最基本法律外,我国部分省、市、区地方人大分别制定了各自的《水资源管理条例》成为水资源法制化管理的具体补充,也成为水权交易的补充性法律。

2.水权制度发展在《物权法》上的体现

《物权法》作为民事财产法,它对水权相关规定体现在2007年通过的我国第一部《物权法》第123条中对取水权的规定:"依法取得的探矿权、采矿权、取水权和使用水域、滩涂从事养殖、捕捞的权利受法律保护。"这是我国民事基本法律首次明确水权作为用益物权,对促进我国水权交易可持续健康发展、维护水权交易者合法权益具有重大意义。

综上所述，我国水权交易法律制度基础已基本具备。

(二)我国水权交易现状

我国水权交易最早从2000年浙江义乌市与浙江东阳市进行的我国第一宗水权交易开始，之后在全国各地相继开展了水权交易的试点工作，总的来说我国水权交易还处于试验阶段。

1.我国第一宗水权交易——东阳义乌水权交易

2000年11月24日浙江义乌市与浙江东阳市进行了我国第一宗水权交易。该交易的协议内容为：(1)义乌市一次性出资2亿元购买东阳市横锦水库每年4999.9万立方米(以下简称5000万立方米)水的永久性使用权。(2)转让用水权后水库原所有权不变，水库运行、工程维护仍由东阳市负责，义乌市按当年实际供水量每立方米0.1元支付综合管理费(包括水资源费、工程运行维护费、折旧费、大修理费、环保费、税收、利润等所有费用)。(3)从横锦水库到义乌境内段引水工程由义乌市规划设计和投资建设，其中东阳境内段引水工程的有关政策处理和管道工程施工由东阳市负责，费用由义乌市承担。义乌市在购买横锦水库的用水权的同时，规划新建引供水工程，日供水能力为15万吨。其中引水管道从横锦水库到义乌城区新水厂约50km，估算投资3.5亿元；新建自来水厂估算投资1.5亿元。2005年1月6日，汩汩的清水从浙江东阳市的横锦水库出发，经过刚刚完工的渠道奔向比邻的义乌市。至此，备受关注的我国首例水权交易宣告正式“交货”。①

东阳义乌这次水权交易之后，学术界对此产生很多争议，认同者认为这是一次重大的改革实践，对水权交易制度的建立具有重要意义：(1)打破了行政手段垄断水权分配的传统。长期以来，我国的水权分配被行政垄断，主要表现为“指令用水，行政划拨”。在东阳义乌水权交易中，由于利用行政协调速度慢、不可靠，加之自身经济实力很强，义乌选择了直接向东阳买水，运用市场机制购买获得用水权，这不同于以往所有的跨区域调水，突破了行政手段进行水权分配的传统。(2)为运用市场机制优化配置水资源作出了尝试。东阳和义乌运用市场机制交易水权，双方的利益都得到了增加。东阳通过节水工程和新的开源工程得到的丰余水，其每立方米的成本尚不足1元钱，转让给义乌后却得到每立方米4元钱的收益；而义乌购买1立方米水权虽然付出4元钱的代价，但如果自己建水

① 《从东阳—义乌水权交易看我国水资源分配体制改革》，水信息网，http://www.hwcc.com.cn/newsdisplay/newsdisplay.asp? Id=9547。

库至少要花 6 元钱。东阳和义乌通过水权交易，将促使双方都更加节约用水和保护水资源，对市场而言，起到了优化资源配置的作用。(3)为跨流域或跨区域调水探索了市场的协调机制。(4)为两地资源共享、基础设施共建和区域合作、共谋发展进行了有益的探索。当然也有人质疑：水资源的所有权属于国家，是谁赋予了东阳转让横锦水库水权的权力？东阳转让的横锦水库的水到底是商品水还是水权？政府作为水权转让的主体是否适当？

此外嵊州市政府对这次水权交易也提出了异议，认为东阳市计划兴建梓溪流域引水工程将对嵊州市带来严重影响。因为东阳市在实施横锦水库灌区节水改造并出卖横锦水库部分水权的同时，计划继续实施其境内一支流——梓溪流域的开发。梓溪流域位于嵊州市的上游，梓溪上游是横贯嵊州境内的长乐江的主要支流，是绍兴市境内曹娥江流域的一部分，源于东阳境内，是长乐江的主要来水。该流域是嵊州人口最密集、工农业生产最发达的地区。嵊州市认为，东阳跨流域引梓溪水，采取的实际上是"库内损失流域外补"，卖的是本应流入嵊州的水，这种行为不仅损害了嵊州市的利益，其跨流域引水的做法还将对嵊州市的可持续发展、乃至整个曹娥江流域造成危害。

针对上述问题，义乌方面为此专门跑到北京，找到水利部，又从水利部到浙江省水利厅，上上下下好一番辗转。之后，浙江省水利厅才作出批示，要求先作出水资源的平衡分析。直到 2002 年 3 月，横锦引水工程才正式动工。

不管怎么说，水权是一个新生事物，东阳和义乌为中国水权交易吃了第一只螃蟹，其意义极其深远。而且，他们的困难也为后来者提供了经验——浙江省后来进行了几次类似的水权交易，每次都有进步。比如石奇和余姚的水权交易，至少在法律程序上比前一次进步了，双方都由人大会议批准，在法律上给予保障。但是，地方立法部门的介入，并不等于地方政府转让水权就师出有名了，一级水权还是国家的，必须通过合理合法的方式明确并分配初始水权，使地方政府和用水户拿到的是的的确确属于自己的水资源使用权，在此前提下，才能使水权真正地流转起来。

2. 张掖市——我国第一个节水型社会建设试点

甘肃省张掖市位于河西走廊中部，处黑河中游，集中了全流域 95% 的耕地、91% 的人口和 89% 的国内生产总值，是黑河水造就了"金张掖"。在这里，有水则为绿洲，无水则为荒漠，水是经济发展、生态建设和农民收入的基本依靠。由此张掖市在 2001 年 8 月开始建立水资源的宏观控制体系，即先确定全市的水权总量(实际可用水总量)，由政府进行总量控制，再依据水权总量采用定额方式核定单位、工业产品、人口、灌溉面积和生态的用水额度。对农户，在人畜用水以及每亩地的用水定额确定后，再根据每户人畜量和承包地面积分配水权，而节约下来的水则以水票的形式进行有价转让。

张掖市节水试点实行以后，取得了很大成效：首先，从农户角度来看，通过水权制度改革，提高了农户的节水意识，降低了用水成本。达到了节水又增收的目的，受到农民群众的普遍欢迎。其次，从流域角度来看，通过水权制度改革，顺利完成了黑河流域的分水任务，保证了黑河下游的生态水权。①

3. 内蒙古“投资节水，转让水权”

2002 年 12 月，在内蒙古自治区向黄河管理委员会申请取水指标未果的情况下，自治区水利部门提出了由项目业主投资农业节水工程，把灌溉过程中渗漏蒸发的无效水量节约下来，通过水权转让的办法，转移到拟建能源项目的工业用水上来的思路。经黄河管理委员同意后，内蒙古自治区水利部门与多个企业签订了协议，如对电力企业要求投入 500 万至 800 万元的资金，启动节水改造工程等。据了解，鄂尔多斯市的其他 7 个工业项目也都与水利部门达成了水权转让的意向。

二、我国水权交易存在的法律问题

(一)水权所有权主体虚置

一般来说，市场机制发挥作用的前提是水资源权属必须明确，特别是权属主体必须明确。但目前我国水权所有权主体虚置，水权所有权与管理权混淆。

我国《水法》第 3 条规定：“水资源属于国家所有。水资源的所有权由国务院代表国家行使。农村集体经济组织的水塘和由农村集体经济组织修建管理的水库中的水，归各农村集体经济组织使用。”该条虽规定了水资源的国家所有权，但未规定国家行使所有权的真正主体，因为国务院仍是国家行政机关，在水权交易市场中它是不能以所有权主体身份直接进入的，需要有类拟于国有资产管理委员会这样的第三方主体才可直接进入市场。此外，《水法》第 12 条规定：“国家对水资源实行流域管理与行政区域管理相结合的管理体制。国务院水行政主管部门负责全国水资源的统一管理和监督工作。国务院水行政主管部门在国家确定的重要江河、湖泊设立的流域管理机构(以下简称流域管理机构)，在所管辖的范围内行使法律、行政法规规定的和国务院水行政主管部门授予的水资源管理和监督职责。”该条是对水资源管理权的规定，同样也不是对水权所有权行使主体

① 宁军：《我国农村水权法律制度建设浅议——以我国第一个节水型社会建设试点张掖市为例》，载《中国农村水利水电》2006 年第 12 期。

的规定。所以我国水权所有权主体实质是虚置的，现有法律对水权的所有权与管理权的规定是混淆的。

由于现有法律对水权权属不明，导致用水者无法通过二级市场的流转机制获得用水权，即使取得也只能是通过行政程序即通过取水许可获得。而取水许可制度虽然在一定程度上促进了水资源的统一管理和监督。但是这种以外部行政监督来制约、监督用水者的机制往往是被动的、滞后的，不能从内部自发地激励用水者节约用水、计划用水，所以这种机制是缺乏活力的，用水主体在用水过程中也是消极的，其主观能动性受到了较大的限制，水权使用权的转让也受到了极大制约。

(二)水权的分配缺乏具体规定

水权的分配包括初次分配和再次分配。水权的初次分配是水权交易的前提条件，水权的再次分配是水权交易的实质条件。

在我国由于水资源的所有权属于国家所有，所以我国水权的初始分配是运用行政手段进行的一种分配制度：由管辖全流域的一级政府水行政部门来界定，如果是跨流域、跨省的，就由水利部来定；如果不跨省，而是跨市(地)的，就由省政府的水行政部门来定。也即由水利部委托地方各级政府的水行政部门对水资源进行分配和管理，大江、大河、大湖则委托流域管理机构管理。水利部可以直接支配水资源，这是中央主导跨流域调水的基本依据。

目前我国水资源配置效率低下，其主要原因就是现有法律在水权初次分配上过多地运用了行政权力，而在水权再次分配上又缺少了相关交易市场内容规定。具体地说，在水权初次分配中：(1)没有将水权交易中的政府与用水户之间的法律地位明确。政府在水权分配中只是监督者和管理者，而不是所有者的代表。(2)水权分配应遵循怎样的原则；如何妥善处理上下游、左右岸的用水关系；如何协调地表水与地下水、河道内与河道外用水；统筹安排生活、生产、生态与环境用水；是否应建立科学论证、民主协商和行政决策相结合的分配机制等现有法律也没有明确。在水权的再次分配上，由于法律没有规定相关水权交易市场内容，所以水权交易主体的法律关系不明。在实务中因供水方是国家，国家往往采用垄断方式对水资源实行无偿或低价供给，造成水资源价格严重扭曲、使用水粗放增长、浪费严重，既缺乏效率又有失公平。另外由于政府参与过度，用水者参与过少，难免出现水资源管理中的行政专横，使交易的公平性更难保证。

2008年2月1日《水量分配暂行办法》的实施，表明水权初次分配制度已建立，有关水权分配应遵循的原则；妥善处理上下游、左右岸的用水关系；协调地表水与地下水、河道内用水与河道外用水；统筹安排生活、生产、生态与环境用水；

建立科学论证、民主协商和行政决策相结合的分配机制都有章可循。但《水量分配暂行办法》毕竟不是法律，只是行政性规章而已，其法律效力层次还是太低，缺乏法律的强制性和权威性。因此水权初次分配的法律缺乏不可避免地会造成水权再次分配的法律真空。

（三）没有建立水权交易的法律制度

《水法》第 48 条虽然规定了水资源的有偿使用，但这种有偿使用依然停留在国家收取水资源费的阶段。《物权法》第 123 条虽然规定了取水权，但取水权不是水权概念，水权的物权属性在法律上并未明确。所以在我国目前的取水许可制度下，直接由取水权建立水市场和水权交易制度还十分困难。此外水权交易制度的核心就是需要建立一套明确的交易规则和交易程序。通过制定交易规则，为买卖双方进行交易时提供行为准则，同时建立起水权交易监管模式，从而通过水权市场来优化配置水资源。目前关于水权交易主体、水权交易内容、水权交易程序、水权交易纠纷处理、水权交易监督、水权交易法律责任等方面的政策，在法律上还是空白。

（四）缺乏完善的水权交易价格制度

目前现行水价理论将水价分为资源水价、工程水价和环境水价三个组成部分：资源水价是体现国家作为所有权主体制定的水资源的价格，包括水资源耗费的补偿、水生态环境影响的补偿，为加强对短缺水资源的保护、促进技术开发、促进节水、保护水资源和对海水淡化技术进步的投入等。工程水价是通过具体的或抽象的物化劳动把资源水变成产品水并进入市场成为商品水所花费的代价，包括成本、费用、利润和税金。环境水价是经使用的水体排出用户范围后污染了他人或公共的水坏境，为污染治理和水环境保护所需要的代价。但实务中由于长期受计划经济影响，我国水资源主要是通过行政手段来配置，国家养水，福利供水，这种模式导致了水资源价格的严重扭曲。政府在制定水价时一味考虑成本价，不考虑供求关系，忽视供求关系对水价的影响，脱离水市场，导致水市场、水权转让与水价相脱节。另外在水资源费征收过程中标准偏低、工程水价低于供水成本、污水处理收费不到位。

（五）缺乏有效的水权纠纷处理机制

按常规水权交易纠纷分为三类：(1)有争议的水权用户之间的纠纷；(2)某条河流内所有水权用户之间的纠纷；(3)针对负责水资源分配的行政机构水权分配所引起的纠纷。我国现有《水法》虽然对水事纠纷处理程序作了相应规定，但这种规定在水权交易中是无法操作的：第一，《水法》第 35 条规定："地区之间发生的水事纠纷，应当本着互谅互让、团结协作的精神协商处理；协商不成的，由上一级人民政府处理。在水事纠纷解决之前，未经各方达成协议或者上一级政府批准，在国家规定的交界线两侧的一定范围内，任何一方不得修建排水、阻水、引水和蓄水土程，不得单方面改变水的现状。”即水权纠纷的解决一是通过两个地区根据相邻关系协商处理；二是协商不成由共同的上一级政府“处理”。但实际上由于地方利益的客观存在，纠纷发生后地方之间往往无法达成协议。一旦地方间不能达成协议，上一级政府应如何处理？处理决定的权威性如何？能否及时有效地解决地区间的水事纠纷？法律都没有明确规定。第二，《水法》第36条规定，“对于上一级政府处理决定不服的，可以向法院起诉”。但问题是提起什么诉讼，是民事诉讼还是行政诉讼？这在实践当中也存在很多争议。

（六）缺乏有效的水权交易监督管理机制

根据我国《水法》的规定：“水资源由国务院水行政管理部门负责全国水资源的统一管理工作和监督工作；国务院有关部门按职责分工，负责水资源的开发、利用、节约和保护的有关工作。同时，在水资源综合管理模式上由流域管理与区域管理相结合、两者并重。”这种并行模式虽然赋予了流域管理机构和区域管理机构的管理权，但两者之间的关系却十分令人担心：两者并重显然没有服从关系，它们之间的权力应如何设置与分配？如果它们之间展开权力争夺，是否会造成比没有流域管理更为混乱的局面？当前实践中流域内各行政区域都各自为政，以“取水最大化”为目标，缺乏流域水资源使用的整体性考虑，缺乏对沿岸各行政区域用水进行有效的监督或制裁，行政推诿和交叉执法的情况时有发生。由于现有监督管理模式极易割裂水环境的整体性和水资源的自然联系，形成了国家与地方的条块分割和各部门间的“多头管水、多头治水”的混乱局面。

除了上述缺乏有效的监督管理模式外，在水权交易中民众的社会监督机制也缺乏，因为民众参与度极低。在当代各国水资源管理立法中，程序性权利已成为一项普遍的制度和权利。法律通过对行政行为的程序性规定，使公众的社会监督权利得以实现。这里民众社会监督权制度内容包括知情制度、听证制度、许可程序制度、审查程序、裁决制度、时效制度等。这些制度对于管理机关而言是增加了“公平行为的责任”和“说明理由的义务”。管理机关的权力和相对人权利的平衡就是通过这些权利的设置而实现的。“听证”、“申辩”等都是为了“理由证成”或“权利防卫”，它们通过当事人的参与和介入，对资源行政正当理由进行论证，以防止行政自由裁量中的恣意。

（七）缺乏水权交易配套措施

水权交易市场它不是一个孤立的主体，它的建立和发展还需要一系列配套措施的完善，目前我国水权交易的配套机制还是很缺乏的。

1. 水权交易中的环境影响评价制度建立

水权交易必定会对环境产生影响，尤其是大型的水权交易，对环境产生的影响是深远的，所以在水权交易中建立环境影响评价制度是十分重要的。从目前我国的水权交易的现状来看，环境影响评价制度还没有运用起来。

2. 水权交易信息网络系统建立

水权交易信息是构成水市场的关键要素之一。完备的水权交易信息不仅能促进用水户积极参与水权交易，还有利于降低水权交易成本、提高水权交易效率，因此，建立完备的水权交易信息系统是很有必要的。目前我国还没有该信息网络系统。

3. 水权交易市场调节基金制度

水权交易不是简单的水资源调度问题，它涉及环境、经济和国家用水安全等多个方面，本质是权利和利益的再分配。水权交易市场机制健全的国家一般都会建立水权交易市场调节基金，而我们国家目前还没有。

4. 缺乏水权交易生态补偿税费制度

水权交易有效地配置了水资源，引导水资源从效率低的区域和部门流向效率高的区域和部门，同时水资源输出地也获得了相应的资金收益。但水权交易也同样存在着负面影响，例如跨流域水权交易必然导致水资源输出流域的生态环境、水利资源以及经济发展受到一定程度的威胁，同时跨区域水权交易因输水设施途经第三方区域，因此对第三方的生态环境也会造成一定的影响。因此，为了有效地保护水权交易中水资源输出一方和第三方的环境利益和生态功能，国家有必要建立起水权交易的生态补偿税费制度，而目前我国还无此制度。

第三节 国外水权交易制度及经验

一、国外水权交易制度简介

（一）美国水权交易制度

美国有着悠久的水权管理历史，其水权管理制度是建立在私有制基础之上的。长期以来，美国逐渐形成了水资源的统一管理体制，即对水资源实行按地区、按流域的综合规划、开发、利用和管理。作为联邦国家，美国的水资源由联邦政府和各州共同管理，它并没有综合性、全国性的水法规，而是由联邦和各州根据具体需要，分别制定适用于全国和本州的水法规。

随着历史的变革,美国的水权制度发生了很大变化。美国的《水权法》最初为殖民时期的《河岸法》。该法规定毗邻水体和水域的土地所有者拥有水权,但水权不得转让。随着农业灌溉在美国的发展,《河岸法》日益显露出弊端。到19世纪,美国开始采用《优先占用法》,并允许水权转让,其主要规则有:(1)先占用者有优先使用权;(2)有益用途,即不管谁的使用都不能损害他人的利益;(3)不用即作废。用水权的优先次序是由各州政府认定,拥有优先权的用户可以向比他的使用次序落后的用水户出售用水权,次序比较靠后的用户也可以向次序较前的用户购买用水权。这样,水资源从边际效益低的使用者向边际效益高的使用者转移,从而使利用水资源的经济效率得以提高。

美国的水权转让制度有以下几个特点:(1)起步比较早,政府重视。美国西部地区水资源短缺,由于可开发的水资源已经被分配占用,20世纪80年代后,政府鼓励通过销售和转让重新分配水资源。(2)利用新技术平台,交易规范。目前,该地区的水权交易在因特网上频繁进行。(3)交易过程透明,程序严格。在该地区,水权作为私有财产,允许交易。交易多是持有水权的用户以个人或集体的名义进行。其程序类似于不动产,需经过批准、公告、有偿转让等一系列程序。(4)有立法保障。联邦和州政府启动有关立法,鼓励水权交易。针对交易对第三方特别是地方经济依赖于农业服务的乡村社区造成的不良影响,也有一些州的立法为固有的水资源利用区提供保护。如亚利桑那州立法要求,从乡村地区获取地下水权并将水资源输出该地区的市政府必须向"地下水流域经济发展基金"捐资,该基金将用于抵消和减轻当地税收损失及相应经济活动的损失。(5)水权交易不断创新,市场机制发挥作用日趋充分。随着水权交易的发展,该地区出现了水银行,水银行将每年来水量按照水权分成若干份,以股份制形式对水权进行管理,简化了水权交易程序。美国西部还成立了以水权作为股份的灌溉公司,灌溉农户通过加入灌溉协会或灌溉公司,依法取得水权或在其流域上游取得蓄水权。在灌溉期,水库管理单位把自然流入的水量按水权股份向农户输放,并用输放水量计算各用水户的蓄水量,其运作类似于银行计算户头存取款作业。(6)第三方的组织功能发挥比较充分。美国西部的水权交易还有包括水银行、水权咨询服务公司等在内的第三方组织作为中介,它们在水权交易中发挥着非常重要的作用,几乎所有的水权交易都要通过水权咨询服务公司。(7)制定水权交易制度时兼顾各种利益间的协调。因流域之间水权的转让对原流域来说会降低就业和减少收入,所以一些州的立法活动正在考虑于水权出售和转让的同时,应当对原有地区采取保护措施,或者进行补偿等问题。比如,亚利桑那州最近通过一项法律,规定凡城市从农业县获得地下水水权,并把这部分水从该县引走的,必须交纳地下水水域经济发展基金。这项基金用来补偿税收的减少和因经济活动受影响而带来的损失。

(二)澳大利亚水权交易制度

澳大利亚对水资源实行以州为核心的统一管理体制,这种责权明确、适度统一、运转有效的水资源管理体制“有利于管理信息的传播和反馈,能制定出符合实际的政策,减少落实环节,避免了政出多门会产生的各种矛盾”。20 世纪 90 年代以后,澳大利亚的水权交易迅猛发展,这是澳大利亚联邦政府政务院水改革框架的一项重要成果。1994 年 2 月,澳大利亚联邦政务院签署批准了水上业改革框架协议,其中最重要的改革之一是要求各州推行水分配综合体系,其基础是水权与土地权的分离和水权综合体系的建立,该体系主要由水权所属关系、水量、可靠性、可转让性及水质等组成。1995 年 4 月,澳大利亚联邦政务院批准推行包括水上业在内的国家竞争政策和相应改革计划。联邦政府以协议的形式承诺为改革提供财政资助,以推动各州贯彻改革计划,这大大地促进了水权交易的发展。

目前澳大利亚利用互联网提供信息,允许在网上进行水权的交易。从总体上看,澳大利亚水权交易使水资源的利用向更高效益方面转移,给农业以及其他用水户带来了直接经济效益,促进了区域发展并改善了生态环境。

在澳大利亚,水权交易的信息必须公开透明,为实际的交易双方和潜在的交易双方提供水权交易的机会以及有关的水权价格。水权交易在澳大利亚可以分为州内临时交易、州内永久交易、州际临时交易和州际永久交易。暂时性的水权转让是由买卖双方在谈判的基础上签订合同,它可以在个体之间、企业之间或个体与企业之间进行。而对于永久性的水权转让,必须由买卖双方向州水管理机构提出水权转让申请,同时附有相应的评价报告,由专门的咨询机构作出综合评价,并在媒体上发布水权永久转让的信息,由州水管理机构取消卖方的取用水许可证同时向买方颁发取用水许可证。澳大利亚的水权转让制度有以下几个特点:(1)水权交易要遵循一定的原则,如要保护环境且不损害第三方利益。(2)水权交易的范围有严格的限制,如受到地理条件、水文条件等限制,并规定一些家庭人畜用水、城镇供水以及多数地下水是不可交易的。(3)水权交易程序必须由转让人向有关部门提出申请,缴纳规定的费用;有申请权的部门对是否同意转让进行审批;在批发水权永久转让后,出让人必须申请调整授权。(4)制定有关水权交易的详细法律制度。在澳大利亚各州基本上都形成了比较完备的水权管理法律法规,水权的界定、分配、转让、调整、取消等都有法可依、有章可循。(5)州政府在水权交易的过程中发挥了极其重要的作用,包括提供基本的法律法规框架,建立用水和环境影响的科学与技术标准,选择是否进行水权交易的自由,通过发展水权交易所等方法促进价格公开和市场信息的传播，确保市场机制本身的效率，提高市场的透明度等。(6)水权交易的价格及方式：价格完全由市场决定，政府不进行干预，转让人可采取拍卖、招标或其他认为合适的方式。

除了美国、澳大利亚等发达国家有着比较活跃的水权交易市场外，一些发展中国家也在尝试建立水市场进行水权的转让，在这方面做得比较突出的是智利和墨西哥，这两个国家也是"唯一建立国家级正规水权交易制度的国家"。

(三)智利水权交易制度

智利在1981年的国家水法中规定，水是国家的公共资源，允许个人有永久用水和转让水的权利。智利的某些缺水地区有许多自发、灵活的水权交易，如许多农户将多余的水权出售或出租给邻近效益更高的农户或工业用户和供水公司。这些出售和出租活动使一些水公司和工业用户无需花钱建设新坝就可以获得可靠用水。在智利北部和中部地区的一些流域，用水权的市场交易较为普遍，用水户协会在其中发挥着重要作用，多数用水户协会都能满足协会成员促进或阻止交易的需求。

智利在构建其水权交易制度的过程中有一大失误的地方，即缺乏政府的宏观调控。虽然说水市场被认为是一种优化水资源配置的便捷方式，但这并不意味着水市场能全面解决水管理中的各种问题，因此，政府必须加以干预。而在智利，正是由于缺乏政府的宏观调控，致使1981年颁布的《水法》对资源、环境及第三方带来了很多负面效应。

(四)墨西哥水权交易制度

墨西哥的水利政策可以追溯到1917年的《宪法宣言》："水是国家财产，只有得到国家有关权力机构的授权才能使用。"其1992年的《水法》对墨西哥水资源管理有着深远的意义，它常被看作墨西哥建立正规水市场的关键一步，该法提出了"一整套水资源综合管理大纲，明确了可持续管理水资源的目标，强化了国家水利委员会是国家唯一的水管理权力机构，实行对水质水量全面管理"。除此之外，1992年水法引入了市场机制促进对水资源的有效管理，保留了国家水利委员会对水管理的主要职责和对水权转让的管理作用，并授予国家水利委员会有调整许可转让、限制用水、更新许可和确定水质保护参数等多项控制权。

墨西哥对水权转让年限作了一定的限制，比如规定私人、用水户协会和股份公司在转让用水许可证时，该许可证的有效期限应为50年，如需延期，须经国家水利委员会的批准。另外，墨西哥还规定了用水许可权的登记注册制，即"只要许可条款没有改变，转让水只需通知国家水权注册机构。当许可转让影响到第三方时，就需要有国家水利委员会的批准。向灌区外转让许可须得到用水户协会会议和国家水利委员会的批准”。墨西哥 1992 年的水法提供了与智利不同的另一种可供选择的水市场机制，其基本允许水市场在灌溉行政区内或水用户协会管辖区内自由运作，利用水市场来改善水的使用效率。这种水市场机制使得政府在水资源规划和分配中起着较大的作用。

二、国外水权交易制度对我国的启示

通过对美国等四个国家水权交易制度的介绍，我们不难发现水权交易制度存在相同的特点：

（一）水权交易应遵循一定的原则

虽然各国对水权转让原则表达不同，但这些原则确立目的都是相同的，主要基于：(1)对先占用者保护，即先占用者有优先使用权；(2)对第三人保护，即谁的使用都不能损害第三方的利益。

（二）水权交易中的政府宏观调控

虽然说水市场被认为是一种优化水资源配置的便捷方式，但这并不意味着水市场能全面解决水管理中的各种问题，因此，政府必须加以干预，并明确规定国家为唯一的水管理权力机构。

（三）州政府在水权交易中的重要性

州政府在水权交易的过程中发挥着极其重要的作用，包括提供基本的法律法规框架，建立用水和环境影响的科学与技术标准，选择是否进行水权交易的自由，通过发展水权交易所等方法促进价格公开和市场信息的传播，确保市场机制本身的效率，提高市场的透明度。

（四）水权交易的协调性

制定水权交易制度时兼顾各种利益间的协调。因流域之间水权的转让对原流域来说会降低就业和减少收入，所以像美国一些州的立法活动考虑于水权出售和转让的同时，应当对原有地区采取保护措施，或者进行补偿等问题。

（五）水权交易中基金的建立

水权交易时，交易主体交纳地下水水域经济发展基金，目的是来补偿税收的减少和经济活动受影响而带来的损失。

（六）水权交易中信息的公开透明

水权交易的信息公开透明，是为实际的交易双方和潜在的交易双方提供水权交易的机会以及有关的水权价格参考，是水权交易公平诚信的重要体现。

（七）水权交易中中间组织的产生

中间组织在水权交易中，一方面为政府与用水户之间起到媒介中间作用，另一方面对水权交易起到引导或警示的作用，促进或阻止某些交易的进行。另外有些中间组织如美国的水银行、以水权作为股份的灌溉公司以及水权咨询服务机构等各具特色的水权交易(中介)机构等，都已成为水权交易不可缺少的中间力量。

(八)水权交易的适用范围、程序、转让限制等都有立法保障

并非所有水权都可以进行交易，对可交易的水权，法律有明确的规定。水权转让程序一般按不动产转让程序进行。此外对水权转让年限也作了一定的限制，比如规定私人、用水户协会和股份公司在转让用水许可证时，该许可证有效期限为50年，如需延期，须经国家水利委员会的批准。

应当说不同的国家由于国情不同，水权交易制度的内容也不同。但上述国家的共同点给我们的启示是：水权交易制度具有共性，对其共性，我国应有的放矢地借鉴和利用。

第四节 我国水权交易制度的建立与完善

一、水权交易市场建立模式

根据我国水权交易实际及借鉴国外经验，笔者认为我国水权交易市场建立的基本模式应当是由国家进行水权总量初始分配以后，由用水户之间进行水权交易，而国家在水权交易中主要起宏观调控及监督管理作用。具体如图3-1所示。

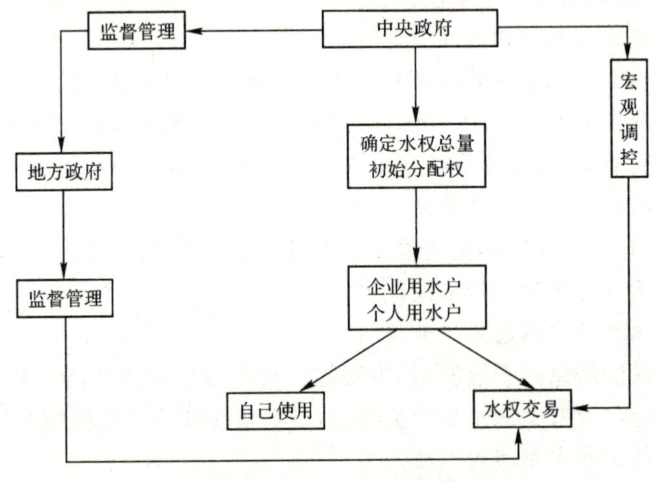

图3-1 水权交易市场建立模式图

二、合理配置初始水权

初始水权的取得和分配是成功建立功能齐全的水市场并被买卖双方接受的关键，因为一旦拥有水权，即意味着拥有资产，而且随着时间的推移，该资产的价值还会升高。所以合理配置初始水权是水权交易的前提条件。

配置初始水权可以理解为通过水资源总体规划和水资源配置方案，在不同地区之间实现水资源的优化配置。合理配置初始水权应当遵循如下原则和程序：

(一)遵循原则

1.可持续开发利用原则

水资源是一种可再生的自然资源，但其自我更新、补充能力是受自然条件限制的，任何无节制的开发都会导致其自我更新能力的下降，加剧水资源的稀缺甚至枯竭。更何况中国是一个干旱缺水严重的国家。淡水资源总量为28000亿立方米，虽占全球水资源的6%，仅次于巴西、俄罗斯和加拿大，居世界第四位，但人均只有2200立方米，仅为世界平均水平的1/4、美国的1/5，在世界上名列121位，是全球13个人均水资源最贫乏的国家之一。到20世纪末，全国600多座城市中，已有400多个城市存在着供水不足问题，其中比较严重的缺水城市达110个，全国城市缺水总量为60亿立方米。日趋严重的水污染不仅降低了水体的使用功能，还进一步加剧了水资源短缺的矛盾。对中国正在实施的可持续发展战略带来了严重影响，而且还严重威胁到城乡市居民的饮水健康和生产安全。如果人类继续破坏和浪费水资源，那么人类看到的最后一滴水将是自己的眼泪。因此，针对当前水资源贫乏和水污染严重的形势，在水权初始分配中贯彻水资源的可持续开发利用原则，注重水资源的保护意义尤为重大。具体说来就是要将水资源的生态价值和环境效益放在首位，进而实现其经济效益和社会效益，平衡个人利益和公共利益、短期利益和长期利益、当代人利益和后代人利益之间的关系，不能以牺牲环境为代价来取得水资源的经济效益，不能以损害后代人的生存条件为代价来换取当代人的利益。

2.优先满足水资源基本需求和生态环境需求原则

流域水资源可利用量应按人口分配各地区的基本需求，在兼顾生态环境需求的基础上，对多样化的经济用水需求进行水权初始配置。

3.保障社会稳定和粮食安全原则

作为一个发展中的大国，任何时候保护粮食安全和社会稳定都是水资源配置中需要优先考虑的目标，不能只考虑经济效益，不考虑社会效益。

4.时间优先原则

以占有水资源使用权时间先后作为优先权的基础,"时先权先"。

5.地域优先原则

与下游地区和其他地区相比,水源地区和上游地区具有使用河流水资源的优先权,距离河流比较近的地区比距河流较远地区具有优先权,本流域范围的地区比外流域的地区具有用水的优先权。

6.承认现状原则

在一个地区已有引水工程从外流域或本流域其他地区取水的条件下,承认该地区对已有工程调节的水量拥有水权。

7.合理利用原则

申请水权的地区必须能够证明所申请的水权是节约使用和合理利用的。

8.公平与效率兼顾,公平优先的原则

在水资源上不仅赋存着经济利益,而且赋存着生存利益。保证生存利益就是保证人的尊严,当一笔财产在纠纷的一方具有维持生存条件的意义,在另一方只具有财富增减的意义时,法律首先要保护的是一方的生存条件,即最低限度的公平。处理两者关系时,坚持公平优先,兼顾效率,应该在公平中注入一些理性,在效率里添加一些人性,以最小的不公平换取最大的效率或以最小的效率换取最大的公平。

9.留有余量原则

由于不同地区经济发展程度各异,需水发生时段不同,人口的增长和异地迁移会产生新的水资源基本需求,因此流域水资源配置在考虑生态环境需水的前提下,还要适当留有余地,中央政府必须保留这部分预留资源的水权,不能分光吃净。

(二)合理配置水权应符合的程序

依据水权分配中的上述原则,任何个人或团体都必须按法律规定的程序获取水权。根据西方国家的成功经验,水权初始分配的法律程序应该包括:

(1)用水者向水管理机构提出用水水权许可申请。申请的应该是过去和现有水权许可中未被使用或未被占有的可用水资源的权利。

(2)水管理机构签发申请公告,并由申请者根据规模在有关媒体上发布该公告。

(3)如对公告持有异议,且通过其他方式不能解决的,水管理机构必须组织举行听证会或调查。

(4)由专门机构审核和分析用水申请可能造成的环境影响。

(5)如果申请得到批准并缴纳了许可证费用,则可根据一定的法律法规颁发许可证,在许可证正式颁发前,将允许申请人有一个合理的时间进行并完成引水工程的建设,实现水资源充分有益的利用。

(6)获得许可者在其水权许可下引水时必须尊重之前已存在的水权,因为这些水权都是合法的。

(7)当引水工程建设完成后,水资源已实现充分利用时,由水管理机构对可能签发的许可证进行再次审查。只有满足许可证中有关水量与时间等具体条件和要求的规定时才能颁发许可证。

(8)只要水资源得到了合理、高效利用并提交了所要求的报告,一般情况下水权可以延续。

水权初始分配完成之后,政府便退出水资源配置领域,转换成水事管制的角色。而水权作为相对独立的一种私有产权,便开始在市场上自由流通,以实现其外部利益的最大化。

三、水权交易主体的确定

水权交易主体是指水权交易中的双方当事人及关系人。

(一)水权交易中的双方当事人确定

水权交易中的双方当事人是指具有水权交易资格的人。一般情况下水权交易发生在一方具有初次水权分配权,并在满足自身用水需要情况下富水的用水户,而另一方是具有初次水权分配权,但仍不能满足自身用水需要的用水户。我国对初次水权分配的主体资格要求在需水许可证申请中有明确的规定,这种规定比水权交易中的主体资格要求来得严格,因为市场交易中双方主体会超越区域范围、行业进行交易,而初次水权分配中的主体只能在一定区域范围、行业才有资格向相应机构进行申请。所以水权交易主体资格的宽松规定可能会产生如房地产市场中炒卖地皮、房屋等类似情况发生,从而使水权交易偏离合理配置水资源的目标。因此必须对交易双方主体加以限定,防止炒卖水权的情况发生。

(二)水权交易的关系人

水权交易的关系人是指与水权交易相关的人,包括水权交易的第三方组织和进行监督管理的国家机关。

1.水权交易的第三方组织(中介组织)

水权交易的中介组织是指包括水权经纪人、代理商,行业协会、水权计量机构和水权价值评估机构等这类居于第三方法律地位的组织。这类组织的存在使水权交易更加规范与公正。用水者协会实行民主选举、民主决策、民主管理、民主监督，并参与水权、水量的分配、管理水利设施、监督水价的制定，增强了个人甚至是社区群体对水资源的控制，更能确保水资源的权利。我国水权交易要进行市场化经营，应当培育和发展水权交易中介机构如咨询服务公司、代理人，经纪人等。借鉴美国、澳大利亚等国的经验，发挥好用水者协会的信息提供和监督作用。同时在立法上确立第三方组织的法律地位及相应的民事行为能力。

2.水权交易中的监督管理者

水权交易制度是一种依托市场进行水资源配置的制度，交易主体是水权交易或转让的双方。而水管理部门作为行政机关多以仲裁者或技术管理的角色参与水管理中，是监督管理者而不是交易一方主体。因为如果允许政府作为交易主体一方，那么政府容易凭借其雄厚实力及优势垄断水权，控制市场交易量，进而控制价格。同时，政府因天然膨胀的权利欲望会过分追逐政府目标，甚至徇私舞弊，违反市场公平竞争的原则。因此水管理部门在水权交易中只能为监督管理者，而非交易一方主体。为了合理界定政府对水资源管理的权力，可以建议类似国有资产管理中的国资委这种机构的设立，国家通过设立专门机构作为国家所有水资源的代表，在国有水资源交易活动中行使水资源所有权人的民事权利，从而使水资源所有权人与管理权人相分离。

综上所述，国家设立专门的机构作为国家所有水资源的代表，在国有水资源交易活动中行使水资源所有权人的民事权利；人民政府的水行政主管部门根据法律授权主要负责水权市场的行政监督管理，行使水行政权力；各种水公司、水企业作为市场主体，在水资源交易活动中行使水资源使用权人的民事权利。

四、水权交易范围的确定

从总体上看，凡在我国境内的水资源所有权和使用权，除法律规定不能转移、交易的外，均可以转移或交易；转移或交易的形式（如出让、转让等）和范围（位置、流量）由水权转移名录来确定，该名录应该公布并根据变化及时修订。从实际情况出发，可以将我国现阶段的水权转移限定在国有水资源取水权的出让和转让。凡从我国境内的江、河、湖泊和陆上地下水体取用国有水资源的，除法律规定不能出让、转让的外，均可以出让、转让。这样做可以明确重点、抓住关键，区别不同情况、逐步推广、稳步发展。但是，从建立健全我国水权市场的科学体系、完整体系的角度出发，上述关于水权转让的范围还可以再扩大：(1)应允许集体水资源使用权流转。水资源所有权有国家所有权和集体所有权。既然国有水资源使用权可以出让和转让，那么集体水资源使用权同样可以出让和转让。只有这样，才能体现国有和集体所有两种水资源使用权的公平性。因此为充分发挥集体所有的水资源效益，应该允许集体水资源使用权依法出让和转让。同时将集体水资源使用权出让和转让的问题与集体土地使用权出让和转让的问题结合起来，通过专门立法，一起解决。(2)允许国有水资源的水运权、水电权、放牧权、养殖权、旅游观光权等可以在条件成熟时逐步实行转移(包括出让和转让)。鉴于上述权利的特殊性，可通过专门立法，分别解决其权利流动或交易问题。(3)允许传统取水权流转。为了遵循传统习惯以及照顾和保护当地人(特别是少数民族和农民)的利益，依照传统和习惯确立的取水权(这里指村庄和个人依照传统和习惯，直接从江河湖泊和地下水体取用非基本用水的权利)，应该允许依法转让(包括出售、交换和赠予)。例如，某河岸村庄已经形成从河中直接取水从事农业生产的传统和习惯，不论这种取水权是否得到有关行政部门的批准或同意；如果该村庄转为从事商业服务活动，则应该允许该村庄将原有的取水权转让给其他组织或个人。(4)除基本排污量(又称基本排污权，指维持人的基本生活和生产的最起码的排污量)外，应该允许总量控制下的排污权依法交易(包括指排污权的原始分配和转让)。鉴于排污权交易的特殊性，须通过专门立法，单独解决排污权交易的问题。

五、水权交易价格制度的确定

水权交易价格是水权交易制度中的一项核心内容。笔者认为，要改变前文所述的水价费用过低的状况，必须建立水权交易价格体系，从水价制定原则出发，综合考虑影响水价的因素，合理确定水权交易价格。

(一)水价制定的原则

澳大利亚有关水价制定的原则很值得我国参考借鉴：

(1)水价体系应采用以消费定价，成本回收，取消与水的高效使用、提高服务效率相违背的交叉补贴。如果补贴不能完全取消，也应使其成本公开、补贴透明，并将差价付给供水商。

(2)对城市水务服务的收费应反映成本的有效使用，考虑公有资产的回收率，确保公共所有权的权益。

(3)城市批量供水按水表收费，回收所有成本，并获得其资产重置成本的正回收率。

(4)农村供水的水价制定原则是以全部成本回收定价，资产重置成本有正回收率，各项补贴透明化；当进行跨区域的水权交易时，必须保证水价和资产评估的一致性；政府提供的更新改造基金不作为计算水价的成本。

(5)由于渠道建筑物(如大坝等)的所有者是垄断性供应者，因此必须建立一个框架以保证水价不出现过分上涨的情况。

(二)水价制定中需要考虑的因素

1.水资源的稀缺程度

水资源稀缺不仅包括水资源的物理相对需求量的不足,即所谓的“资源性缺水”,同时还包括由于水质受到污染而形成的“水质性缺水”。水资源的稀缺程度越高,水资源的供给量就越少,在需求量不变或日益增加的情况下,水权的价格也就越高;反之亦然。

2.区域间经济发展的差异

一个地区的社会经济发展平均值是通过影响水权主体的承受能力来影响水权价格水平的。经济发展水平高的地区,水权主体承受能力强,水权价格相应的会比经济发展水平较低的地区高;反之亦然。

3.水权市场化程度的高低

水权价格是因水权市场建立而形成的。水权交易的市场化程度越高,由市场定价的可行性和现实性越强,水权价格水平也越趋于合理。

除考虑上述因素之外,像澳大利亚还会考虑如下一些因素,笔者认为值得借鉴:

第一,将管理活动和提供服务功能相分离。

作为政府部门,不能既是价格的制定者,又是价格的执行者。因此必须由独立的第三方进行资产评估和价格制定。在一些州,由独立的定价管理机构(IPART)负责确定水费的价格。所以我国也可设立独立的定价管理机构,而不是向物价管理部门进行审批。

第二,资产的评估和供水服务成本分析由审计单位进行。

资产的评估和供水服务成本分析由审计单位进行。其中首要问题是将水量的分配办法与土地的所有权分离,保证可以在市场上进行交易;另一个重要的问题是计算附加成本中的更新费用,为了分析、制定水价,更新费用一般是依据具体情况作出折旧估计,而不是通常会计意义上的折旧。

第三,考虑环境和生态用水。

环境和生态用水是水的自然用途,因此在制定水价时必须予以考虑,并由政府授权相应水量用于环境目的。在确定总供水量时,为保证健康河流和生态的可持续发展,会对用水量进行上限限值。

(三)水交易价格确定依据

1.资源价格

资源价格的确定应以马克思地租理论为基础。马克思地租理论认为:“地租的占有是土地所有权借以实现的经济形式。”地租包括绝对地租和级差地租。绝对地租是指出租资源所有权的收益。作为“单纯自然产品”的水资源，它的价格就是付给这些“单纯自然产品”所有者——国家的资源地租。这种付费，不是为了耗费在水资源上的劳动，而是为了水资源的所有权。级差地租是指不同品质的资源所体现的不同的使用价值。如开采条件不同会造成使用者使用成本不同；不同流域水资源因水质不同其使用价值也不相同等。因此所有者通过级差地租来体现资源使用价值的差异并排除资源使用上的不公平，是有利于水资源的合理流动的。我国建立绝对地租和级差地租是十分必要的。

2.外部补偿性

对水资源的开发利用势必增加水资源的稀缺程度，导致水生态功能的减损，如流域环境容量减少、水质恶化、地下水位下降等等。由于这些消极外部性要依赖政府解决，水权人无力承担，因此，水资源使用者为获得水资源使用权，应当支付给水资源所有者一定的货币额，以此对其利用水资源导致水生态功能减损提供必要的经济补偿。国家通过收取补偿费用，恢复水资源在整个生态系统中的生态功能。

3.水资源管理成本

水资源管理成本是所有者保证使用者正常使用水资源而开展必要的活动的成本。国家对水资源的管理包括水资源勘察、调查评价、规划、管理等等，其目的是使水权获得者能够正常行使对水资源的开发利用。因此，水资源管理成本是水权获得者必须缴纳的成本。

4.机会成本

机会成本主要体现的是资源用于不同用途所带来的不同收益。机会成本的存在是进行调水决策的前提之一。水资源要突破区域甚至流域界限进行交易，机会成本是平衡区域和流域利益的关键。一般来说，资源被用于高收益的行业和地区，国家可按高费率收取水资源费；反之，则可按低费率收费。

5.水权价格的其他构成

如水利工程费，是水权人作为水利工程的受益人，应当支付的相应的对价；还有水权交易费用，包括发现交易对象、讨价还价、订立交易合同、执行交易合同、向国家缴纳的水权转让税及与交易相关的管理费和手续费等等。

(四)实行水权交易价格管制

水权转让是在买卖双方自愿协商的基础上进行的，买卖双方在转让合同中的地位应当是平等的。但是受可供转让水量有限性的制约，供水量往往不能满足市场的需求，即所谓的“卖方市场”，使水权受让方在水权转让中处于不利的地位。为避免转让方在水权转让过程中形成价格垄断和牟取暴利，国家应当对水权转让价格实行管制，如制定水权指导价格，或规定水权价格的最高限度。具体措施如下：

1.确定政府指导价或最高限价

从资源的有效利用和社会福利考虑，政府应当制定水权转让的指导价格和允许浮动的范围。或者，政府为水权转让价格设置最高限价，规定只有低于最高限价的水权价格才是合法的。当然，指导价格或是最高限价的制定，都必须由政府对水权转让价格进行严格评估后作出，以确保转让方合理的利润空间和受让方的用水利益。

2.区别定价政策

在跨流域水权交易实行歧视性价格政策，即对从流域内向流域外的水权交易的政府指导价格或最高限价要定得比流域内的水权交易指导价或最高限价高，以保护不同流域用水企业的用水利益。

3.政府对弱势用水部门或产业补贴

当处于弱势的用水部门或产业对水权价格的承受能力较低时，(如农业部门)为了保护这些弱势部门或产业的生存和发展，政府可对这些部门或产业予以适当的价格补贴，以提高他们对水权价格的承受能力和竞争能力。

4.税费调控

政府可通过对水权交易税费减免来调控水权价格。如政府可对向弱势部门或产业转让水权的转让方实行税费减免，以此来降低水权交易价格，提高弱势用水部门或产业对水权价格的承受能力。

5.政府回购水权

政府可以一般民事主体身份，进入水权交易市场，通过回购水权，收缩水权供给，从而调整水权的价格。同时，政府还可将回购的水权用于生态环境保护，实现公益目的。

六、建立水权交易程序

(一)申请

水权交易主体必须事先向有关部门(指各级水行政主管部门及流域管理机构等有取水审批资格的主体或其授权部门)提出水权交易的申请。提交书面申请文件，说明其欲转让水量、该水量现在的用途以及受让方受让水权后的用途、转让方法、转让费用以及引水工程的设计、建设等。若是跨流域或跨行政区域转让水权的，还应对此项转让进行环境影响评价，将环境影响评价报告提交有关部门。

(二)审批

有关部门接到申请后,在法定期间内做出批准与否的结论。有关部门主要审查其交易是否违反交易基本原则,侵犯环境生态用水权以及此项转让是否会对生态环境造成不良影响等。若符合条件,则予以批准。不符合条件的予以驳回,并书面说明理由。

(三)订立交易合同

经有关部门批准后,水权交易双方可依法进行交易。水权交易参照不动产权的交易,遵循公示公信原则进行,而且必须签订水权交易书面合同。

对于水权交易的合同内容,发达国家水权交易合同文本相当缜密,其内容包括了签约后一切可能遇到的情况。我国应借鉴国外发达国家的水权交易合同制定经验,尽可能地规范国内水权交易的合同条件。在设计水权交易合同时,应该明确水权人必须采取有利于环境和水资源公共利益的方式,履行水权交易合同原则,将当事人应该遵守的法定义务尽可能细化为具体的"环境条款",比如水权人在合理的范围内注意水资源和水环境中的特定危险的义务;告知处于可预见的致害范围内的人如何应对该环境危险并与之协商处理办法的义务等等。并且明确规定水权交易纠纷处理及违反法定或合同义务应承担的民事责任。

(四)交易登记

国家通过交易登记制度可以合理地引导水权的交易,并适时进行监管。国家在实施水权交易时应该明确规定哪些水权交易是应该登记在案的。根据其他国家的经验,建议对于交易前后不改变水的用途,农民用水者协会之间或内部的水权交易可以免去登记,由灌区或用水者协会自己监管;而对于跨地区、跨部门或流域内部的水权交易应该进行水权登记,其作用是对用水进行统筹安排和管理,以规范用水,保护水权人的利益。其管理内容是:规定需要进行水权登记的取水范围,授权地方政府规定各地具体的地表水及地下水的取水量和取水顺序。在进行水权登记时,水权人应当提交水权登记申请书和水权登记所依据的有关文件,在该水权与第三者有利害关系时,还要提供第三者的承诺书或者其他文件。水权登记书应当包括下列事项:

(1)提出水权申请的单位或者个人(即申请人)的名称、姓名、地址;

(2)取水起始时间及期限;

(3)取水目的、取水量、年内各月的用水量、保证率等;

(4)申请理由;

(5)水源及取水地点;

(6)取水方式;

(7)节水措施;

(8)退水地点和退水所含主要污染物以及污水处理措施等。

对于水源流经两县(市)以上或水权影响到两县(市)以上者,其水权登记应由上一级主管机关(或其委托机构)办理。水源流经两省(市)以上或水权利害关系影响到两省(市)以上者,其水权登记应由中央主管机关(或其委托机构)办理。对于由中央政府主办的水利事业,应由中央政府主管机关负责办理水权登记。对于登记的水权,因水源水量不足而发生争执时,用水目的顺序在先者有优先权;顺序相同者,先取得水权者有优先权;顺序相同而同时取得水权者,可按水权登记额定用水量比例进行分配或轮流使用。

七、水权交易纠纷处理

不管水权交易制度多么科学、多么完善,水权纠纷是避免不了的,所以,完善的水权纠纷处理程序对保护用水户的水权,保障水权制度的实施具有重要作用。针对我国现有法律以行政手段调节水权交易纠纷的不足,笔者建议制定一个专门处理水权纠纷的两种途径:(1)用水户口之间发生的水事纠纷属于民事纠纷,当事人可以直接向人民法院提起诉讼,由民庭进行审理。(2)虽属民事纠纷,但当事人愿意通过协商解决的,则采用协商解决,如当事人不愿意通过协商、调解解决或者协商、调解不成的,则可以经过人民政府授权的主管部门(如上文笔者建议设立的水资源管理委员会)处理。对于由主管部门作出的处理决定不服的,分两种情形,如果主管部门只是作为双方当事人纠纷调解的中间人,调解决定不具有约束力的,双方当事人不服的,只能针对对方当事人提起民事诉讼;如果行政机关是依照法律授予的权力,单方面作出确定当事人之间权利义务关系决定,当事人对该决定不服,向人民法院提起行政诉讼,则由行政庭进行审理。

八、建立水权交易监督机制

(一)建立统一监督管理体制

现代市场并非完全自由的市场,而是依法受到管理的市场。由于水权转让和水资源市场的特点,我国对水资源市场应该实行较其他市场更为严格的统一监督管理机构。我国应该通过立法确定水资源市场的监督管理体制。国务院水资源行政主管部门依照国务院规定的职权,负责管理全国水权转让工作;县级以上地方人民政府水资源行政主管部门的机构设置及其职权由省、自治区、直辖市人民政府确定。县级以上人民政府水资源行政主管部门依法对水权转让进行监督检查;国有水资源使用权出让、转让及有关水体建筑物、水中物和水利设施的登记,由政府水资源行政主管部门依照法律和国务院的有关规定办理。

(二)建立水权交易的多元监督机制

水资源的稀缺性和战略性,决定了水市场本身对社会利益的忽视。这就需要建立水权交易中的监督机制。尤其是中国建立水权交易的多元监督机制有利于保障水资源配置和利用的社会利益。多元化监督应包括政府和非政府监督,前者通过法律法规进行,后者主要是社会中介组织、民间团体、新闻媒体以及公民的参与监督,比如灌溉协会、水权计量机构和水权价值评估机构等,这类组织的存在将使水权交易更加规范与公正。此外,为保证非政府监督的落实,笔者认为,还应对水权交易信息进行充分披露,并给予公民在一定期限内向水行政管理机构就特定交易提出异议的权利,以充分体现监督的效能,实现水权公平交易。

九、建立我国水权交易制度实施的配套措施

因水权交易是一项复杂的系统工程,所以为了保障水权交易安全、有序地进行,除构建完善的水权交易制度外,还需有其他配套措施加以辅助。归纳起来包括以下几个内容:

(一)建立水权交易协商机制

合理的协商机制是水权交易顺利实施的有效保证。水权交易双方通过平等、友好地协商,有利于降低交易成本,早日达成共识。对两者来说,协商几乎存在于水权交易的全过程,从水权交易意向的形成到水权交易合同的商定,再到水权交易合同的实施和纠纷的解决均离不开当事人的平等协商。此外,水权交易中的协商机制不仅仅存在于水权交易双方,当水权交易影响或者可能影响到第三人利益时,同样需要水权交易当事人和第三人进行协商。这其中既包括申请人提出水权交易的申请后,对于第三方提出异议的,水权交易机构应当组织召开听证会,充分听取各方的意见,并积极促使利益相关方就相关问题在协商的基础上达成共识,也包括当水权转让后第三方提出利益受损时,各方对如何进行利益补偿以及补偿多少等问题进行协商。

(二)建立水权交易环境影响评价机制

在我国环境影响评价是一项强制性的法律制度。它对可能影响环境的工程建设和开发活动,预先进行调查、预测和评价,提出环境影响及防治方案的报告,经主管部门批准后才能进行建设的法律制度。凡在我国领域内建设对环境有影响的建设项目都需要进行环境影响评价。环境影响评价不是一般的预测评价,它要求可能对环境有影响的建设开发者,必须事先通过调查、预测和评价,对项

目的选址、对周围环境产生的影响以及应采取的防范措施等提出建设项目环境影响报告书，经过审查批准后，才能进行开发和建设。

水权交易也必定会对环境产生影响，尤其是大型的水权交易，对环境产生的影响是深远的，所以在水权交易中建立环境影响评价制度是十分重要的。这一制度的目的是为了将水权交易对环境的影响降到最低。

（三）建立水权交易信息网络系统

对我国来说，水权交易刚刚起步不久，若建立网上水权交易系统还不现实，但建立网上水权交易的信息系统具有必要性。为此，可由中央主管水权交易的机构负责组建“中国水权交易信息网”，由各省的水权交易机构登陆后完成具体的信息录入上网，包括及时公布本省有关流域和灌区用水户的用水信息，包括分配水量、实际用水量、剩余水量、水价、用水效率等有关信息，为水权交易的目标用户提供尽可能详细的资讯。

（四）建立水权交易市场调节基金制度

我国水权交易市场的建立尚处于摸索阶段，在市场机制还不健全的情况下，应当加大政府宏观调控的力度，积极探索对水市场进行有效监管与调控的各种手段，建立水权交易市场调节基金就是其中之一。它的具体运作方式是:国家以指定代理人的形式积极参与水权交易，在市场里低买高卖，以市场运作的方式来实现国家宏观调控的目的，起到市场微调的作用。受水资源年际、年内变化的影响，当水价达到价格下限，继续降低会造成水资源浪费时，水权交易市场调节基金即可入市购买，引导水价回升，并可收到部分赢利，以补偿其在灾年时低价抛售所带来的资金损失，最终起到平衡水价的作用，避免了市场交易的盲目性导致的水价过低等水资源浪费现象以及水价过高给人们带来的心理恐慌。市场调节基金的来源应以国家财政支持为主，以水权交易收益分成为辅。

（五）建立水权交易生态补偿税费制度

为了有效保护水权交易中水资源输出一方和第三方的环境利益和生态功能，国家有必要建立水权交易生态补偿税费制度，即由水权交易机构从水权交易的手续费和水权交易的收益中进行相应比例的提成，专用于对水资源输出方以及环境利益受损第三方的生态损失进行补偿。

（六）充分发挥政府职能，进一步加大投资力度并提供资金、政策等方面的支持

水权交易市场是否活跃，取决于可交易水权的数量，数量多则活跃，数量少则冷清。因此，大力节水，预留更多的可交易水权是进行水权交易的前提和基础。为此，除用水农户和用水企业自觉、自愿节水外，政府还应当采取一定的措

施鼓励、支持节水。在我国，农业用水效率普遍低下，因此农业节水有很大的发展空间。对此，政府应当加大对农业节水的投资，对农民投资节水进行直接到户的补贴，“具体可以采取粮价补贴、实物补贴、申报补贴等方式，保证补贴透明和补贴到户，以逐步形成对农民有效的节水激励”。对于积极节水的企业，政府除了从税收等方面提供优惠政策以外，还可以组织企业参加有关节水技术的培训，并为企业购买节水设施提供资金支持。另外，政府还应当加强水利基础设施等相关建设，为水权交易提供良好的运行保障。

第四章　海域使用权市场化经营的法律问题

我国是海洋大国，拥有近三百万平方公里的管辖海域，相当于陆地国土面积的三分之一，且海域中蕴藏着丰富的物质资源。但是近几年由于城市化进程的不断加快，陆地可利用面积逐年减少，因此合理开发利用海域已成为我国当前海洋经济发展的当务之急。虽然自2001年《海域使用管理法》实施以来，我国海域使用已取得了明显成效，但大部分海域资源的开发利用仍处于无偿使用、无度开发、无序转让的三无状态。这不仅造成了国有海域资源性资产流失，而且加剧了乱占海域、乱围乱垦事件的发生，造成海洋资源衰退，海洋环境恶化，严重影响海域资源的合理开发和可持续利用。在市场经济不断发展的今天，海域正以一种商品形式进入到我国市场经济运行的过程中，实行海域使用权市场化运行势在必行。但是海域使用权市场化经营毕竟是件新生事物，我国海域使用权的市场化经营实践时间较短，海域使用权在一级市场、二级市场中都存在着许多问题。因此建立健全海域使用权流转的专门民事法律法规，确立海域使用权在一、二级市场中合理流动的法律机制，保护海域所有人和使用人的合法权益，建立完善的海域有偿使用制度，对于实现科学、合理开发海域具有深远的意义。

第一节　海域使用权市场化经营的物权理论基础

一、海域使用权的概念

对海域使用权的概念界定是研究海域使用权的性质、特征进而科学设计海域使用权市场化经营的法律制度的逻辑前提。

2007年3月16日通过的《物权法》虽然在第46条明确规定“海域属于国家所有”，第122条规定“依法取得的海域使用权受法律保护”，但并没有对海域使用权作出明确的概念界定。目前我国大多学者是根据我国《国有海域使用管理暂行规定》和《海域使用管理法》中对海域使用权取得、内容等规定的精神，并结合用海实践及我国2007年10月生效的《物权法》在用益物权章的规定，将海域使用权定义为："指申请用海的单位或个人，依法定程序并经登记而取得的，对国家所有的某一特定海域在一定期限内持续从事排他性的开发利用活动并享受其利益的权利。"①这一定义在一定程度上解决了2007年我国《物权法》出台之前理论界对海域使用权性质各种学说的争议，如自然资源使用权说、准物权说、特许物权说、物权说以及用益物权说等；其中用益物权说又包括用益权说、土地使用权说和独立、典型用益物权说等。我国学者将海域使用权之所以如此规定，主要基于以下几点原因：

(1)海域使用权是一种限制物权。海域的所有权属于国家，由国务院海洋行政主管部门会同国务院有关部门和沿海各省、自治区、直辖市人民政府，编制全国海洋功能区划。沿海县级以上地方人民政府海洋行政主管部门会同本级人民政府有关部门，依据上一级海洋功能区划，编制地方海洋功能区划。单位和个人可以根据自己的需要向县级以上人民政府海洋行政主管部门申请使用海域。当然并不是所有的单位或个人都可以取得海域使用权的资格。由于海域是国家的一种宝贵资源，涉及国家的经济安全和国防安全，为了合理有效地开发海域，防止对海域造成不当的污染破坏以及从事其他危害国家和人民安全的非法活动，《海域使用管理法》规定："申请使用海域的，申请人应当提交相关的资信证明材料。"除了招标拍卖取得方式以外，取得海域使用权的行为属于一种依申请的行政行为，这是一些学者将海域使用权称为特许物权的原因。从上述分析可以看出，海域使用权是单位或个人依法申请或通过招标、拍卖而取得的建立在国家所有的海域之上的权利，是一种典型的限制物权。

(2)海域使用权支配的是物的使用价值。海域是一种宝贵的自然资源，其所蕴含的物质财富和非物质财富决定了人们可以利用海域从事各种各样的活动。根据海域管理法的规定，海域使用权主要包括养殖用海，拆船用海，旅游、娱乐用海，盐业、矿业用海以及港口、修造船厂等建设工程用海等不同的用途。海域使用权人使用海域的目的必须符合海域功能区划，超越批准权限非法批准使用海域的，或者不按海洋功能区划批准使用海域的，批准文件无效；擅自改变海域用途的，责令限期改正，没收违法所得，并处非法改变海域用途的期间内该海域面积应缴纳的海域使用金五倍以上十五倍以下的罚款；对拒不改正的，由颁发海域使用权证书的人民政府注销其海域使用权证书，收回海域使用权。因此设立海域使用权的目的所支配的是海域的使用价值而非交换价值。

① 尹田：《中国海域物权制度研究》，中国法制出版社2004年版，第59页。

(3)海域使用权具有用益物权的其他特征，如独立性、期限性以及需要登记等。海域使用权是一种主权利，根据海域使用申请文件而取得，这种权利不从属于其他债权。海域使用权不是一种永续的权利，海域使用管理法根据不同的用途确立了海域使用权15—50年的期限。因公共利益或者国家安全的需要，原批准用海的人民政府可以依法收回海域使用权。无论是通过申请、招标或者拍卖方式取得海域使用权都需要进行权利登记。海域使用权登记办法规定了海域使用权的登记，包括海域使用权初始登记、变更登记和注销登记。这些特征都说明了海域使用权符合传统《民法》用益物权的特征。

通过上述分析可以看出，海域使用权具备了用益物权的特征，在其本质上属于用益物权。从《物权法》的三大原则来分析，《物权法》用益物权编将其明确纳入，符合了物权的法定原则；海域使用权的客体是特定化的不动产，符合一物一权原则；海域使用权的取得、流转和消灭都需要进行登记，经过登记后具有对抗第三人的公示公信力，因此也符合了公示公信原则。因此，《物权法》将海域使用权规定为一种独立的用益物权完全符合《物权法》的基本原则。

二、海域使用权的法律特征

(一)海域使用权的客体特殊性

1.海域使用权的客体是特定的海域

海域是毗连陆地的一定范围的海洋空间，由水面、水体、海床和底土四部分构成，是一种无法截然分开的整体空间资源。海域具有底土的固定性、水体的流动性、功能的多样性、利用的立体性等特点。正是这些与陆地不同的自然特点，使海域使用权区别于土地(陆域)使用权。

2.海域属于《民法》上“物”的一种

《民法》上所讲的物，是指“有体物及物质上法律上俱能支配之自然力”，“物”须具有特定性和可支配性。早期社会，人类对海洋的利用方式简单，更由于科技水平的局限，尚不能通过精确的测绘手段将“此”海域与“彼”海域明确区分开来而使其“特定化”，海域之上自然也就不能形成排他性的支配权，故当时的海域仅为物理上之自然物，而不能成为《民法》上的物和权利的客体。近年来，随着人类征服自然的能力不断增强，海域正日益成为人类探索、开发的新空间，海域的利用方式渐趋多样化和复杂化，而且随着科技的发展，人们可以通过经纬度和四至坐标等手段将其使用的海域“特定化”，并在特定的海域上形成各种独立的排他的海域使用权。经过特定化的海域，已完全符合《民法》上物的要件，所以，在当今的《民法》理论上应当明确将海域作为法律上的“物”之一种。而实际上，社会发展到今天,我们已经自觉或不自觉地于法律观念上把海域作为《民法》上的"物"来看待了,因为根据现行法律,海域为国家所有,是所有权的客体,而法律上所言的所有权,其客体当然是物。不仅海域之整体得为《民法》上的物,构成海域之各部分亦可成为《民法》上之物。《物权法》理论关于一物一权主义中的"一物"的认识,有"客观一物论"和"观念一物论"两种观点。多数学者认为:物权客体的特定性和独立性的衡量标准,与其说是物理上的,不如说是社会的一般观念上的、交易上的、法律上的,也就是说,一物一权中的"一物",是指法律观念上的一个标的物,而不是限于客观事实上的一个独立物。因此,物之部分或成分,若能够与物之整体分离或具备独立之经济价值而有排他支配的可能性,亦可为物权之客体。如同连绵不断的土地可以被人为地"分割"为无数个部分而分别成为所有权、使用权的客体一样,广袤的海域亦可作同样的处理;甚至作为海域组成部分之水面、水体、海床及底土,依当今科技水平也完全可以被分别特定化并具备独立的经济价值,从而成为"海域区分使用权"的客体。

3.海域是一类具有特殊性的不动产

海域既然为《民法》上的物,则其究竟属于动产抑或不动产,不无疑问。动产和不动产是《民法》上对物所进行的最基本的分类,根据传统的《民法》理论,不动产主要限于土地及其定着物,不动产以外的物皆为动产。但学者们在论及动产和不动产的区分及其种类时,却鲜有对海域(或"水域")属性界定之论述,而依本文的研究目的,不得不对海域的属性作出界定。笔者认为海域应属于一种具有特殊性的不动产。

尽管学者们在对不动产进行定义时的具体表述有所不同,但大都认为不动产是指"依自然性质或者法律规定不可移动的物"①,即主要以是否具有移动性来确定某物是不动产还是动产。那么,海域是否具有不可移动性呢?前文已经提到,海域由水面、水体、海床和底土几部分构成,它是一个整体的概念,而非特指哪一部分。尽管海水具有流动性或可移动性,但海床和底土却无疑是不可移动的,要移动包括海床和底土在内的整个海域,无疑是天方夜谭。由此决定了作为一个立体空间的海域,在整体上具有不可移动性,故海域属于不动产的范畴。如同土地表层的泥土同样可以被挖掘、移走(且还不像海水那样基于流动性而能够迅速恢复其自然性状),但并不影响土地的不动产性质一样,作为海域组成部分的海水所具有的流动性,丝毫不影响整个海域的不动产属性。

---

① 梁慧星:《中国民法典学者建议稿附理由总则编》,法律出版社 2004 年版,第 125 页。

(二)海域使用权的派生性

海域使用权的派生性是指海域所有权中的部分权能与所有权人相分离而形成的权利,即海域使用权派生于海域所有权,海域使用权是在他人(国家)所有的物(海域)上所成立的权利。

海域权属包括所有权与使用权(含物权性使用权与债权性使用权),两者分属于不同的主体。如前所述,我国的海域为国家所有,而海域使用权人则是所有人以外的自然人、法人或其他组织,其权利派生于国家的海域所有权,是国家将特定海域一定期限内的占有、使用、收益权出让给使用者而形成的权利。

海域使用权的派生性有其理论基础和实践依据。从理论上讲,所有权均具有弹性,海域所有权人为充分实现海域的经济价值,也完全可以在不丧失所有权的情况下,将海域所有权中的占有、使用、收益等权能,暂时让渡于他人,此即所有权的权能分离理论在海域所有与使用制度中的运用。从实践上讲,作为海域所有者的国家是政治组织而非经济组织,国家虽拥有海域所有权,却不能直接对每一宗海域进行开发利用,而有必要将某些海域的使用收益权能从所有权权能中分离出来,交由有生产经营能力者行使,以实现对海域的合理开发和高效利用,推动海洋经济的发展。

过去,我们片面强调国家海域的主权维护而忽视了海域经济价值的实现,海域所有权权能的可分离性并未彰显,海域使用权制度自然也未确立,对海域的开发利用基本上处于一种自然、任意、无序、无度的状态。改革开放以后,随着对海洋价值认识的深化和对海洋开发力度的加大,国家开始逐步推行海域的许可使用与有偿使用制度,《海域使用管理法》以法律的形式确立海域使用权制度,其意义至关重大,是我国海域使用法治化进程中的一个重大跨越。

(三)海域使用权的支配性

海域使用权的支配性,是指海域使用权人得依自己的意思及行为对特定海域为管理和使用,实现其利益,而无需他人的意思或行为之介入。换言之,海域使用权不是对人的请求权,而是对物的支配权。

申请用海的单位或个人依法取得海域使用权后,即可在被许可和登记的用途范围内,根据特定海域的区位、资源与环境状况等从事相应的开发利用活动,其对海域的开发利用只受法律的限制,其行为则取决于使用权人自己的意愿,而无需他人的意思或行为予以协助。海域使用权人只要不改变许可范围内的海域使用类型,或经变更登记后改变使用类型,其所从事的各种用海活动均受到法律的保护。此外,海域使用者还可以在法律许可的范围内将海域使用权转让、出租,以实现特定海域收益最大化。

凡属支配性的权利，也同时具有对世权的属性。海域使用权一经确立，其他任何单位或个人均不得侵犯或干涉。海域使用权的义务主体是不特定的任何人，其所负的义务是不为侵害或妨碍的消极义务。对于来自包括海洋行政主管机关在内的任何人的侵扰或妨害，海域使用权人均可依法排除或诉请保护。

（四）海域使用权的用益性

海域使用权的用益性包括两方面的含义：一方面，海域使用权人享有的仅是海域的使用权，其所有权仍归国家所有，海域使用权是在他人之物上成立的他项权利；另一方面，海域使用权的设立以对特定的海域进行使用、收益为目的，海域使用权人所支配的是海域的使用价值，通过对海域进行许可范围内的使用来实现收益的目的。至于海域使用权人用海的方式，则既可以是养殖等渔业性用海，也可以是修建港口、码头等建设性用海，还可以是矿业开发性用海以及旅游、娱乐性用海或航运性用海、公益事业用海等等，不一而足，凡法律规定可以对海域及其资源所为的各种利用，均得为之。

（五）海域使用权的排他性

由于海域使用权系对海域直接支配、用益的权利，故同一海域之上不能同时存在两个或两个以上内容相冲突的海域使用权，此即海域使用权的排他性。例如，不得在同一海域中同时设立两个以养殖为内容的海域使用权，不得在同一海域之海底同时设立两个以采矿为内容的海域使用权。

应当注意的是，海域使用权的排他性并非指同一海域之上只能设立一个海域使用权，只要各海域使用权的内容不相冲突，就可以并存于同一海域之上。如在海域立体利用的场合，在利用海底敷设管线的同时，在海床或水体仍然可以设立以养殖为内容的海域使用权；在利用水面建设游乐场所的同时，可以将海床确权给他人用作养殖或管道铺设。由于上述各海域使用权之间在内容上是相容的，他们完全可以在同一海域上同时并存，各得其所，并不影响海域使用权排他性之特质。不过，海域的区分使用权之设立，目前还受到一定的技术水平和管理水平的限制，并不普遍。至于排他性用海活动与非排他性用海活动，显然应是可以同时进行的，对此，《海域使用管理法》第 23 条第 2 款也明确规定：“海域使用权人对不妨害其依法使用海域的非排他性用海活动，不得阻挠。”

（六）海域使用权的公示性

海域使用权的公示性是指海域使用权的变更须具有公开的、外在的、易于查询的表现方式，以此告之并取信于社会公众，以便定分止争，维护海域使用的秩序。依《海域使用管理法》的规定，海域使用权的公示方法为登记。未经登记造册并取得海域使用权证书的，不能获得海域使用权。海域使用权的此种公示方法，与土地使用权等不动产物权的公示方法，并无二致。

(七)海域使用权的期限性

为维护海域所有权人的利益并避免海域使用状况的僵化，实现对海域科学合理的开发利用，各国立法都规定了海域使用权的存续期限，此即海域使用权的期限性。我国《海域使用管理法》中，也根据不同的用海类型，为各种海域使用权规定了最长期限，并对其期满时的续展问题作了完善的规定。为海域使用权规定合理的期限，既是其作为用益物权所应具有的特点，也有利于根据海洋环境的变化和海洋经济发展的需要，适时地对海域使用权的主体、内容及利用方式加以调整，以保证对海域利用的整体规划，保证整个海洋开发利用活动科学、有序地进行，提高海域使用的社会、经济和生态环境的整体效益。

(八)海域使用权的有偿性

海域使用权的有偿性，是指海域使用者欲取得一定年限的海域使用权，须以向国家支付一定的海域使用金为对价。如前所述，海域的有偿使用为当今各国普遍实行的制度。我国《国家海域使用管理暂行规定》中已确立了海域有偿使用制度，《海域使用管理法》第33条中再次明确："国家实行海域有偿使用制度。单位和个人使用海域，应当按照国务院的规定缴纳海域使用金。"在有关文件中，还对海域使用金的征收标准作了规定。海域使用金作为国家出让海域使用权的收益，应按照一定的比例分别上交中央财政和地方财政，主要用于海域整治、保护、开发和管理。同时，这也是在市场经济条件下维护国家海域所有权的根本措施，只有真正把海域使用权纳入市场机制，建立海域的有偿使用制度，才能有效地保证对海域资源的合理利用与公平受益，促进海洋产业的可持续发展。应当明确的是，对于公益事业用海、公用设施用海、国家重大建设项目用海、养殖用海等，国家可以给予免缴或减缴海域使用金的优惠政策。但这仅是对海域有偿使用制度的例外规定，并不影响海域使用权的有偿性。

综上所述，海域使用权不仅是一种自然资源权利，同时它也是种新型的用益物权。权利人可以依法获得对特定海域进行直接支配的权利；权利人可以按照自己的意思在特定海域从事养殖、采矿、修筑建筑物等活动，或者将海域使用权转让、出资、出租、继承、抵押等权利行使；权利人对其标的物海域具有一定时间和空间上的独占性，可以对之进行排他性的使用，任何人未经其同意，不得侵入和干涉。因而海域使用权应当与土地使用权一样可以进行市场化经营。

第二节 我国海域使用权市场化经营的法律基础

一、海域使用权市场化经营的民事法律

海域使用权市场化经营行为首先是种平等民事主体之间的转让行为，因此必须以相应的民事法律为基础。目前我国海域使用权市场化经营的民事立法主要为：

(一)《物权法》

《物权法》作为《民法》的重要组成部分，涉及我国基本的财产制度和国有资产管理体制，对于确认和保护合法的财产意义重大。过去我国海域资源的保护过多地偏重行政模式，忽视海域使用权的财产权功能，对海域使用权的物权属性缺乏严格的界定，导致了一些海域开发、利用的无序、无度现象，对海洋资源和环境的保护造成了非常不利的影响。而我国的《物权法》在用益物权这章中对海域所有权规定(第 46 条对海域属于国家所有)，对海域使用权保护(第 122 条规定依法取得的海域使用权受法律保护)，表明海域使用权运用时可依照物权规则进行规范，这不仅使海域使用权人的合法权益有法可依，对于合理开发利用海域资源，实现我国经济社会的可持续发展也很有意义，而且也是中国《物权法》体系的一个创新，对当代世界物权立法也会有所贡献。引用国家海洋局副局长王宏的话："这是中国立法机关的立法创举，具有深远的历史意义。"①

(二)《合同法》

《合同法》是规范市场交易的基本法律，《合同法》对更好地适应建立社会主义市场经济体制的需要，规范海域市场交易行为，保障市场经济统一、有序、健康的发展，更好地维护合同当事人的合法权益具有十分重要的意义。我国《合同法》总则中对合同转让作一般性规定，为海域使用权转让合同应当具备内容提供法律依据。在《合同法》分则第十三章中也为海域使用权的租赁提供法律依据。《合同法》第十三章从第 212 条至第 236 条对租赁合同性质(租赁合同是出租人将租赁物交付承租人使用、收益，承租人支付租金的合同)、对租赁合同的内容

① 《〈物权法〉确立海域物权制度意义重大》，中国新闻网 http://www.chinanews.com.cn/cj/plgd/news/2007/12-18/1107854.shtml。

(包括租赁物的名称、数量、用途、租赁期限、租金及其支付期限和方式、租赁物维修等条款)、对租赁期限(不得超过二十年)、租赁期间届满处理(可以续订租赁合同)、租赁合同形式(期限六个月以上的,应当采用书面形式)、租赁期间对保持租赁物规定(符合约定的用途)、租赁合同解除、转租、租赁期间因占有、使用租赁物获得的收益等都作了严密规定。

(三)《担保法》

海域使用权抵押是不动产权利的抵押,是债的一种担保形式。海域使用权抵押使资金融通更为便利,为经营者提供重要的筹资渠道,可活跃海域市场化经营行为。而我国《担保法》为海域使用权抵押可提供相应的法律保障。我国《担保法》第38条规定:"抵押人与抵押权人应当以书面形式订立抵押合同"。担保法对抵押合同规定的主要条款为被担保的主债权种类、数额;债务人履行债务的期限;抵押物的名称、数量、质量、状况、所在地、所有权权属或者使用权权属;抵押担保的范围;当事人认为需要约定的其他事项,例如抵押权如何行使等。此外抵押权是物权的一种,须经登记公示后抵押才能生效。

(四)《继承法》、《公司法》及其他企业法

《继承法》、《公司法》及其他企业法对海域使用权继承、出资入股也提供了法律依据。我国继承法规定继承人可依法继承被继承人财产。《公司法》第76条规定:"自然人股东死亡后,其合法继承人可以继承股东资格;但是,公司章程另有规定的除外。"《公司法》第27条规定:"股东可以用货币出资,也可以用实物、知识产权、土地使用权等可以用货币估价并可以依法转让的非货币财产作价出资。"海域使用权显然是种可以用货币估价并可以依法转让的非货币财产。

二、海域使用权市场化经营的行政性法律法规

其实,在2007年3月16日之前,我国海域使用权市场化经营的法律主要散见于一系列的行政性法律法规中,其中最主要体现在2001年颁布的《中华人民共和国海域使用管理法》及之后国务院及国家海洋局为了使海域使用管理工作有法可依,又针对海域使用权审批、登记等制定和下达的二十几个相关文件中:由国务院先后批准发布的《省级海洋功能区划审批办法》、《报国务院批准的项目用海审批办法》等5个规范性文件;由国家海洋局陆续制定发布的《海域使用权管理规定》、《海域使用权登记办法》、《海域使用权证书管理办法》、《海域使用权争议调解处理办法》等18个规范性文件,并会同财政部制定的《关于加强海域使用金征收管理的通知》、《海域使用金减免管理办法》。与此同时,沿海各省也依据《海域使用管理法》积极开展地方立法,制定发布了一系列规范性文件,并全面

清理了与《海域使用管理法》相抵触的各类规章制度。目前，在沿海11个省市中，已有5个省份出台了地方性法规，3个省份出台了政府规章。这些政策法规的出台，初步建立了海域使用权市场化经营的行政配套法律体系，为海域使用权市场化经营提供了可靠的制度保障，使海域管理不仅有法可依，而且有章可循。具体来说这些法律主要涉及海域使用权一级市场的出让及二级市场的转让、继承、变更、出租和抵押各方面：

(一)有关海域使用权一级市场的出让

海域使用权出让是指县级以上人民政府以申请批准、招标、拍卖、挂牌方式向海域使用申请人授予海域使用权的行为。《海域使用管理法》第3条规定："海域属于国家所有，国务院代表国家行使海域所有权。任何单位或者个人不得侵占、买卖或者以其他形式非法转让海域。单位和个人使用海域，必须依法取得海域使用权。"正是由于海域所有权为国家所有，且海域使用权又是一种限定物权，因此在海域使用权一级市场中权利人要获得海域使用权只能依照法律规定的方式才能取得。而法律规定的方式有两种，一种为行政许可，即《海域使用管理法》第19条规定的："海域使用申请经依法批准后，是国务院批准用海的，由国务院海洋行政主管部门登记造册，向海域使用申请人颁发海域使用权证书；是地方人民政府批准用海的，由地方人民政府登记造册，向海域使用申请人颁发海域使用权证书。海域使用申请人自领取海域使用权证书之日起，取得海域使用权。"第二种为通过招标或拍卖的方式取得。《海域使用管理法》第20条规定："海域使用权除依照本法第19条规定的方式取得外，也可以通过招标或者拍卖的方式取得。招标或者拍卖方案由海洋行政主管部门制定，报有审批权的人民政府批准后组织实施。海洋行政主管部门制订招标或者拍卖方案，应当征求同级有关部门的意见。海域使用权可通过招标和拍卖两种方式取得。"对第一种审批取得，该法要求："单位和个人通过提交海域使用申请书、海域使用论证材料、相关的资信证明材料、法律、法规规定的其他书面材料，向县级以上人民政府海洋行政主管部门申请使用海域。县级以上人民政府海洋行政主管部门依据海洋功能区划，对海域使用申请进行审核，并依照本法和省、自治区、直辖市人民政府的规定，报有批准权的人民政府批准。海洋行政主管部门审核海域使用申请，应当征求同级有关部门的意见。"此外对填海50公顷以上的项目用海；围海100公顷以上的项目用海；不改变海域自然属性的用海700公顷以上的项目用海；国家重大建设项目用海；国务院规定的其他项目用海，都应当报国务院审批，上述规定以外的项目用海的审批权限，由国务院授权省、自治区、直辖市人民政府规定。海域使用申请经依法批准后，由海洋行政管理部门向海域使用申请人颁发海域使用权证书。海域使用申请人自领取海域使用权证书之日，取得海域使用权。第二种通过招标或者拍卖方式取得海域使用权时，由海洋行政管理部门制订招标或者拍卖方案，报有审批权的人民政府批准后组织实施。招标或者拍卖工作完成后，海洋行政管理部门依法向中标人或者买受人颁发海域使用权证书。中标人或者买受人自领取海域使用权证书之日起，取得海域使用权。海域使用权人有依法保护和合理使用海域的义务，海域使用权人在使用海域期间，未经依法批准，不得从事海洋基础测绘；海域使用权人发现所使用海域的自然资源和自然条件发生重大变化时，应当及时报告海洋行政管理部门。海域使用权人不得擅自改变经批准的海域用途；确需改变的，应当在符合海洋功能区划的前提下，报原批准用海的人民政府批准。

（二）二级市场中有关海域使用权的转让

海域使用权的转让是指海域使用权人将海域使用权单独或随同用海设施、构筑物再转移给他人的行为，包括出售、作价入股、合作开发等。海域使用权出售是指海域使用权人依法将海域使用权出卖给他人进行开发利用的行为。海域使用权作价出资是指海域使用权人依法将海域使用权作价后，作为资本投入，并按出资数额行使相应权利，履行相应义务的行为。海域使用权合作开发利用是指海域使用权人引入他人资金、技术、管理等，通过签订合作合同约定权利义务，共同开发、利用海域的行为。《海域使用管理法》对海域使用权转让作了原则性规定，因为海域使用权转让的具体办法，由国务院规定。根据《海域使用管理法》第 27 条规定："因企业合并、分立或者与他人合资、合作经营，变更海域使用权人的，需经原批准用海的人民政府批准。"企业合并、分立或者与他人合资、合作经营，变更海域使用权人的，只涉及海域使用主体的变更，不涉及海域的位置、范围、用途、使用方式等的变化，因此，原批准用海的人民政府的审批只需对新的海域使用权人的适格性进行适当审查，海域使用申请审批应当考虑的其他因素如功能区划、海域使用权争议、产业政策等此时则不是主要的考虑对象。单位和个人只需将变更申请提交海洋行政主管部门，海洋行政主管部门作出审核后，上报同级人民政府批准即可。

（三）二级市场中有关海域使用权的继承

《海域使用管理法》第 27 条第 3 款规定："海域使用权可以依法继承。"这也仅是对海域使用权继承所作的原则性规定。为维护使用权人的合法权益，保障开发活动的连续性和稳定性，规定相关制度是必要的。因海域使用权为具有公法性质的私权利，继承人应持有关证明文件，办理相应的登记手续。在相关制度未出台前，可以参照土地使用权、农村土地承包权等物权方式进行。

(四)二级市场中有关海域使用权的变更

对海域使用权主体不发生变化的情况下海域使用权的内容的改变,如海域用途以及海域使用权的期限的改变,我国法律作出不同的要求。《海域使用权管理法》第28条规定:“海域使用权人不得擅自改变经批准的海域用途;确需改变的,应当在符合海洋功能区划的前提下,报原批准用海的人民政府批准。”海域使用权人不得擅自改变经批准的海域用途是法律的一般原则要求;确需改变的,如在不符合海洋功能区划的前提下,报原批准用海的人民政府将不得批准。如符合海洋功能区划的,申请审批程序应当遵循一般申请审批程序的规定。海域使用权转让后,海域使用权证书和登记文件中载明的权利、义务也随之转移。就海域使用权期限的改变而言,海域使用期限届满,法律要求办理权利续期手续,而对海域使用权期限的缩短,法律没有明确规定。由于围海填海造地以外用海项目一般按照年度缴纳海域使用金,需要按照规定的程序进行年度审查,因此,海域使用权人如果需要缩短海域使用权期限,可以在年审时提出。

(五)二级市场中有关海域使用权的出租、抵押

海域使用权出租是指海域使用权人作为出租人将海域使用权租赁给承租人,并向承租人收取租金的行为。海域使用权抵押是指海域使用权人依照有关法律作为债务人以其拥有的海域使用权在不转移占有的前提下,向债权人提供担保的行为。海域使用权抵押是指以海域使用权作抵押的债务人为抵押人,债权人为抵押权人,提供担保的海域使用权为抵押物。我国《海域使用管理法》未对海域使用权的出租、抵押作出规定。在国家海洋局2002年6月6日发布的《海域使用权证书管理办法》中有一禁止性规定,该办法第16条规定:“未经批准,海域使用权证书所代表的海域使用权不得转让、出租和作价入股。”也就是说,经过批准的海域使用权是可以出租的。作为一项重要的特殊物权,海域使用权的抵押在法理上同样也是成立的。2003年4月北海市出台的《北海市海域使用权出让转让管理暂行规定》第四章专章对海域使用权出租和抵押进行了规定,山东省出台的《山东省海域使用管理条例》第29条规定:“海域使用权人在批准的海域使用年限内,可以依法转让、出租、抵押海域使用权。但法律、法规另有规定的除外。转让、抵押海域使用权的,应当依法办理登记手续。”

综上所述,现有一系列民事、行政法律法规为海域使用权的一级市场(出让)、二级市场(转让、出租、抵押、继承等)经营提供了可操作性的法律依据。

第三节 我国海域使用权市场化经营的现状及成效

虽然自《海域使用管理法》规定我国海域使用权应当进行有偿使用以来不过5年时间，实践时间较短，但应欣喜地看到海域使用权在迈向市场化进程中所取得的一系列成绩。

一、海域使用范围拓展十分迅猛

如浙江省依法颁发的海域证面积从2000年的1205公顷增加到2005年的59000公顷，海域使用范围已拓展到所有用海类型。年征收海域使用金金额从2001年的260万元增加到2005年的12000万元，增长46倍（5年累计达到17800万元），年均增长115.2%。截至2006年底，全国累计发放海域使用权证书39395本，已确权海域面积达113万公顷。从目前海域使用权证书发放数量、海域使用确权面积上看，养殖用海分别占82%和83%。[①] 可以说，海域使用权制度的实施，有力维护了包括渔民在内的各类用海者的合法权益，在沿海地区建设新农村、构建和谐社会方面发挥了重要作用。

二、着眼于维护用海者的合法权益，海域权属管理不断推进

2002年以来，国务院先后批准了上海洋山港、杭州湾跨海大桥、曹妃甸首钢搬迁等30多个国家重大建设项目。[②] 国家海洋局从保障国家能源、交通、工业等重大建设项目和重点行业用海需求的大局出发，统筹协调利益相关各方的关系，严格依法设定海域使用权。与此同时，各级海洋行政主管部门还开展了以加强和规范养殖用海管理为内容的“海域使用管理百县示范活动”，积极落实党和国家对渔民的扶持和优惠政策，促进了渔民增收、渔业增效和渔区的社会稳定。

---

① 国家海洋局东海分局：《“十五”期间浙江省海域使用管理成效显著》，http://www.eastsea.gov.cn/Module/Show.aspx? id=2904。

② 孙志辉：《谱写21世纪海洋管理的新篇章——纪念〈海域使用管理法〉实施五周年》，http://www.eastsea.gov.cn/Module/Show.aspx? id=2904。

三、海域使用权跨行政区域审批成为现实

如上海国际航运中心洋山深水港区工程是大型涉海项目。2002 年 6 月，洋山深水港区工程开工建设，此时《海域使用管理法》已正式实施，海域使用权的申请、审批等程序已有了明确、系统的规定。上海同盛投资(集团)有限公司作为项目用海单位，严格按照法定程序，向国家海洋局提出洋山深水港区总体规划建设范围的用海申请。国家海洋局一方面严格依法行政，按照《海域使用管理法》的规定履行相关审核手续，另一方面又做了大量深入细致的调研和协调工作，解决了洋山深水港区海域嵊泗县境内原先发放的海域使用证注销及补偿等历史遗留问题。在此基础上，国家海洋局报经国务院批准，批复了洋山深水港区的用海申请，向上海同盛投资(集团)有限公司颁发了海域使用权证，总计用海面积 8216.6 公顷。

四、着眼于优化海洋开发利用布局，海洋功能区划体系不断健全

《海域使用管理法》确定的海洋功能区划制度，目的在于从海洋的自然和社会属性出发，科学划定海洋功能区，统筹安排各有关行业用海。2002 年 8 月，《全国海洋功能区划》经国务院批准发布实施后，沿海各地相继开展了省、市、县三级海洋功能区划的编制和报批工作。目前，沿海已有 8 个省级海洋功能区划获国务院批准，2/3 以上市、县的海洋功能区划也已经编制完成，部分已批准实施。一些地方还依据海洋功能区划制定了海域使用规划和重点海域使用调整计划。五年来，各级海洋部门会同有关部门严格执行海洋功能区划制度，科学划定专门的养殖区，有效解决了渔业养殖与港口航运、油气开采、旅游开发、国防建设等用海之间矛盾突出的问题，促进了海洋产业结构的调整和产业布局的优化。

五、海洋行政管理队伍逐步壮大

较多地方形成了省、市、县三级海洋管理业务骨干队伍，建立了省级海域使用论证专家库，形成了由海域使用论证资质单位和测量资质单位为支撑的技术体系。

六、各省市市场化进程加快

2005 年，全国共有辽宁、河北、山东、江苏和福建等五省开展了海域使用权招标、拍卖工作实践，通过招标、拍卖共设定海域使用权 65 宗，确权海域面积 6238.56 公顷。

七、有些省市立法比较超前

如江苏盐城市政府于2003年7月颁发《盐城市海域使用权招标拍卖实施办法》。

第四节 我国现有海域使用权市场化经营的法律障碍

一、海域使用权市场化经营的民事法律欠缺

虽然现有的《物权法》和国家、各省市实施的海域使用的一系列行政性法律法规，为海域使用权的市场化经营提供了一定的法律保障。但是《物权法》对海域使用权的规定还十分原则，它只在第122条"依法取得的海域使用权受法律保护"，第123条"依法取得的探矿权、采矿权、取水权和使用水域、滩涂从事养殖、捕捞的权利受法律保护"这两条对海域使用权进行了规定，并没有像对"土地承包经营权"、"建筑用地使用"、"宅基地使用权"、"地役权"那样对海域使用权进行专章规定，更谈不上在民事活动中对海域使用权的主体资格要求、取得方式、转让、出租、抵押、继承及民事救济以及与相关渔业权、土地使用权界限等进行具体规定了。上述一系列行政性法律法规，其主要目的和功能是为国家实现有序管理海域使用权提供服务，而海域使用权的市场化运作更侧重于对海域使用权这种民事活动进行调整和规范的民事法律。因此已有的这些行政性法律法规不足以担当，也不能过多地担负私法的功能。当前海域使用权的市场化经营在民事法律上基本上处于空白状态。

二、现有海域使用管理的法律之间冲突严重

海域使用管理制度涉及《土地管理法》、《渔业法》、《矿产资源法》、《海洋环境保护法》、《海上交通安全法》等多个法律领域。而《海域使用管理法》与此相关法律之间的冲突现象仍然十分严重。在《海域使用管理法》的立法过程中，立法部门曾对海域使用的法律制度与相关法律的协调问题进行过系统研究，并提出了一些解决方案，《海域使用管理法》也据此设专门条文对相关问题作出了规定。但这些规定并不完善，实施效果也不十分理想，相关法律之间的冲突现象仍然比较严重。如在《海域使用管理法》与《土地管理法》两法中，均未将滩涂区分为潮

上带滩涂、潮间带滩涂和潮下带滩涂，但却都将三者纳入其调整范围；应归土地行政管理部门管理的滩涂和应归海洋行政管理部门管理的滩涂的区分没有明确界限，争权现象经常发生。《海域使用管理法》与《渔业法》的冲突，则突出表现在养殖证与海域使用权证的重叠发放上，这使得有些地方的渔业部门和从事海水养殖活动的单位及个人，以海域使用权证和养殖证重复为由，抵制海洋行政主管部门海域使用权证的发放。

三、海域所有权与公共管理权主体不分

目前海域实行中央统一管理和中央授权地方分级管理相结合的模式，目的是为了充分发挥中央和地方的积极性。由中央和地方分别代表国家履行出资人职责，享有所有者权益。但是海域的监督主要还是由地方人民政府实施，中央和地方人民政府之间事实上存在着利益冲突，其具体表现为越来越多的地方人民政府划整为零、越权审批案件，以及对海域使用金分成比例的矛盾。而且由于所有权与公共管理权主体不分，权责不明，从而使海域使用权一级市场的经营主体资格先天不足。

四、一级市场中海域使用权三种取得方式规定不明确、不科学

根据《海域使用管理法》第 20 条规定，海域使用权除依审批方式取得外，也可以通过招标或拍卖的方式取得。可见海域使用权取得方式为审批、招标和拍卖三种方式。但是对这三种方式取得的目的性该法并未明确。审批作为一种行政方式，它是对取得主体资格的适合性审查还是对海域使用权取得的目的性（这里是海域使用权取得必须基于公共利益的需要）审查就不得而知了。在法无规定即自由的今天，如果对审批的目的性不加以明确规定，国有海域使用权便会因某些政府机关及行政领导的寻租行为而大量流失。对参与招标拍卖要求取得海域使用权的民事主体来说也是十分的不公平。而与海域使用权相似的土地使用权在一级市场中已明确规定，土地使用权必须基于公共利益需要才可以通过审批（划拨）方式取得，非基于公共利益需要的土地使用权只能通过协议转让、招标拍卖、挂牌等方式取得。显然当前对海域使用权取得方式的目的性规定不妥。

五、二级市场海域使用权流转缺少具体规定

我国《海域使用管理法》第 27 条规定："因企业合并、分立或者与他人合资、合作经营，变更海域使用权的，需经原批准用海的人民政府批准；海域使用权可以依法转让，具体办法由国务院规定；海域使用权可以依法继承。"从该条规定

看,国家对海域使用权的流转限制过于严格,如企业合并、分立或者与他人合资、合作经营,变更海域使用权的,需经原批准用海的人民政府批准,这在一定程度上会阻碍海域使用权作为出资的积极性。此外就海域使用权的依法转让的具体办法国务院至今都未制订。实务中海域使用权的因赠与、互易而发生的移转问题,在法律上无所适从。

对于开办海域使用权抵押目前存在着的制约因素和客观困难,主要是:(1)海域使用权证颁发的量少、面小,绝大多数业主尚未办理领证。由于办证费用过高且办证后每年度需年检,并收取海域使用权金,影响了海域使用业主的申请登记办证和参加年检的积极性,致使海域使用业主未能取得有效的抵押证件,无法办理抵押贷款,影响业务开展。(2)目前还未设置有专业的海域使用权抵押的评估机构,评估缺乏资质和权威性。由于海域的地理位置、用途,抵御自然灾害能力对其价值的影响较大,很难对其准确评估,容易造成评估偏差,从而影响贷款额度的把握。(3)海域使用权的用益物权价值的不确定因素大,直接受制于养殖效益的影响,养殖效益好的年份,价值上升;当养殖效益下降时,价值就下降,甚至造成抵押物一时无法妥善地处理。而评估机构在进行评估时难以把握预测养殖效益的走向,不能保证抵押物评估后的绝对保值,存在着一定的信贷风险。

六、现有海域使用权法律责任规定空白多、操作难

(一)关于行政责任

现有海域使用管理法主要针对未经批准或者骗取批准,非法占用海域和擅自改变海域用途这两种行为规定了相应的行政责任。管理法第 42 条规定对未经批准或者骗取批准,非法占用海域的,责令退还非法占用的海域,恢复海域原状,没收违法所得,并处非法占用海域期间内该海域面积应缴纳的海域使用金 5 倍以上 15 倍以下的罚款;对未经批准或者骗取批准,进行围海、填海活动的,并处非法占用海域期间内该海域面积应缴纳的海域使用金 10 倍以上 20 倍以下的罚款。对擅自改变海域用途的,其第 46 条规定:“擅自改变海域用途的,责令限期改正,没收违法所得,并处非法改变海域用途的期间内该海域面积应缴纳的海域使用金 5 倍以上 15 倍以下的罚款;对拒不改正的,由颁发海域使用权证书的人民政府注销海域使用权证书,收回海域使用权。”也即行政责任为责令退还非法占用的海域、恢复海域原状、责令限期改正和罚款四种种形式。但在实践中,对有些非法用海(如已建成并在用的码头),责令其退还非法占用的海域无异于责令其停产停业,当事人损失很大,而且执行也很难;二是恢复海域原状,且不说“原状”的标准难以确定,是否已经“恢复”由谁来验收也缺乏法律规定,因此,有

些用海项目根本就无法恢复。除了上述非法占用海域和擅自改变海域用途两种行为外，类拟于土地使用权二级市场中的非法转让、非法出租、非法抵押等行为，现有法律对此也是一片空白，为上述的非法行为留下了合法生存的空间。

(二)关于民事责任

如采用传统的民事责任承担方式：恢复海域原状、承担赔偿损失，同样会产生如前所述的问题，且在承担赔偿损失的过程中是向国家赔偿还是向原合法海域使用权人赔偿，这个损失又该依据什么来确定，是件困难的事。此外在非法用海中，如一旦造成海洋环境污染，有关海洋环境污染损害的民事责任承担会变得更为复杂，也更难以操作。

(三)关于刑事责任

现有《海域使用管理法》仅在第 51 条中有对刑事责任有所规定："国务院海洋行政主管部门和县级以上地方人民政府违反本法规定颁发海域使用权证书，或者颁发海域使用权证书后不进行监督管理，或者发现违法行为不予查处的，对直接负责的主管人员和其他直接责任人员，依法给予行政处分；徇私舞弊、滥用职权或者玩忽职守构成犯罪的，依法追究刑事责任。"显然这个规定仅仅是针对国家机关工作人员的，那么对于其他非法占用海域、非法骗取海域使用权许可证，且情节严重、对社会危害性大的非国家机关工作人员的行为刑法能否有效加以制裁，这也是个问题。因为海域使用权涉及的客体是特殊客体，按现有对一般财产罪或诈骗罪进行规范不足以体现立法的真正目的。

第五节 完善我国海域使用权市场化经营的法律建议

一、建立健全海域使用权市场化经营的民事法律

首先需要将海域使用权作为《物权法》专门的一章加以规定，使海域使用权与建设用地使用权以及建筑物和其他土地附着物的所有权一样，成为可以流转和抵押的财产。并作有别于矿权、水权、渔业权等特许物权的规定。海域使用权与土地使用权一样，在法律性质上都属于用益物权，作为不动产物权，可以作为抵押权的客体，作为融资担保的工具。目前，海域使用管理法尚未明确规定海域使用权的抵押问题，但从社会发展的实际出发，为规范大量发生的海域使用权抵押行为，维护抵押人和抵押权人的合法权益，同时也为下位法提供立法依据，迫

切需要在《物权法》的担保物权一编中设立海域使用权抵押制度。

其次，需要规定一部专门调整海域使用权的民事法律，对海域使用权经营主体资格、管理机关、海域使用权的出资、转让、继承、抵押、出租条件、限制和法律救济等作出明确的规定。

二、协调海域使用管理法律之间的关系

第一，对滩涂管理，应当明确规定由《土地管理法》进行调整的仅是潮上带滩涂，而潮间带滩涂和潮下带滩涂则由《海域使用管理法》来调整。第二，对于养殖的海域，由于在海域使用权登记和海域使用权证中已记载了海域用于养殖的用途及养殖品种，并且海域使用者负有不得擅自改变该用途的义务，因此，渔业部门再予重复发放养殖证并无法律意义，应予废止，渔业部门只须审批养殖品种、管理养殖密度及方法等即可。总之，应当加强调研，通过立法、立规，妥善协调和理顺海洋行政主管部门和《海域使用管理法》与其他有关部门和相关法律之间的关系，避免争权夺利或重复管理现象的发生。

三、建立具有独立法律主体地位的海域资产管理机构

在保证国家所有前提下，为充分发挥中央和地方两个积极性，在海域管理中采用“三权分离”比较合适，即实行土地所有权、使用权和管理权相分离的制度，彼此之间既互相独立，又互相制约。中央人民政府代表国家行使对海域绝对的所有权，企事业单位经国家批准可以有偿拥有海域的使用权，可以依法进行海域使用权的出租、转让、抵押、终止等活动，地方人民政府依法代表国家行使海域管理权。在此基础上还要探索建立独立的海域资产管理机构，以代表国家行使海域所有权，并实行所有权和公共管理权相分离的管理模式。

四、明确一级市场海域使用权的出让方式

多年来，海域使用审批权限不清，导致管理政出多门，经常廉价甚至无价出让海域使用权，开发秩序混乱，用海纠纷频发，造成了国有资源性资产的大量流失，局部海域的生态环境恶化，有些资源甚至面临灭绝的危险。我国海域管理实践和海域使用活动中存在的上述问题证明，国家海域管辖作为一个整体，多头分散的管理模式不利于海域的合理利用，不利于维护国家和海域使用者的合法权益。要实现海洋经济的协调发展，维护正常的海域开发利用秩序，必须对全国海域开发利用实行统筹协调管理。海域使用审批制度是海域使用法的一项基本法定制度，也是海洋行政管理部门履行行政职责的具体体现。海域使用权的设定

首先应当贯彻这一制度。

此外除基于国家和社会公共利益的需要可以审批的方式(类似于土地使用权的划拨)外,非基于国家和社会公共利益的需要的海域使用权在一级市场中只能采取协议转让、招拍卖、挂牌的方式。而我国在土地使用权一级市场中已积累很多成功的经验,土地使用权和海域使用权作为用益物权,两者有其相似性,土地市场化经营中的成功经验值得在海域使用权的交易中借鉴。

五、建立健全海域使用权二级市场流转法律制度

二级市场能得以顺利开展,其核心可操作的法律依据应当是针对海域使用权出资、转让、继承、抵押、出租的具体法律规定。因此根据当前现状,首先应理顺二级市场流通渠道,减少因行政审批而带来的流通成本。第二,根据海域使权的物权特点,分别规定海域使用权出资、转让、继承、抵押、出租法律制度。

(一)针对海域使用权出资转让的建议

各种形式的海域使用权转让,转让双方必须向海洋行政主管部门提出申请,经审查报同级人民政府批准后办理变更登记手续。海域使用权原则上不得部分转让。海域使用权转让必须同时具备下列条件:(1)取得合法的《海域使用权证书》;(2)缴清海域使用金;(3)按期进行年审;(4)完成整个开发利用程度的25%以上。海域使用权转让时,原出让合同及登记文件所规定的权利、义务随之转移,其用海设施、构筑物随之转让(作为动产的除外)。进行海域使用权出售、作价出资、合作开发前,原海域使用权人应持相关资料,向海洋行政主管部门申请办理转让审批和变更登记手续,海域使用权变更登记由受让方、参与合作方按转让增值额的40%缴纳海域转让金。海域增值额是指海域使用者在转让海域使用权时,所得海域转让价款扣除海域转让者受让该海域时支付的全部价款和该海域设施重置费后的余额。海域使用权转让的当事人须依法签订海域使用权转让合同,海域使用权转让合同包括出售转让合同、合资转让合同和合作转让合同。海域使用权转让合同应包括以下内容:(1)海域使用权转让人、受让人的名称、法定代表人、地址;(2)申请转让海域使用权的基本情况,包括权属、海域使用证编号、发证机关、海域使用权地理位置、面积、使用证有效期限和开发利用情况等;(3)转让方式和转让价格;(4)付款方式或权益实现方式;(5)争议解决方式;(6)违约责任。

(二)针对海域使用权抵押的建议

(1)政府行政主管部门应加强对海域使用管理的法制建设,加快海域使用权的确权登记发证工作的进展。海洋与渔业局应对海域使用权业主在规定年限内

办理使用权证给予优惠政策，同时适当降低海域使用金的收费标准，适度放宽延长年检的期限，同时对在规定年限内未办证的业主进行一定的行政或经济处罚，以提高业主申请登记办理海域使用权证的主动性，推进海域使用管理的制度化、法制化。(2)海洋行政管理部门应尽早建立类似房地产评估的专业性海域使用权评估机构，健全有关评估的程序和标准。尽快出台相关海域使用权抵押登记制度，制定如《海域使用权抵押登记申请书》、《财产抵押清单》、《海域使用权抵押登记证明书》等统一的具有法律效力的格式文本供规范使用。新的海域使用权申请人应符合规定的资质条件，并依法办理海域使用权转让、变更登记手续。保证海域使用人要求以海域使用权向他人提供抵押的，可委托评估机构进行海域使用权价格评估。海域使用权的抵押在批准海域使用权期限内有效，海域使用权人可持抵押合同和海域使用证(含副本)到原发证机关办理登记手续。抵押人不履行债务时，债权人有权申请实现抵押权，并从处置的海域使用权所得中依法受偿。(3)为规范海域使用管理，有些情况下不得设定海域使用权抵押权，如海域权属不清或权属有纠纷尚未处理的、违法用海未处理的、其他经海洋行政主管部门认定不能抵押的等等。(4)国有保险公司应开发海水养殖险种的保险业务，开展海域使用权抵押贷款的保险业务，政府对海水养殖应适当给予一定的财政补贴，共同采取惠农扶农政策，以降低海水养殖的风险。(5)农村信用社信贷人员要提高自身的业务素质，为贷款的养殖户提供养殖品种技术、市场、气象信息预测等产供销全方位的产前、产后服务，帮助农户提高经济效益，最大限度降低信贷款风险，确保资金的安全。

(三)针对海域使用权出租的建议

海域使用权出租应当符合海域使用权转让的条件，按照海域使用权转让的条件和程序进行管理，由原发证机关审查批准。海域使用权人在海域使用权出租期间继续履行海域使用权人的法定义务并承担法律责任。海域使用权的出租，应连同构筑物及其他附着物，由出租人持相关资料到海洋行政主管部门办理登记手续，并按租赁合同年限租金总额的20%交纳海域租金。未经批准，已出租的海域使用权不得出售、合资、合作和抵押。海域使用权人申请出租海域使用权时应向海洋行政主管部门提交下列资料：(1)出租申请书；(2)海域使用权证书复印件；(3)海域使用权租赁合同；(4)承租人的资信证明；(5)登记机关要求提交的其他有关资料。海域使用租赁合同应包括下列内容：(1)出租人、承租人的名称、法定代表人姓名、地址或住所；(2)海域使用证号、发证机关、使用证有效期限、海域使用权范围坐标、面积和已开发利用程度；(3)租赁期限、用途；(4)租金数额、交纳方式；(5)租赁双方的权利和义务、合同生效期限；(6)争议解决方式；

(7)违约责任。海域使用权承租人未经海域使用权人同意和海洋行政主管部门批准不得转租海域使用权。承租人在使用海域过程中,需要改变海域用途的,必须由出租人报海洋行政主管部门批准,并办理变更登记手续。租赁关系终止前30日内,出租人应向海洋行政主管部门申请办理注销出租手续。此外,并非所有类型的用海都可出租,如军事用海单位不得将所用海域"出租"给另一军事部门或机构。公益性的用海和免交海域使用金的用海也不得出租。一般而言,出租的海域应当是出租人使用的整个海域,包括相关的用海设施和构筑物。同时为规范用海秩序,应当禁止出租部分海域。在实际用海中存在海域使用权人将海域使用权作为联营条件与他人联营的情况。在此情况下应根据具体情况,依据不同的规定加以办理。联营协议中已明确将海域使用权转移到新的联营企业的,按海域使用权转让的规定办理;联营协议未明确将海域使转移给联营企业的,视同海域使用权出租,按海域使用权出租的规定办理。

(四)对以赠予、继承、交换等方式转让海域使用权的建议

当事人应携带有关合法证明材料到海洋行政主管部门办理变更登记手续。

六、逐步建立和完善海域使用权的法律责任制度

对海域使用权的行政法律责任和民事法律责任的规定,应能充分协调法律效率与社会效率两者之间的关系。行政责任以责令改正和罚款为主要承担方式。对二级市场中的未按海域使用权出让合同规定使用海域的;转让、出租、抵押海域使用权未办理有关手续的;缴纳海域转让金和海域租金时弄虚作假的;海域使用权届满,原海域使用者未按规定拆除海上建筑物或其他设施的,由海洋行政主管部门责令其改正,并处以海域使用金的5倍以上10倍以下罚款的处罚。海域使用者不按期限缴纳海域使用金的,由海洋行政主管部门提请本级人民政府注销其海域使用权证书,收回海域使用权。对其他的违规行为,处理如下:通过出让方式取得海域使用权的海域使用权人不开发建设的,依法收取海域闲置费;批准后一年内不开发利用的,按海域使用金总额的40%收取;满两年未开发利用的,收回海域使用权,提请人民政府注销其海域使用权证书。对行政责任难以惩处和禁止的行为,通过设置相应刑事责任加以完成,建议在刑法第六章"侵犯财产罪"一章中专节增加有关海域使用权犯罪的内容。

第五章　船舶担保物权的若干问题

第一节　概　论

担保物权是以确保债权的实现为目的而设定的，以直接取得或支配特定财产的交换价值为内容的权利。船舶担保物权是指以船舶为主要标的的担保物权。这类担保物权是海事债权人根据法律或协议取得的，并以与债的发生有关的船舶为主要标的的物权。建立以船舶为标的的担保物权制度，对保护海事债权人的利益有着特别重要的意义。

从各海运国家的立法及有关的国际公约来看，船舶担保物权主要有：船舶优先权（maritime lien）、船舶抵押权（maritime mortgage）及船舶留置权（possessory lien on vessel）等。由于法系的不同，加之所处的法律环境各异，世界各国的船舶担保物权制度存在一定的差别，为此，国际社会自 20 世纪初就在寻求解决冲突的途径，其中一个重要的办法就是制定国际公约，目前国际上已经出现了三个专门规定船舶担保物权的国际公约，即《1926 年统一船舶优先权和抵押权若干规定的国际公约》、《1967 年关于统一船舶优先权及船舶抵押权若干法律规定的国际公约》以及《1993 年船舶优先权和抵押权国际公约》。[①] 可见船舶担保物权在船舶物权中占有极其重要的地位，而且相对而言，有关的法律规定也比较完善。

《海商法》第二章以"船舶"为标题，分 24 条对四种船舶物权作出了特别规定，包括船舶所有权、船舶抵押权、船舶优先权和船舶留置权。从性质上讲，除船舶所有权之外，其他均属于船舶担保物权的内容。由于我国《海商法》制定的后期工作，基本上与《1993 年船舶优先权和抵押权国际公约》的制定工作同步进

---

① 关于这三个国际公约的详细内容，请参见《国际海事条约汇编》（第六卷），大连海运学院出版社 1994 年版，第 453－463 页。

行，因而在《海商法》的起草过程中，密切注意了公约在制定过程中的动态，在很大程度上吸收了公约的合理成分，借鉴了公约的经验，尤其是有关船舶优先权的内容，基本上是与1993年公约接轨的。[①] 但需要明确的是，就船舶物权的种类而言，《海商法》并未作出排他性规定，即《海商法》并未规定除《海商法》作出特别规定的四种船舶物权外，其他物权均不得成立于《海商法》定义的船舶之上的条款限制。

除《海商法》有对船舶抵押权、船舶留置权作出规定之外，有关担保物权的一般规定主要集中体现在《担保法》之中。《担保法》第一章总则、第三章抵押、第四章质押以及第五章留置，分别就担保物权中的抵押权、质权以及留置权作了详细具体的规定。《最高人民法院关于适用〈中华人民共和国担保法〉若干问题的解释》(以下简称担保法司法解释)也分别在第一、第三、第四以及第五部分对抵押权、质权以及留置权的法律适用问题作了规定。《海商法》中有关船舶担保物权没有规定的或没有不同规定的，可以参照适用《担保法》及其司法解释的规定。

《物权法》第四编"担保物权"，一方面吸收甚至是原封照搬了《担保法》及其司法解释中关于担保物权的规定，另一方面借鉴了国外立法、司法的经验，结合我国社会主义市场经济发展的需要，进行了制度创新，对担保法的有关条款予以补充、修改，形成了比较完整的担保物权制度体系。《物权法》第四编共有四章，其中第十五章为一般规定，第十六章至第十八章分别用专章规定了三种担保物权，即抵押权、质权、留置权。《物权法》有关担保物权的规定对于以船舶为客体的担保物权具有普遍的适用效力。特别需要注意的是，《物权法》已在第178条中明确规定，"担保法与本法的规定不一致的，适用本法。"可见，《物权法》中有关担保物权的规定应当优先于《担保法》中有关担保物权的规定而得到适用。

由于《物权法》属于《民法》的重要组成部分，而《海商法》则是《民法》的特别法。特别法中有关物权的规定往往是就《物权法》的一般规定所作的补充规定或另行规定，并仅具有有限的适用性。根据《物权法》第8条规定："其他相关法律对物权另有特别规定的，依照其规定。"因此，在法律适用上，按照"特别法优先一般法"的原则，对于船舶担保物权，《海商法》如有特别规定的，则应优先适用《海商法》的规定；而《海商法》没有规定的，则应适用《物权法》的规定。换言之，除《海商法》另有特别规定外，《物权法》的规定均可适用于船舶担保物权。

《物权法》就担保物权涉及的一些共性问题以及抵押权、质权、留置权作了详尽的规定，这些规定将对《海商法》相关制度产生重要影响，但受篇幅限制，本章

---

① 傅廷中:《海商法论》，法律出版社2007年版，第70页。

将重点围绕《物权法》实施后，对船舶担保物权中的船舶抵押权以及船舶留置权两个问题进行研究。本章中未涉及的，但受到《物权法》担保物权规定影响的制度有：

(一)提单质权的规定

随着经济高度发展，商品交易日益频繁，商品和货物流通的手段不断发展，以票据、有价证券及其他财产凭证替代有形财产和货物流通也越加广泛。充分利用这些财产凭证所体现的无形财产权，对促进资金融通和商品流通、发展经济有着重要作用。按照《民法》原理，权利质押是指以所有权之外的可转让的财产权为出质财产的质押，因此可转让的权利才能成为质权的标的。

《物权法》继承了《担保法》的规定，再次明确了提单可以作为权利出质，规定以提单出质的当事人应当订立合同，质权自提单交付给质权人时成立。规定当提单的提货日期先于主债权到期的，质权人可以提货，并与出质人协议将提取的货物提前清偿债务或者提存。

《物权法》第223条规定："债务人或者第三人有权处分的下列权利可以出质：……(三)仓单、提单……" 在可以出质的权利范围中，明确规定了海上货物运输中的提单可以作为权利出质。第224条规定："以……提单出质的，当事人应当订立书面合同。质权自权利凭证交付质权人时设立；没有权利凭证的，质权自有关部门办理出质登记时设立。"合同内容一般包括被担保债权的种类和数额，债务人履行债务的期限，出质权利的名称、数额，担保的范围等。但质权并不是自合同订立时成立的，而是取决于是否有权利凭证，如果有提单的，质权自提单交付给质权人时成立，如果没有提单的，质权自有关部门办理出质登记时设立。第225条则对以提单等出质的权利质权人行使权利作了特别规定，"……提单的提货日期先于主债权到期的，质权人可以提货，并与出质人协议将提取的货物提前清偿债务或者提存。"

根据我国《海商法》第79条规定："指示提单及不记名提单可以转让；而记名提单不得转让。"据此，其他任何人无法通过受让记名提单而行使提单上的权利，记名提单是不能作为权利而出质的。因此，《物权法》中所指的"提单"应当是特指"可转让的提单"。记名提单因其不具有可转让性，故应从权利质权的客体中予以排除。

(二)对货物留置权的影响

根据《海商法》第87条的规定："应当向承运人支付的运费、共同海损分摊、滞期费和承运人为货物垫付的必要费用以及应当向承运人支付的其他费用没有付清的，又没有提供适当担保的，承运人可以在合理的限度内留置其货物。"这一规定是指承运人只能留置本航次的属于债务人所有的货物，而其他航次，虽然承运人知道货物属于该债务人所有，却不能留置，因为该货物与承运人所享有的债权不属于同一法律关系。

我国《合同法》第 315 条规定："托运人或者收货人不支付运费、保管费以及其他运输费用的，承运人对相应的运输货物享有留置权，但当事人另有约定的除外。"这至少表明了《合同法》不再坚持以留置物须归债务人所有为行使留置权的要件。随后，《担保法司法解释》第 108 条明确了："债权人合法占有债务人交付的动产时，不知债务人无处分该动产的权利，债权人可以按照担保法第 82 条的规定行使留置权。"该条实际上规定了留置权也可以基于善意取得。该解释之第 109 条还进一步明确了："债权人的债权已届清偿期，债权人对动产的占有与其债权的发生有牵连关系的，债权人可以留置其所占有的动产。"该条更为明确地排除了"留置物须归债务人所有"作为留置权成立之要件，而仅强调了留置权与债权之间的牵连关系。

《物权法》第 230 条规定："债务人不履行到期债务，债权人可以留置已经合法占有的债务人的动产，并有权就该动产优先受偿。前款规定的债权人为留置权人，占有的动产为留置财产。"第 231 条规定："债权人留置的动产，应当与债权属于同一法律关系。但企业之间留置的除外。"

以海上运输中的货物为标的的留置权中，留置权人与债务人通常都是企业，因此该留置权属于商事留置权，留置权的成立不需要基于同一法律关系，以致留置权的范围有很大扩展。《物权法》的规定给《海商法》中货物的留置权带来的重大影响，有以下几个方面：

1. 国际海运承运人对托运人的货物留置权

虽然运输合同约定的是预付运费，但是托运人经常拖欠运费。对于托运人拖欠的运费，承运人是无可奈何的，纵然这个负有债务的托运人经常向承运人托运货物，该承运人也无权留置该托运人的货物，因为该批货物与托运人所欠的债务不属于同一法律关系。现在，承运人可以根据《物权法》第 231 条的规定，对负有债务的托运人所托运的货物，在已经装上船且尚未签发提单以前，可行使留置权。或者承运人在签发了提单以后，不交给托运人，对提单行使留置权。如果是集装箱运输，承运人可以在集装箱堆场对集装箱货物行使留置权。如果该托运人仍然不能满足承运人的债权，承运人可以拍卖货物，实现债权。

2. 国内沿海和江河运输承运人对货物的留置权

由于国内沿海运输实行的是运单制度，而在法律上又没有赋予运单以物权凭证的功能，所以国内沿海和江河运输对货物的留置权就没有提单的限制，承运人也就更加自由。根据《物权法》的规定，承运人可以在货物装上船以后，直至货物运抵目的港卸货以前的任何时间，对船载货物行使留置权，而这种货物还可以是与发生运费的债权没有任何法律关系的货物，承运人仅需掌握三个留置权构成要件即可。

3.港口经营人对货物的留置权

对于在港口内集散的货物，如果货物的所有权人对港口经营人负有债务，港口经营人也可以在符合留置权基本的三个构成要件的前提下，对在港口内集散的货物行使留置权，而不必顾及该批货物是否与港口经营人的债权具有一定的法律关系。在港口内集散的货物包括准备装船和已经卸下船的货物。

（三）船舶优先权问题

在《民法》理论上，优先权的概念有广义和狭义之分，广义上的优先权包括优先受偿权、优先购买权、优先承佃权、优先承租权、优先继承权等等，狭义的优先权仅是指优先受偿权，它往往指的是特定债权人直接基于法律的规定而享有的就债务人的总财产或特定动产、特定不动产的价值优先受偿的权利。船舶优先权即属于这里所指的狭义的优先权。

对于是否应当系统地引入优先权制度以及如何定位优先权制度，在《物权法》起草过程中曾引起广泛争议，而最终出台的《物权法》并未接受统一优先权制度。理论界普遍认为船舶优先权属于担保物权的范畴，因此《物权法》中有关物权以及担保物权的一般规定均可适用于船舶优先权。但在《物权法》规定的担保物权中并没有“优先权”，因此，《物权法》究竟会给船舶优先权制度带来多大的影响，是值得关注的。

《海商法》第二章船舶专设一节，规定了船舶优先权制度①，这一制度使得船舶优先权成为了我国民事物权制度中的特有的权利。由于我国《物权法》未规定优先权制度，所以有关船舶优先权的问题还是应当适用《海商法》。船舶优先权具有法定性、附随性、秘密性以及优先性，这些不同于一般担保物权，亦不同于一般船舶担保物权的特征。需要特别注意的是，我国《海商法》第 28 条对船舶优先权的行使方式作出了明确规定：“船舶优先权应当通过法院扣押产生优先权的船舶行使”，即优先权附随于产生特定海事请求权的当事船舶，并且必须通过法院扣押拍卖的形式，特定海事请求权人（船舶优先权人）才享有优先于当事船舶上其他海事请求权人从拍卖所得的价金中予以受偿的权利。

---

① 参见《海商法》第二章第三节船舶优先权，第 21 条至 30 条。

第二节　船舶抵押权的相关问题研究

一、有关船舶抵押权的法律适用

船舶抵押权，是以船舶为标的的一种特殊的动产抵押权。它历史悠久，早在古代欧洲所盛行的冒险贷款制度，就是以船舶作为抵押物的。在20世纪以后，船舶抵押权成为了一种理想的融资方式，其适应了船舶的建造、购买、营运等航运事业发展所需要的巨额资金的筹集。国际上已先后出现了三个规定船舶抵押权的国际公约。但由于各国财产抵押权制度存在较大的差异，各法系，甚至是同一法系的各国对船舶抵押权的认识也是不一致的。这三个有关船舶抵押权的国际公约均未出现关于船舶抵押权的定义，从三个公约的具体规定或内容来看，公约也没有就船舶抵押权的设定、权利的内容及效力等实体问题作出任何规定。

我国现行立法中有关船舶抵押权的规定，主要体现在《海商法》、《担保法》、《物权法》三部法律中，另外，《船舶登记条例》(1994年)、《渔业船舶登记办法》(1997年)以及《担保法司法解释》)等行政法规、行政规章及司法解释中对船舶抵押权也有一定的规定。其主要内容集中规定在《海商法》第二章第二节“船舶抵押权”，这一节分别就船舶抵押权的定义、取得、转移、消灭、效力等方面作出了详细的规定。① 在《海商法》中没有规定的，参照适用《担保法》第三章“抵押”中的相关规定。另外，《物权法》第十六章“抵押权”就抵押权制度作了全面规定，在《物权法》对担保物权的71条的规定中，涉及抵押权的就达29条之多，与《担保法》相比，《物权法》中的抵押权制度有了许多重大改进与突破。

在规范船舶抵押权的问题上，应明确三部法律之间的适用顺序。《担保法》第95条规定：“海商法等法律对担保有特别规定的，依照其规定。”《物权法》第178条规定：“担保法与本法的规定不一致的，适用本法。”根据法的适用原则，《海商法》是特别法，就船舶抵押权而言，首先应当适用作为特别法的《海商法》的规定；其次，在《海商法》没有规定时，适用《物权法》有关抵押权的一般规定；再次，在《海商法》、《物权法》都没有规定的时，适用《担保法》的一般规定。除此以

---

① 参见《海商法》第11条至第20条，在内容上参照了《1993年船舶优先权和抵押权国际公约》的规定。

外，在与上述法律不相冲突的情况下，还可以适用《船舶登记条例》、《渔业船舶登记办法》中有关船舶抵押权的登记事项的规定。

《物权法》在抵押权制度方面有了许多重大改进与突破，这必将对《海商法》中的船舶抵押权制度有着重要影响。因受篇幅限制，下文仅就《物权法》对《海商法》中一般船舶抵押权的影响加以研究讨论，而不包括有关“建造中船舶浮动抵押”的内容。

二、关于船舶抵押权的登记及效力

《海商法》第13条规定：“设定船舶抵押权，由抵押权人和抵押人共同向船舶登记机关办理抵押权登记；未经登记的，不得对抗第三人。”《担保法》第41条规定：“当事人以本法第42条规定的财产抵押的，应当办理抵押物登记，抵押合同自登记之日起生效。”《担保法》对原因行为（债权合同）和物权变动是不加区分的，该种立法模式被称为登记生效主义。而《物权法》除了在第15条正式明确规定原因行为与物权变动的区分原则之外，还在第24条规定：“船舶、航空器和机动车等物权的设立、变更、转让和消灭，未经登记，不得对抗善意第三人。”可见，《物权法》确认了《海商法》中有关船舶物权变动的登记对抗主义模式。该种模式下物权的变动以当事人意思自治形成的合意为生效的要件，而不以登记行为为生效要件。但未经登记公示，不得对抗善意第三人。

比较《物权法》与《海商法》的规定，以下几方面是需要特别关注的：

（一）关于“第三人”的范围问题

《海商法》第13条对不得对抗第三人中“第三人”的范围没有限定，对于“第三人”的范围问题，理论和司法实践中一直有不同的认识。学界大致有三种观点：第一种观点认为，“不得对抗的第三人”应当为船舶物权变动当事人之外的任何人，即广义第三人说。第二种观点认为，“不得对抗的第三人”应当限于善意的第三人，采限制说。第三种观点认为，“不得对抗的第三人”应当是与船舶有系争关系的善意第三人，他们是具有船舶物权或类似权利的人。①

《物权法》第24条明确规定第三人为“善意第三人”，这似乎是对第二种观点的肯定。根据特别法和一般法的适用关系，特别法没有规定而作为一般法的《物权法》有了更明确的规定的，应当适用一般法的规定。因此，对于船舶抵押权未经登记不得对抗的第三人的界定，应当限定为“善意第三人”。

但作者认为，《物权法》之规定并没有完全解决这个问题。在理论上，有必要

---

① 司玉琢：《海商法专论》，中国人民大学出版社2007年版，第68页。

将第三人届定为“与船舶有物权或类似权利关系的善意第三人”。因为“对第三人范围的界定,不能离开登记对抗主义立法模式所包含的理念和理论基础。第三人作为登记对抗主义立法模式的组成部分,理应在模式的整体上与其他部分协调一致”,较为合理的解释是,未经登记不能对抗的第三人,应当是与船舶物权有系争关系的善意第三人,他们是具有船舶物权或类似权利的人。这样,基于当事人合意产生的船舶抵押权一经成立,应该具有相对于债权的优先性,这增强了法律规定的可操作性。

(二)关于共同办理登记的问题

《海商法》第13条对船舶抵押权设定登记的规定是“设定船舶抵押权,由抵押权人和抵押人共同向船舶登记机关办理抵押权登记;未经登记的,不得对抗第三人”,此外,《船舶登记条例》第6条、《渔业船舶登记办法》第19条对船舶抵押权的变动均作了与《海商法》相同的规定;而《物权法》第24条的规定是“未经登记,不得对抗善意第三人”,没有要求抵押权人和抵押人共同向船舶登记机关办理抵押权登记。

对于共同办理登记问题,根据特别法优先适用的原则,设立船舶抵押权时,需按照《海商法》的规定,由抵押权人和抵押人共同向船舶登记机关办理抵押权登记,船舶抵押权才能产生对抗第三人的效果。

(三)关于船舶抵押权转移的登记问题

关于船舶抵押权的转移,即船舶抵押权在不同主体间的流转。《海商法》第18条规定:“抵押权人将被抵押船舶所担保的债权全部或部分转让他人的,抵押权随之转移”,但《海商法》并未规定船舶抵押权的转移也必须办理登记,只是在《船舶登记条例》第23条中有相关规定,“船舶抵押权转移时,抵押权人和承转人应当持船舶抵押权转移合同到船籍港船舶登记机关申请办理抵押权转移登记。”根据特别法和一般法的适用关系原理,在海商法未作规定时,《物权法》第24条的规定当然适用于船舶抵押权转移的情形,即船舶抵押权的转移这种物权的变更行为也必须办理登记才能对抗善意第三人,从而弥补了《海商法》的这一立法的空白。

(四)关于未登记抵押权的效力

船舶物权变动采用登记对抗主义,不登记不发生对抗善意第三人的法律效力。这意味着凡是没有经过登记的船舶抵押权,即使抵押双方对设定权利的意思表示真实、权利内容合法,一旦有善意且已取得抵押权的第三人(后抵押人)主张权利,抵押权人基于抵押权取得的对抵押船舶的物权权利,即因善意第三人主张抵押权而丧失。

然而，善意第三人取得的抵押权也必须登记才能受到法律保护。如果该善意第三人在因主张权利而取得船舶抵押权后，仍未依法进行登记，则依照不登记不得对抗的原理，先后两个抵押权人将互为第三人，且其所取得的抵押权都不产生对抗效力。这时抵押权人与第三人之间就船舶的价值应该如何受偿，《海商法》对此没有特别之规定。

根据我国《担保法》的规定："抵押合同自签订之日起生效的，未登记的，按照合同生效时间的先后顺序清偿，顺序相同的，按照债权比例清偿。"显然，这一规定不仅与前述不登记不得对抗的原理相违背，而且不利于抵押权人与第三人之间的利益平衡。根据债权平等原则，在双方都对船舶不享有物权优先效力的情况下，抵押权人的债权应与第三人的债权属于同一序列。倘若依照《担保法》关于未登记的抵押权确立的"成立在先"原则，很容易导致抵押人与某一抵押权人恶意串通，涂改抵押合同时间而蓄意使受偿次序发生变化，从而损害其他抵押权人的利益。

如今，《物权法》第 199 条改正了这一错误："同一财产向两个以上债权人抵押的，拍卖、变卖抵押财产所得的价款依照下列规定清偿：(三)抵押权未登记的，按照债权比例清偿。"据此，未经登记的船舶抵押权应按债权比例同等顺序清偿。

三、有关船舶抵押人及抵押物上代位物的范围

(一)船舶抵押人范围扩及债务人之外的第三人

从《海商法》第 11 条对船舶抵押权下的定义来看，"船舶抵押权，是指抵押权人对于抵押人提供的作为债务担保的船舶，在抵押人不履行债务时，可以依法拍卖，从卖得的价款中优先受偿的权利。"对于抵押人是否必须为债务人，《海商法》并未做明确规定。但是，从该条规定的内容来看，《海商法》只规定了抵押人为债务人的情形，因为如果"抵押人"包括非债务人的第三人的话，则该条中"在抵押人不履行债务时，可以依法拍卖，从卖得的价款中优先受偿的权利"的表述就不合逻辑。[①] 因此，可以得出结论：《海商法》没有规定的第三人也可以将自己所有的船舶为他人提供抵押担保。

另外，《担保法》第 33 条规定："本法所称抵押，是指债务人或者第三人不转移对本法第 34 条所列财产的占有，将该财产作为债权的担保。"即《担保法》已明确了第三人也可以将自己所有的财产为他人提供抵押担保。同时，《船舶登记条例》第 6 条和第 20 条也只规定了："船舶抵押权、光船租赁权的设定、转移和消

---

① 司玉琢：《海商法》，法律出版社 2003 年版，第 43 页。

灭,应当向船舶登记机关登记;未经登记的,不得对抗第三人。""对20总吨以上的船舶设定抵押权时,抵押权人和抵押人应当持下列文件到船籍港船舶登记机关申请办理船舶抵押权登记:(1)双方签字的书面申请书;(2)船舶所有权登记证书或者船舶建造合同;(3)船舶抵押合同。"并未限定抵押人必须为债务人。事实上,作出这种限定是完全没有必要的,因为这无端地限制了船舶所有权人使用和处分自己船舶的自由,侵犯了民事主体的所有权。

《物权法》第179条规定:"为担保债务的履行,债务人或者第三人不转移财产的占有,将该财产抵押给债权人的……",进一步明确了第三人可以将自己的财产为他人提供担保。在《海商法》未作相反规定和明确排除的情况下,依"法不禁止即自由"的精神和《民法》基本原理,应当认为,《物权法》的此项规定可以适用于船舶抵押,即第三人可以将自己的船舶为他人债务设定抵押担保。

(二)扩大了船舶抵押权物上代位物的范围

《海商法》第20条规定:"被抵押船舶灭失,抵押权随之消灭。由于船舶灭失得到的保险赔偿,抵押权人有权优先于其他债权人受偿。"对于该条规定,理论上认为存在两方面的缺陷:(1)依上述规定,船舶抵押权人的物上代位权似乎限于被抵押船舶灭失所得的保险赔偿金,这排除了船舶被征用或遭到损害时应获得的征收补偿金及损害赔偿金的法律适用;(2)依此条规定,似乎只有在对于船舶完全灭失的情况下,抵押权人才可实行物上代位,而在船舶遭受部分损害乃至严重损害的情况下,并不能就其保险赔偿金实行物上代位。①

《担保法》第58条规定:"抵押权因抵押物灭失而消灭。因灭失所得的赔偿金,应当作为抵押财产。"对此条规定中的"灭失",《民法》学界普遍认为应包括全部灭失和部分灭失两种形态,而"赔偿金"则应包括保险赔偿金和损害赔偿金,因此船舶抵押权的效力可依此及于船舶的"部分损坏"而得的保险赔偿金或损害赔偿金以及在船舶全损情况下可能获得的损害赔偿金。不过,《担保法》第58条规定的抵押权物上代位的范围仍显狭窄。因为依此规定,抵押权的物上代位范围并不能及于因抵押财产被公用征收所得的补偿金。同时,《担保法》亦未对抵押权人应如何实现其物上代位权作出规范,在实践中恐引起疑问。② 对此,《担保法解释》第80条进一步作出规定:"在抵押物灭失、毁损或者被征用的情况下,抵押权人可就该抵押物的保险金、赔偿金或者补偿金优先受偿;抵押物灭失、毁损或者被征用的情况下,抵押权所担保的债权未届清偿期的,抵押权人可以请求

① 邱靖:《船舶抵押权物上代位法律制度三论》,载《中国海商法年刊》1998年,第90页。

② 梁慧星:《中国物权法研究》,法律出版社1998年版,第850页。

人民法院对保险金、赔偿金或者补偿金采取保全措施。”该规定弥补了《海商法》及《担保法》在抵押权物上代位性上的不足，不仅明确扩大了船舶抵押权物上代位的范围，而且对实现其物上代位权的程序也提供了规范。

《物权法》巩固了《担保法解释》的立法成果，在其第174条中规定：“担保期间，担保财产毁损、灭失或者被征收等，担保物权人可以就应获得的保险金、赔偿金或者补偿金等优先受偿。被担保债权的履行期未届满的，也可以提存该保险金、赔偿金或者补偿金。”与《担保法解释》不同的是，《担保法解释》规定抵押权所担保的债权未届清偿期的，抵押权人可以请求人民法院对保险金、赔偿金或者补偿金采取保全措施。如果所担保的债权未届清偿期的，实现抵押物上的代位权应当请求人民法院采取保全措施。而《物权法》规定被担保债权的履行期未届满的，也可以提存该保险金、赔偿金或者补偿金。这可以理解为《物权法》增加了实现抵押物上代位权的方式，除了请求人民法院采取保全措施以外，还可以提存该保险金、赔偿金或者补偿金。

《海商法》虽然将物上代位权限制在保险赔偿金的范围内，但并没有明确作出其他排除性的规定。因此，根据《物权法》的规定，船舶抵押的物上代位物的范围应当扩大至保险金、赔偿金或者补偿金，其不仅适用于船舶的全部灭失，也同样适用于船舶的部分灭失（毁损），其实现方式既可以是请求人民法院采取保全措施，也可以是提存该保险金、赔偿金或者补偿金。《物权法》的这种做法可以最大限度地保护船舶抵押权人的利益，也有利于解决筹措航运资金难的问题。

四、关于船舶抵押权转移的规定

依《民法》一般原理，船舶抵押权的设立并不发生船舶所有权转移的效力，抵押人仍然是受抵押船舶的所有权人，自然有权将船舶的所有权进行移转。但考虑到船舶抵押权的设定要求，抵押人对船舶的处分行为必须不能使抵押船舶的价值减少或受到损害。与此同时，与抵押人就抵押船舶进行交易的第三人的利益也可能会由于抵押权具有物上追及的法律效力而受到影响。因此，倘若抵押人未将船舶已抵押的事实告知受让人，不但会导致受让人的决定错误，还可能在债务人无法清偿债务时，使第三人因抵押权的追及效力而遭受不可测的损害。综合各国立法实践，诸多立法都对已受到抵押的船舶转让进行了限制。

《海商法》第17条规定：“船舶抵押权设定后，未经抵押权人同意，抵押人不得将被抵押船舶转让给他人。”可以看出，《海商法》严格要求抵押船舶未经抵押权人同意不得转让。《担保法》第49条规定：“抵押期间，抵押人转让已办理登记的抵押物的，应当通知抵押权人并告知受让人转让物已经抵押的情况；抵押人未通知抵押权人或者未告知受让人的,转让行为无效。"《担保法》只要求抵押人履行通知义务,即可转让抵押物,无需抵押权人的同意。如未通知抵押权人进行转让,则转让无效。《担保法解释》第67条规定:"抵押权存续期间,抵押人转让抵押物未通知抵押权人或者未告知受让人的,如果抵押物已经登记的,抵押权人仍可以行使抵押权;取得抵押物所有权的受让人,可以代替债务人清偿其全部债务,使抵押权消灭。受让人清偿债务后可以向抵押人追偿。""如果抵押物未经登记的,抵押权不得对抗受让人,因此给抵押权人造成损失的,由抵押人承担赔偿责任。"《担保法解释》实际上修改了《担保法》的规定,区分了办理登记的抵押物和未办理登记的抵押物的不同转让后果,对于抵押物已经登记的,未通知不影响抵押权的人的抵押权追及效力,对于抵押物未登记的,则不能对抗善意的受让人。从其规定来看,《担保法解释》更侧重于保护买受人的利益,以方便物的流转。

与《担保法》及《担保法解释》的规定相比较,《物权法》对抵押权的转让又进行了比较严格的限制,其第191条规定:"抵押期间,抵押人经抵押权人同意转让抵押财产的,应当将转让所得的价款向抵押权人提前清偿债务或者提存。转让的价款超过债权数额的部分归抵押人所有,不足部分由债务人清偿。""抵押期间,抵押人未经抵押权人同意,不得转让抵押财产,但受让人代为清偿债务消灭抵押权的除外。"与《海商法》第17条相比较,《物权法》增加了一个除外情况,"即受让人代为清偿债务消灭抵押权的,抵押物不经抵押权人同意可以转让。"可以说,《物权法》的规定扭转了《担保法解释》中不利于抵押权人的做法,同时又不限制受让人代位清偿债务时所导致的抵押权的自然消灭,比较全面地平衡了抵押权人和抵押人之间的关系。

笔者认为,在抵押担保制度上,是否需要严格限制抵押物的转让,既应协调好抵押人与抵押权人之间的关系,也应考虑到抵押权人和抵押物的受让人之间的利益平衡。《海商法》第17条规定,"不经船舶抵押权人同意,抵押人不得将抵押船舶转让"。此规定更多地考虑了船舶抵押权人的利益(因船舶流动性大,如允许自由转让恐对船舶抵押权的实现不利)。而《担保法》及其司法解释则更多考虑了担保制度的应有功能,即如何更有利于促进资金融通和商品流通,因此往往不会过多地限制抵押人处分抵押物的权利。有学者认为,在认可抵押物权具有追及力的情况下,只要抵押人进行了告知,抵押物的转让就完全不会影响抵押权人的利益,因此在立法上限制抵押人转让抵押物的规定具有明显的不合理性。[1] 但《物权法》的规定显然没有比《担保法》及《担保法解释》走得更远，而是将侧重点回归到对抵押权人的保护，在一定程度上限制了抵押人对抵押物的处分权利。由于作为特别法的《海商法》第17条的这种规定，加之《物权法》第178条的规定："担保法与本法的规定不一致的，适用本法。"所以抵押船舶的转让必须经得抵押权人同意，但受让人代为清偿债务消灭抵押权的除外。

五、有关船舶抵押权的实现问题

（一）增加了船舶抵押权的实现条件

根据《海商法》第11条的规定："抵押权人在抵押人不履行债务时，可以依法拍卖抵押船舶，从卖得的价款中优先受偿。"《海商法》中规定的实现船舶抵押权的条件只有一种，即"债务人不履行债务"。这和《担保法》第33条第1款以及第53条第1款规定的条件一样，只有当债务人不履行债务时，债权人才有权依法实现抵押权。而《物权法》第379条规定："债务人不履行到期债务或者发生当事人约定的实现抵押权的情形，债权人有权就该财产优先受偿。" 根据该条规定，在两类情形下，债权人可以依法实现抵押权：(1)债务人不履行到期债务；(2)发生当事人约定的实现抵押权的情形。《物权法》增加了"发生当事人约定的实现抵押权的情形"，允许当事人自行约定实现抵押权，在抵押权实现的事由上更加尊重当事人的意愿。这种改变对于保护债权人的合法权益显然是更为有利的。因为在实践中，出于种种考虑，债权人完全可能与债务人或者与抵押人在合同中约定某一条件，而仅以该条件的成就作为实现抵押权的条件，未必要等到债务履行期届满而抵押权人未受清偿的情形发生时。例如，债权人与债务人(同时也是抵押人)可以约定：债权人借贷给债务人的资金只能用于某一特定的用途(如新建企业厂房或购买某一大型设备)，如果债务人擅自改变贷款用途，则债权人有权要求债务人立即偿还贷款，如果不能偿还，即可实现抵押权。再如，抵押权人与抵押人还可以在抵押合同中约定，抵押人必须对抵押物进行保险，否则抵押权人即可实现抵押权。《海商法》和《担保法》将抵押权的实现事由局限在不履行到期债务的情况下，这显然不能满足实践中债权人的多种需求，不利于保护债权人的利益。《物权法》的新规定就有效地解决了这个问题。

由于《海商法》并未作相反的规定或限制"债务人不履行债务"以外的条件成就可以成为实现抵押权的情形。因此，根据《物权法》的规定，船舶抵押法律关系的当事人可以根据意思自治和商业需要对实现抵押权的情形进行约定。这在船

---

① 刘凯湘、张劲松：《抵押担保若干问题研究》，载《浙江社会科学》2001年第2期，第82页。

舶抵押实务中具有十分重要的意义，比如当事人可以约定当债务人有其他违约行为、经营不善将影响到债务人的履约能力、显著的船况下降明显使船舶的价值减少、船舶运输和交易市场行情明显下降致使担保不足、船舶留置权和优先权产生的可能性增加等情形出现时，船舶抵押权人得以行使抵押权，实现优先受偿。这更有利于抵押权人根据纷繁复杂的市场经济形势作出判断和决策，保护了抵押权人的利益，从而促进了船舶抵押和融资市场的繁荣。

（二）增加了船舶抵押权的行使方式，有效地降低了抵押权实现的成本

《海商法》第11条规定，船舶抵押权的行使方式为“在抵押人不履行债务时，可以依法拍卖，从卖得的价款中优先受偿的权利”，从字面看只规定了一种行使方式，即“可以依法拍卖”，而拍卖可以分为商业拍卖和司法拍卖，至于船舶抵押权是否一定需要通过法院拍卖的方式来实现，学者观点与司法实践似乎并不一致。[①]《担保法》第53条第1款规定：“当债务履行期届满而抵押权人未受清偿的，抵押权人可以与抵押人协议以抵押物折价或者以拍卖、变卖该抵押物所得的价款受偿；协议不成的，抵押权人可以向人民法院提起诉讼。”规定了“折价”、“拍卖”和“变卖”三种行使抵押权的方式。对于“协议折价”的方式，允许抵押权人与抵押人限于约定，但如果双方达不成协议的，抵押权人可以向人民法院提起诉讼，即要通过诉讼程序获得确定的胜诉判决，然后再向法院申请强制执行。《担保法》这种规定所造成的后果是抵押权人为实现抵押权必须预先支付大量的成本，包括一审、二审的诉讼费、律师费以及申请强制执行的费用等。往往将企业在向银行申请抵押贷款时，由于银行惧怕高额的抵押权实现成本，往往将打折率（每单位抵押财产价值可获得的贷款价值）降得非常低。

为了能够有效降低实现担保物权的成本，便利广大企业融资并维护债权人的合法权益，《物权法》改变了《担保法》的规定。依据《物权法》第195条第1款规定，如果债务人不履行到期债务或者发生当事人约定的实现抵押权的情形，抵押权人可以与抵押人协议以抵押财产折价或者以拍卖、变卖该抵押财产所得的价款优先受偿。倘若双方没有就抵押权实现方式达成协议，则抵押权人可以直接请求人民法院拍卖、变卖抵押财产。这里所谓的“请求人民法院拍卖、变卖抵押财产”指的是，抵押权人无须通过诉讼事件来实现抵押权，但是可以在初步证明抵押权和主债权存在之后，直接申请法院拍卖、变卖抵押财产。此种申请拍卖的性质属于非讼事件，法院对当事人的申请仅限于形式上的审查，至于抵押权、被担保的债权是否存在等属于实体问题内容的，法院不予审查。经过审查后，法

---

① 司玉琢：《海商法》，法律出版社2003年版，第47页。

院就可以作出强制执行的裁定，该裁定就是执行依据。如果债务人或者抵押人对于抵押权以及被担保的债权是否存在等实体法律关系提出异议，那么应当由债务人或抵押人提起诉讼，并支付相应的诉讼费用。可以预见，在《物权法》实行之后，我国担保实践中抵押权人实现抵押权的成本必将极大的降低。另外，《物权法》还增加了折价协议若损害其他债权人利益的，其他债权人可以自知道或应当知道之日起一年内行使撤销权，以及规定折价或变卖抵押财产应当参照市场价格两项内容。

如上所述，由于《海商法》并未作相反的规定或限制“依法拍卖”以外的方式用以实现抵押权，应当认为，《物权法》第195条的规定可以适用于船舶抵押权的行使，即可以以折价、变卖或商业拍卖方式来实现船舶抵押权。但是，由于船舶可能存在船舶优先权，而非经法院拍卖或船舶优先权自身因除斥期间届满或债的履行而消灭外，船舶优先权具有追及当事船舶的效力。也即通过法院拍卖以外的方式行使船舶抵押权，船舶买受人可能买到的是附有船舶优先权之债的负担的船舶。但这是民事主体自行判断的风险承受能力和商业决策问题，无需法律以牺牲行使船舶抵押权的便捷和经济性为代价而去强行限制。

在法理上，抵押权的实现有所谓自救主义和司法保护主义两种，前者允许当事人自行协商实现抵押权的方式，国家通常不干预；后者不允许当事人协商行使抵押权的方式，抵押权的实现必须通过法院或者其他国家机关的裁决或决定进行。显然，司法保护主义应当尽量限制在一定范围内，而应更多地允许意思自治，这是社会发展的必然趋势，特别是就船舶抵押权的行使而言，由于《海商法》的国际性，更应提倡体现自救主义的折价、变卖或商业拍卖方式。当存在多个抵押权人时，各国立法例一般有两种处理模式：(1)涂销主义，即抵押财产被实行抵押权后，抵押财产上的其他抵押权均归消灭，抵押财产之价值由全部抵押权人按照各自抵押的顺序进行分配；(2)承受主义，即在实行抵押权后抵押财产上的其他抵押权并不消灭，抵押财产的取得人应承担抵押财产上的其他抵押权，其他抵押权人可以行使抵押权。根据最高人民法院《物权法》研究小组的意见，我国实行的是涂销主义和承受主义相结合的模式。①

六、关于行使船舶抵押权的诉讼时效

由于《海商法》未对行使船舶抵押权的诉讼时效作出规定，所以在《物权法》

---

① 黄松有：《〈中华人民共和国物权法〉条文理解与适用》，人民法院出版社2007年版，第582—584页。

实施前应当先适用《担保法》及《担保法解释》的有关规定。《担保法解释》第12条第2款规定:“担保物权所担保的债权的诉讼时效结束后,担保权人在诉讼时效结束后的两年内行使担保物权的,人民法院应当予以支持。”《物权法》第202条规定:“抵押权人应当在主债权诉讼时效期间行使抵押权;未行使的,人民法院不予保护。”立法者这样考虑是因为:随着市场经济的快速运转,如果允许抵押权一直存续,可能会使抵押权人怠于行使抵押权,不利于发挥抵押财产的经济效用;而且考虑到一些国家的《民法》和我国台湾地区的“民法”将抵押权的存续期间与主债权的消灭时效或者诉讼时效挂钩的做法,所以是值得借鉴的。

很明显,《物权法》对《担保法解释》做了一个非常重要的改变。《物权法》所规定的行使担保物权的期限,为主债权的诉讼时效期间,逾期不予保护。《物权法》规定的时限短于《担保法解释》中所规定的“担保债权诉讼时效结束后的两年”。根据《物权法》第178条,《物权法》优先于《担保法》适用,所以债权人应该在对主债权提起诉讼的同时或至迟在担保债权诉讼时效内行使抵押权,否则,船舶抵押担保债权诉讼时效结束的法律效力不但可以对抗债权,而且可以对抗用来担保债权的船舶抵押权。

特别需要注意的是,由于船舶抵押权的行使期限与所担保债权的诉讼时效期限相同,而关于诉讼时效,如果船舶抵押担保的是普通民事债权,适用的是《民法通则》及其他法律的规定;如果担保的是海事请求权,《海商法》第十三章对不同的海事请求权作了不同的规定,除油污损害赔偿请求权为三年外,其余一般为一年或两年。关于诉讼时效的中断,《海商法》与《民法通则》的规定不同。《民法通则》第140条规定:“诉讼时效因提起诉讼、当事人一方提出要求或者同意履行义务而中断。从中断时起,时效期间重新计算。”《海商法》第267条规定:“时效因请求人提起诉讼、提交仲裁或者被请求人同意履行义务而中断。但是,请求人撤回起诉、撤回仲裁或者起诉被裁定驳回的,时效不中断。”“请求人申请扣船的,时效自申请扣船之日起中断。”“自中断时起,时效期间重新计算。”《民法通则》中的时效中断,只要一方当事人能够证明向义务人作出要求履行义务的意思表示,就构成时效中断的法定事由。而《海商法》则规定一定要义务人同意履行义务才构成时效的中断,即海事请求人一方仅仅向义务人提出要求并不构成法定时效的中断,必须有证据证明义务人明确表示或承诺履行该义务。同时,《海商法》规定了海事请求人撤诉、诉讼被驳回时,时效期间不中断,《民法通则》及其司法解释则无此规定。另外,《海商法》还规定时效因海事请求人提起诉讼、仲裁或扣船而中断。因此,受船舶抵押担保的债权人(抵押权人)在针对抵押船舶行使抵押权时,必须充分注意上述《海商法》与《民法通则》在时效制度上不一致的规定,确保在时效期间内及时正确的实现船舶抵押权。

第三节 船舶留置权的相关研究

留置权，是指债权人按照合同约定或法律规定合法占有债务人的财产，当债务人不履行合同、给付款项超过约定期限或不履行法定给付义务时，占有财产的债权人得以留置财产，依照法律的规定以留置的财产折价或者以拍卖、变卖该财产的价款优先受偿的一种担保方式。它是我国经济生活中普遍存在的一种担保形式，其设定的目的在于维护公平原则，督促债务人及时履行义务。

我国现行立法中有关留置权的规定，主要体现在《民法通则》、《担保法》、《合同法》以及《物权法》等法律中，其中《担保法》的第五章“留置”以及《物权法》的第十八章“留置权”对我国的留置制度作了比较全面系统的规定。《担保法》第五章“留置”用了七条分别就留置的定义、留置担保的范围、留置的适用条件等问题作出了规定，《担保法司法解释》第五部分“关于留置的解释”用了八条就留置权行使的除外情形等相关问题进行了规定。《物权法》第十八章“留置权”共用十一条就留置权的概念、留置物与债权的关系、留置权的适用范围、留置权人的权利与义务、留置权的实现方式、留置权较之其他担保物权的效力等问题作出了详尽的规定。在吸收《担保法》有关规定的基础上，除扩大了留置权适用的范围外，还效仿大陆法系各国普遍的立法例，引入了“商事留置权”的概念。

《海商法》第二章“船舶”第三节“船舶优先权”第 25 条第 2 款就船舶留置权作了特别规定：“船舶优先权先于船舶留置权受偿，船舶抵押权后于船舶留置权受偿。前款所称船舶留置权，是指造船人、修船人在合同另一方未履行合同时，可以留置所占有的船舶，以保证造船费用或者修船费用得以偿还的权利。船舶留置权在造船人、修船人不再占有所造或者所修的船舶时消灭。”这是《海商法》中唯一提到船舶留置权的规定，其内容是单薄而缺乏系统的。《海商法》是《民法》的《特别法》，就船舶留置权而言，首先应当适用《海商法》的规定，在《海商法》没有规定时，才适用《物权法》及《担保法》有关留置权的一般规定。《物权法》中对留置权制度的重大改进与突破必将对我国船舶留置权制度带来重要的影响。本节内容主要针对《物权法》的实施对船舶留置权的影响来进行研究。

一、关于船舶留置权的适用范围

(一)海商法中船舶留置权的范围

船舶留置权(possessory lien on vessel)即以船舶为标的的留置权。在有关的国际公约中被称为"right of retention of vessel",国内曾有学者将其译为"船舶滞留权"、"船舶占有留置权"等。我国《海商法》明确使用了"船舶留置权"这一概念。

《海商法》第25条第2款规定:"船舶优先权先于船舶留置权受偿,船舶抵押权后于船舶留置权受偿。前款所称船舶留置权,是指造船人、修船人在合同另一方未履行合同时,可以留置所占有的船舶,以保证造船费用或者修船费用得以偿还的权利。船舶留置权在造船人、修船人不再占有所造或者所修的船舶时消灭。"但这一《海商法》中唯一提及船舶留置权的规定,是否包含了船舶留置权的完整内涵,是否就是船舶留置权的定义条款,一直以来引起了学术界的热烈讨论。有学者认为,这是《海商法》就船舶留置权的定义所做的法律规定,这一规定与《1967年关于统一船舶优先权及船舶抵押权若干法律规定的国际公约》以及《1993年船舶优先权和抵押权国际公约》所规定的船舶留置权的基本内容是一致的。根据此条规定,船舶留置权仅可为造船人和修船人所享有,据此有学者称其为狭义的船舶留置权。①

也有学者不同意此观点,认为如果将《海商法》第25条作为船舶留置权的定义,无论是从内涵还是从外延上都无法概括船舶留置权的本质,使得这一概念过于狭隘。如果能结合上下文来对条款作解释,会发现此处对船舶留置权的定义是在有关船舶优先权的条款中出现的,是有限定条件的,那就是第2款对船舶留置权所作的定义是在该条第1款的前提下作出的,从"前款所称船舶留置权"这一条款表述方式即可看出立法者的意图。法律之所以作此规定,是《海商法》参照1993年的《船舶优先权和抵押权国际公约》,想与国际公约接轨的结果,希望通过提高船舶抵押权的受偿序位,以利于船舶融资,条款仅规定了因造船和修船所产生的船舶留置权优先于船舶抵押权受偿。所以《海商法》第25条对船舶留置权所作的规定是有着其特殊的背景和意图的,它仅将船舶留置权限于修造船人。②

事实上,探究我国的相关立法规定,可以发现船舶留置权除了船舶建造人、

① 司玉琢:《海商法》,法律出版社2003年版,第71页。

② 李志文:《论我国船舶留置权的概念》,载《中国海商法年刊》1996年版,第24页。

船舶修理人的留置权之外，还应包括救助人的留置权、沉船起浮或打捞人的留置权、船舶拖带合同中拖带人的留置权等，此类船舶留置权又被称为广义的船舶留置权。故《海商法》第 25 条并不能作为一般船舶留置权的定义来理解。尽管不同学者对《海商法》第 25 条有着不同的理解，但无论是狭义的船舶留置权还是广义的船舶留置权，都是按照合同的约定占有债务人的船舶，以船舶为标的物的担保物权。因此，我国《海商法》中的船舶留置权分为以下两类：

1. 狭义船舶留置权

即指《海商法》第 25 条第 2 款所定义的船舶留置权。这种狭义的船舶留置权有着两重限制：其一是主体限制，狭义船舶留置权的权利主体限制于造船人与修船人；其二是留置标的限制，狭义船舶留置权的标的仅限于根据造船合同或修船合同所占有的船舶，换言之，非因造船合同或修船合同而占有的船舶，不产生船舶留置权，作为某一船舶留置权标的的船舶，必须是特定造船合同或修船合同项下的当事船舶。

(1) 留置权的权利主体为造船人和修船人。就海商法调整的关系而言，能够根据合同占有他人船舶的债权人，主要表现为船舶建造人、船舶修理人、船舶拖带合同中的拖带人、船舶救助人以及沉船起浮或打捞人等。但我国《海商法》及有关的国际公约均没有把船舶留置权的权利主体扩大到造船人和修船人以外的人。这主要是为了尽量减少排在船舶抵押权之前优先受偿的船舶担保物权的数量，以提高船舶抵押权人(通常为船舶提供融资的商业银行)的优先受偿机会，达到鼓励航运投资的目的。

(2) 留置权的标的为造船人或修船人占有的船舶。船舶留置权的标的，仅限于根据造船合同或修船合同所占有的船舶。这包括两重含义：第一，非因造船合同或修船合同而占有船舶，不产生船舶留置权；第二，作为某一船舶留置权标的的船舶，须是特定合同项下的船舶，或称当事船舶，而不包括其他船舶。换言之，如甲合同项下的款项被拖欠，则只能留置甲合同项下的船舶，而不能留置非甲合同项下的其他船舶。

2. 广义船舶留置权

《海商法》第 25 条定义虽然只包含了依造船合同和修船合同而产生的两种船舶留置权，但依据海商法其他相关条款的规定，广义上的船舶留置权还包括以下两种类型：

(1) 救助人的留置权。我国《海商法》第 188 条第 3 款规定，被救助方在救助作业完成后“在为根据救助人的要求对获救的船舶或者其他财产提供满意的担保以前，未经救助方同意，不得将获救的船舶和其他财产从救助作业完成后最初到达的港口或者地点移走”。根据该规定船方是没有权利自行将船舶移走的，能否移走取决于救助方的意志，因此船方对船舶所行使的权利是受到限制的。这表明在救助作业完成后，船舶在某种程度上是由救助方控制而非由船方控制。而救助方要能够控制获救船舶应满足以下条件：第一，救助方完成了救助作业，也就是说救助人成功地救助了遇难的船舶，使其脱离了危险。海上航行是具有风险性的活动，为了鼓励人们救助遇险的船舶，对救助实行了“无效果，无报酬”的原则，救助人救助成功后依法律规定有权请求报酬。救助人救助成功就意味着救助人以自己的人力、设备，投入一定的劳务使船舶脱离危险，从而保全或维护了船舶，提高或保存了船舶的价值，具备了留置船舶的经济上的因素。第二，救助前，救助人与被救助人之间存在救助合同。在实践中，大多数救助都是合同救助，即船舶遇险后，遇险船舶的船长代表船舶所有人、货主与救助人订立救助合同，由救助人对处于危险状态的船舶进行占有和控制，以便于救助作业，直至将船舶救至安全的地点。因此，救助人从开始对遇险船舶实施救助到最终使船舶安全到达港口或地点，一直对该船舶实行了有效的占有和控制。第三，被救助方未能给付救助款项或未对该款项提供满意的担保。救助人因成功救助而有权获得救助报酬，被救助人未付该款项即构成对其义务的违反，因此救助人才被法律赋予可继续占有控制获救船舶的权利。从上述救助人不让船舶从获救后最初到达的港口或地点移走的成立条件看，该条件与留置权的特性相吻合。因而，《海商法》第 188 条第 3 款可以认定为是对救助人留置权的法律规定。

《海商法》第 188 条只规定了留置权的前一部分功能，即“留置船舶以迫使债务人履行债务”，而第 190 条的规定则将船舶留置权的内容完整化，使该船舶留置权的行使和实现两个阶段都有了法律依据。“对于获救满九十日的船舶和其他财产，如果被救助方不支付救助款项也不提供满意的担保，救助方可以申请法院裁定强制拍卖；对于无法保管、不易保管或者保管费用可能超过其价值的获救的船舶和其他财产，可以申请提前拍卖。”规定了在法定或债权人限定的期限内债务人仍不履行债务时，债权人可以就该动产的交换价值优先受债权清偿。由此可以看出，留置权人有权选择通过法院处分留置物，且从该条款看，法律并未排除其他留置权的实现方式。至此，救助人的船舶留置权与《民法》中的一般留置权的内容达成一致。

(2)承拖方的留置权。海上拖航又称海上拖带或船舶拖带，是指拖船利用起动力和设备将他船或他物经海路由一地拖至另一地的海上服务形式。《海商法》第 161 条规定：“被拖方未按照约定支付拖航费和其他合理费用的，承拖方对被拖物有留置权。”虽然法律没有明确此处的留置权即是船舶留置权，但理论上认为当被拖物为船舶时，承拖人因未得到拖航费和相关费用而依法留置船舶时，便构成了船舶留置权的行使。对于承托方船舶留置权的行使应注意：承拖方只有在被拖方未付清拖航费和其他合理费用时才有权留置被拖物。其他合理费用应理解为基于拖航合同关系应由被拖方支付给承拖方的其他费用，并不包括因双方共同侵权给第三人造成人身伤亡或财产损失的赔偿费用。如果承拖方付清了拖航费和其他合理费用的，即使被拖方和承拖方共同侵权造成了第三人的人身伤亡或财产损失，承拖方也不能因担心被拖方不承担其对第三人的连带赔偿责任而留置被拖物。

综上所述，1993 年 7 月 1 日实施的《海商法》有关船舶留置权的规定未背离我国《民法通则》有关留置权的规定。尽管在各国或地区民商法中，都有留置权的概念，但规定方式、构成要件和具体内容存在着差异。在我国，留置权作为一项法律制度在《民法通则》中首先得以确定。《民法通则》第 89 条第 4 款规定："按照合同约定一方占有对方的财产，对方不按照合同给付应付款项超过约定期限的，占有人有权留置该财产，依照法律的规定以留置财产折价或者以变卖该财产的价款优先得到偿还。"在《海商法》实施之后，于 1995 年 10 月 1 实施的《担保法》对留置权的规定则更加丰富和具体。《担保法》第 82 条规定；"本法所称留置，是指依照本法第 84 条的规定，债权人按照合同约定占有债务人的动产，债务人不按照合同约定的期限履行债务的，债权人有权依照本法规定留置该财产，以该财产折价或者以拍卖、变卖该财产的价款优先受偿。"而《担保法》第 84 条明确规定："因保管合同运输合同加工承揽合同发生的债权，债务人不履行债务的，债权人有留置权。法律规定可以留置的其他合同，适用前款规定。当事人可以在合同中约定不得留置的物。"有学者认为，《担保法》第 82 条和第 84 条采用了所谓的法定留置原则，即一方面确认留置权只能适用于"债权人按照合同约定占有债务人的动产"的情形，另一方面提出合同债权人可以留置债务人的动产应由法律规定。① 这样一来，依据我国《担保法》以及《合同法》的规定，我国留置权通常只能适用于下列五类合同债权的担保，即只有在因保管合同、运输合同（货运合同）、加工承揽合同、仓储合同、行纪合同中发生债务人不履行债务的，债权人才享有留置权。除此之外，其他债权关系中的债权人都不享有留置权。

可见，无论是狭义的船舶留置权还是广义的船舶留置权，与《担保法》规定都是一致的，即特别强调，必须是在债权人按照合同的约定占有债务人的船舶时，船舶留置权才能成立。

---

① 程啸：《物权法留置权的两项制度创新》，载《检察日报》2007 年 4 月 5 日第四版。

(二)《物权法》有关留置权范围的扩大

在我国《物权法》第230条中规定了:“债务人不履行到期债务,债权人可以留置已经合法占有的债务人的动产,并有权就该动产优先受偿。前款规定的债权人为留置权人,占有的动产为留置财产。”这样就意味着,债权人对于“已经合法占有的债务人的动产”,于债务人不履行到期债务时即享有留置权。留置权的适用范围显然就被大大扩张了。不仅债权人依据合同关系而合法占有的债务人的动产可以被留置,而且债权人基于其他法律关系而合法占有的债务人的动产也可以被留置,如基于无因管理之债而占有的他人的动产,当受益人不偿付管理人由此而支付的必要费用时,管理人也有权留置该动产。

依照《物权法》第230、第232条的规定,留置权的适用范围是:(1)只要符合留置权的法定构成要件,债权人就可以主张留置权;(2)留置权所担保的对象不再限定在合同债权,而是包括了所有的债权类型,当然也就不再限制合同的类型;(3)确定了除法律规定不得留置以及当事人约定不得留置的,只要符合留置权的构成要件,均可主张留置权。这样,留置权的适用范围被大大扩大了。可以用一句话总结这一立法变化:在留置权的适用范围上,只要符合法定构成要件,依据《担保法》的原则,非法律允许留置,不得留置;而依据《物权法》,非法律禁止留置的,均可以留置。

我国《海商法》第二章仅规定了造船人和修船人可以留置船舶,现在《物权法》已经颁布实施,由于《物权法》是普通法,《海商法》是特别法,所以在海上运输活动中,只要《海商法》没有特别规定或者禁止性规定的,依“法不禁止即自由”的精神和《民法》基本原理,就可以根据《物权法》关于留置权的规定,对船舶行使留置权。根据《物权法》的规定,新增加的有权留置船舶的人如下:

1. 海难救助人

在海事救助中除了合同救助的形式外,还有纯救助。所谓的纯救助是指船舶遇难后,船长未请求外来援救而由救助人自行施行的救助形式。纯救助下因救助人与船方事先不存在救助合同,因而救助人因救助而对船舶的占有即非基于合同,而救助人此时自愿的救助遇难船舶的行为实际上是无因管理的行为,基于该行为占有船舶仍然是一种合法占有。只是该留置权是对基于合同占有下成立的船舶留置权的一种扩大适用,它甚至超越了我国《民法通则》中关于一般留置权的规定。还需要说明的是,救助人的债权与其他船舶留置权的债权不同的是,救助人的债权属于船舶优先权的受偿范围,因而即使未能行使船舶留置权,他的债权仍可通过船舶优先权的形式得到救济优先受偿。

无论是救助人已经与发生海难的船长签订救助合同还是救助人以无因管理

人的身份救助了船舶，最后都会形成相同的一个结局，即难船的实际控制权掌握在救助人的手中。救助人对遇难船享有的是一种合法的控制权，当救助结束后，被救助船舶应清偿的救助费用期间届满，满足了留置权的构成要件，救助人对自己所救助的船舶享有留置权。虽然海商法已经赋予了救助款项的船舶优先权，但是由于船舶优先权需要经过法院的认定才能生效，这需要一个很长的诉讼时间，如果救助人依法享有了留置权，那对救助人将是一个莫大的福音，因为这可以节省时间和诉讼费用以及免遭诉累之苦。另外，对难船的留置权还可以保证救助人拿到救助款项，因为在等待法院对船舶优先权作出判决期间，难船可能由法院或者船舶所有人看管，如果船舶遭遇火灾等意外事故，致使船舶灭失，依据《海商法》的规定，附有船舶优先权的船舶一旦灭失，船舶优先权随之消灭。

2.打捞人对打捞船舶的留置权

船舶遇险沉没于海底或漂浮海上，受船舶所有人或相关主管机关的委托，有时会进行打捞，即打捞人将沉没或漂浮于海上的船舶及其他财产打捞上岸或予以清除的行为。海上打捞有两种：(1)船舶所有人为获取沉船或沉船的残值而委托的打捞，往往签有打捞合同；(2)主管机关为清除航道或防止海洋环境污染而委托或责令船舶所有人委托的打捞。前一种打捞具有救助的性质，称为救助性打捞，后者则不具有救助的性质，称为强制性打捞。无论是哪种打捞，打捞人完成打捞后，如果双方事先有约定的，打捞费应在船舶转移占有前支付，如果未得到打捞费，打捞人即有权留置打捞物即打捞上的船舶。这种留置行为是对于救助性打捞而言的，由于此时的打捞实际上是一种救助行为，因而在打捞费未偿付前，打捞人的这种继续占有船舶的行为即为船舶留置权。而强制性打捞是主管机关基于海上交通安全和海洋环境考虑，要求船舶所有人自行打捞或者主管机关采取强制措施打捞并消除沉船。因此，经船舶所有人或主管机关的委托，打捞人基于委托合同施行了打捞行为，付出一定的劳务并占有船舶，在打捞费给付前可以继续留置占有打捞的船舶。这种行为亦具备留置权的特性，因而，它也被认定为是船舶留置权的一种。

二、关于留置船舶是否为债务人所有的问题

债权人占有债务人的财产，是留置权成立及存续的前提条件。因此，债权人如果没有占有债务人的财产，则无留置权可言，那就是说，债权人如果丧失了对债务人财产的占有，则留置权归于消灭。按照我国《民法通则》的规定，债权人占有债务人财产的原因仅限于合同。即债权人只有依合同占有债务人的财产，才能成立留置权。其他非侵权行为的占有，不成立留置权。

这里需要特别注意的是,我国《海事诉讼特别程序法》从程序法的角度规定了"有关船舶占有的争议"属于可以申请扣押船舶的海事请求。同时,最高人民法院发布的《关于海事法院受理案件范围的若干规定》进一步确定了对占有权的保护。《物权法》首次明确了占有人的物上请求权,其第 245 条规定:"占有的不动产或者动产被侵占的,占有人有权请求返还原物,对妨害占有的行为,占有人有权请求排除妨害或者消除危险。因侵占或者妨害造成损害的,占有人有权请求损害赔偿。"这样一来,如果船舶留置权人在船舶留置期间,因他人的侵权行为(多为船舶所有人、光租人、租船人、经营人或船舶利害关系人采取非法手段或私自将船舶从债权人处开走)使其暂时丧失了对船舶的控制,船舶留置权人就可以以占有受到侵犯为法律依据,及时向侵权人行使占有请求权或向海事法院申请扣押脱离占有的船舶,此时船舶留置权人的占有视为不中断,其船舶留置权不受到影响。一直以来,我国对于船舶留置权的保护都是通过对占有人的物上请求权的保护而达到目的的,《物权法》对于该权利的确立,既完善了占有制度,又为权利人的维权行为奠定了扎实的理论基础。

但是,债权人占有债务人的财产是否应为债务人所有的财产,不同学者有不同的理解。我国《民法通则》第 89 条规定为"按照合同约定一方占有对方的财产……",《担保法》第 82 条规定为"按照合同约定占有债务人的动产",显然这里所指的"对方的财产"或"债务人动产",是否为所有权关系从立法本身来看是不明确的。对于何为"债务人的动产",学者们似有不同的理解①。有的认为,这里的"债务人的动产",应仅限于债务人享有所有权的动产。有的认为,这里的"债务人的动产",应理解为债务人基于合同约定交付给债权人的动产。

留置财产是否仅限于债务人所有的动产,即债权人善意占有债务人提交的他人财产,可否成立留置权?各国的立法不尽相同,日本的《民法》承认民事留置权的善意取得,而日本的《商法》则对商事留置权的善意取得持否定态度;瑞士的《民法》和韩国的《民法》承认留置权的善意取得,如《瑞士民法典》第 895 条第 3 项规定:"债权人对其善意取得的,不属于债务人所有的物,有留置权。"学术界对此也存有一定争议,存在着肯定说、否定说、折中说三种不同的观点。否定说的主要理由有:其一,留置权的担保作用在于留置物的变价受偿,而债权入于非债务人所有的财产不能依法变价受偿;其二,承认债权人对善意占有的非债务人所有的财产有留置权,尽管可以保护善意第三人的利益,但无疑会损害财产所有人的利益。在我国《担保法司法解释》第 108 条中规定:"债权人占有债务人交付的

① 郭明瑞:《担保法》,中国政法大学出版社 1998 年版,第 247—248 页。

动产时，不知债务人无处分该动产的权利，债权人可以按照担保法第82条的规定行使留置权。”

《物权法》第230条规定：“债务人不履行到期债务，债权人可以留置已经合法占有的债务人的动产，并有权就该动产优先受偿。其中“债务人的动产”究竟如何解释，不无疑问。有观点认为，“债务人的动产”是指“属于债务人所有的动产”。有学者观点认为应当包括债务人所有的动产和债务人合法占有的动产。但是，最高人民法院《物权法》研究小组似乎认为只包括债务人所有的动产（“留置权的客体，应为属于债务人的动产”）。①

但作者认为，留置权担保的很多债权具有提高留置物交换价值的作用，且其担保的债权数额通常大于或等于该债权产生前后留置物交换价值的增加额，比如因修船合同产生的留置权，修船费一般要低于船舶修好后比未修前增加的价值，否则就无需修理。结合我国《物权法》第106条第3款规定：“当事人善意取得其他物权的，参照前两款规定。”“债务人的动产”应解释为包括债务人所有的动产和债务人合法占有的交付债权人占有的动产，并非专指债务人所有的动产。尽管属于第三人所有的动产，但只要为合法的占有人交付债权人，且债权人合法占有该动产，亦可成立留置权。

但就我国《海商法》第25条的规定来看，“船舶留置权，是指造船人、修船人在合同另一方未履行合同时，可以留置所占有的船舶，以保证造船费用或者修船费用得以偿还的权利。”没有使用诸如“债务人的船舶”或“债务人所有的船舶”等措辞，而是使用了造船人或修船人“所占有的船舶”的措辞，既没有规定“占有债务人的船舶”，也没有规定“占有债务人所有的船舶”。据此，应当认为，作为船舶留置权标的的船舶，并不要求债务人一定对船舶享有所有权。因此，债务人对留置的船舶不以享有所有权为条件。

法律上设立留置权制度的原因在于保全对标的物有保值增值行为的特定债权，而不在于标的物归谁所有，更不在于债权人是否知道该标的物的真正归属。因此，只要对标的物有保值增值的行为，债权人即可对由此产生的债权就其占有的标的物取得留置权。留置权所担保债权的发生与该标的物的联系，比与债务人的联系更密切。如修理合同中，修理费债权是因修理行为而发生，修理行为提升了标的物的价值。因此，赋予债权人对相应的动产以物权，使其能通过物权的行使而实现其债权是合理的。此时，该留置财产是否属于债务人所有已不重要。

---

① 黄松有主编：《中华人民共和国物权法条文理解与适用》，人民法院出版社2007年版，第676页。

债权既因留置财产而生，债权人在该留置财产之上付出了自己的劳动，如果将留置财产限于债务人所有的财产，对债权人有失公平。同时，从维护占有的动产物权表征功能的角度，债权人无从判断留置财产的权属关系，此际，也应肯定留置权的善意取得。

三、船舶是否应当与债权属于同一法律关系的问题

留置权的目的在于留置债务人的财产，迫使债务人履行债务，以实现债权的受偿。若允许债权人任意“留置”债务人所有的、与债权的发生没有关系的财产，对债权人利益的保护过于绝对，对债务人的利益则限制过甚，有违公平原则，与留置权制度的宗旨相悖。因此，留置权的成立，不以债权人占有债务人的动产为唯一条件，还要债权的发生与该动产的占有有一定关系。

对此，我国《民法通则》与《担保法》未置明文，学者间基于该法第 84 条第 1 款的规定归纳出，债权与占有的财产之间须存在牵连关系这一要件。《担保法司法解释》第 109 条将这一要件定为明文，其中规定：“债权人的债权已届清偿期，债权人对动产的占有与其债权的发生有牵连关系，债权人可以留置其所占有的动产。”

但关于牵连关系的认定，一直存在争议。有的认为，债权人占有的债务人动产之上能否成立留置权，取决于债权人的债权与相对人物的返还请求权之间是否存在牵连关系；有的主张，债权人的债权与其占有的物之间有牵连关系时，才可成立留置权。但在何为债权与标的物有牵连关系问题上，又有二元说和一元说两种看法。二元说认为，债权与标的物的牵连包括直接牵连和间接牵连两种情形。直接牵连，是指债权为就标的物本身所发生的，如由标的物的瑕疵所生的损害赔偿请求权、为标的物所支出费用的偿还请求权。对间接牵连，学说见解不一，有的主张须债权因标的物归于占有人支配的同一关系而发生，有的认为债权与标的物的交付请求权之间有牵连。与二元说不同，一元说不区分直接牵连和间接牵连，而以标的物为债权发生的原因时，即认为其有牵连关系，但对于原因的认定，又存在多种学说。①

由此可见，牵连关系的概念过于模糊，范围不确定，法律适用中容易产生分歧。因此，我国《物权法》第 231 条规定：“债权人留置的动产，应当与债权属于同一法律关系。”没有采用牵连关系的概念，而是明确规定，留置财产应当与债权属于同一法律关系，采取了留置财产与债权之间的直接关联模式，对牵连关系的构

---

① 王胜明：《中华人民共和国物权法解读》，中国法制出版社 2007 年版，第 497 页。

成作了较为严格的限制。但是《物权法》第 231 条规定:“但企业之间留置的除外。”即在债权人和债务人均为企业的情况下,债权人留置的动产不必与债权属于同一法律关系,此等情形在理论上称之为商事留置权,这是一个重大突破。由于在商业实践中,企业之间相互交易频繁,追求交易效率,讲究商业信用,如果严格要求留置财产必须与债权的发生具有同一法律关系,则有悖交易迅捷和交易安全原则。商人之间的连续性交易是商人交易行为的一种常态,这种连续性交易的特点一是交易次数的连续与频繁,二是履行行为与合同非一一对应,如定期结算账目的情况。所以商事留置权与民事留置权不同,它不强调留置的标的物与被担保债权的个别牵连性,而只要求两者之间具有一般牵连性,即在商人之间,因双方商行为发生的债权在未受偿之前,债权人可以留置其因商事行为已经占有的债务人的财产,不要求该财产属于被担保债权本身的标的物,不要求两者之间有直接的关系。商事留置权制度是商事交易特殊性的反映。

商事留置权与一般民事留置权相比,两者的主要区别体现在:(1)主体不同:商事留置权适用于商人之间因双方的商行为而产生的债权,因此其主体即债权人与债务人都必须为商人,而民事留置权并无此要求,如《德国商法典》第 369 条第 1 款、《日本商法典》第 521 条。(2)成立条件不同:民事留置权要求债权的发生与债权人占有的债务人的动产具有牵连关系或基于同一法律关系,而商事留置权一般不作此要求;也就是说,商人之间因营业关系而占有的动产及其因营业关系所产生的债权,无论实际上是否存在牵连关系都视为存在牵连关系,只要该动产是债权人因商行为而占有的。为了加强商业交易中的信用,确保交易的安全,故扩大了牵连关系的范围,各国《商法典》遂有此规定。(3)留置物归属不同:商事留置权不要求留置物属于债务人;民事留置权除善意取得外,要求留置物属于债务人。

依据《物权法》的规定,只要主体是企业,即可对以任何合法方式占有的债务企业的动产,因债务企业未清偿到期债务而进行留置。这反映了尽量放宽对留置权制度的限制、方便债权人得以对债权进行私力救济的立法价值取向。

由于《物权法》第 24 条明确规定了船舶属于动产,在《海商法》未作规定或未作相反规定的范围内,船舶和货物一样作为动产都受《物权法》商事留置权法律制度的调整,因此商事留置权对船舶留置权和货物留置权都将产生重要影响。

如上所述,《物权法》下企业间的商业留置权不要求留置物须与债权属同一法律关系。所以,除狭义船舶留置权和广义船舶留置权外的任何其他债权债务关系中的企业债权人,只要合法占有企业债务人的船舶这一动产,在企业债务人不履行到期债务时,除约定不得留置船舶的情形外,均可成立船舶留置权。

根据这一规定，可以将留置船舶的范围超出修船人和造船人的范畴。根据《物权法》的规定，新增加的有权留置船舶的人如下：

1. 港口经营人

港口经营人与班轮承运人之间订有一份长期的班轮运输合同，通常规定班轮承运人应当于装卸货结束后的一定时间内向港口经营人支付装卸费。由于装卸费不属于船舶优先权中的一个种类，所以如果班轮公司拒不支付装卸费，港口经营人是不能留置船舶的，因为我国《海商法》规定只有造船人和修船人可以留置船舶。但由于《物权法》规定企业间对船舶的留置，可以与港口经营人的债权相分离，也就是说可以不属于同一法律关系。即如果班轮承运人没有依据合同的约定清偿上一个航次的装卸费，港口经营人可以在下一个航次对这个班轮公司所有的其他船舶(包括本船)行使留置权。

2. 光船承租人

《海商法》对光船承租人没有规定可以行使留置权，由于《物权法》第 131 条规定，企业间可以对没有任何法律关系的物行使留置权，但是一定要遵循《物权法》关于合法占有留置物的规定，留置物的所有权应当属于债务人，以及债权必须已经到期。例如，在光船租赁期间，如果出租人违反《海商法》的规定，在未得到承租人同意的情况下，将已经出租的船舶设定了抵押权，而且由于这种抵押权的设定致使承租人遭受损失的，此时，承租人有权命令船长对船舶行使留置权。

四、关于不得留置的规定

《担保法》第 84 条第 3 款规定："当事人可以在合同中约定不得留置的物。"《担保法司法解释》第 107 条规定："当事人在合同中约定排除留置权，债务履行期满，债权人行使留置权的，人民法院不予支持。"我国《物权法》第 232 条规定："法律规定或者当事人约定不得留置的动产，不得留置。"由此可见：第一，法律规定不得留置的动产不属于留置财产的范围。法律对"不得留置"的特别规定是充分考量各方权利义务之后所作的平衡利益的结果。留置权为费用性担保权，法律将其界定为物权，不仅允许其优先于债权而受偿，而且允许其优先于抵押权和质权而受偿，自有其公共政策的考量。如果法律针对某一特定情形，明确规定"不得留置"，也应有其公共政策的考量，应当得到当事人的尊重。第二，当事人约定不得留置的动产不属于留置财产的范围。法律虽然规定了债务人不履行到期债务时，可以成立留置权，但并没有规定债权人在留置权成立后必然行使留置权，若当事人已事先在合同中约定不得留置的动产，留置权成立时债权人就不能留置该财产。我国《合同法》也对此作了明确规定，该法第 380 条规定："寄存人未按照约定支付保管费以及其他费用的，保管人对保管物享有留置权，但当事人另有约定的除外。"第315条规定："托运人或者收货人不支付运费、保管费以及其他运输费用的，承运人对相应的运输货物享有留置权，但当事人另有约定的除外。"第264条规定："定作人未向承揽人支付报酬或者材料费等价款的，承揽人对完成的工作成果享有留置权，但当事人另有约定的除外。"

《担保法》之所以严格控制留置权的适用范围，主要是考虑到我国市场经济刚刚起步，有关市场经济的法律制度尚不完善，一套有序的市场经济机制还未形成，起步的时候应当尽量稳妥一些，以后随着发展，再扩大范围。因此，法律规定，可以留置的其他合同，运用前款规定，为逐步扩大留置权范围留下余地。但是，在我国社会主义市场经济体制已经初步建立之后，法律再如此严格地限制留置权适用范围的做法显然是不符合完善社会主义市场经济体制的需要的。因为现有的列举不仅没有穷尽我国现行法上的一些也应产生留置权的合同，如租赁合同，且更难囊括实践中的各种无名合同，例如旅店合同。从其他国家和地区有关留置权的立法来看，也几乎没有逐一列举留置权适用范围的。因此，《物权法》没有明文列举留置权的适用范围，而只是在本条中对留置权的适用范围作出限制，规定了不得留置的两种情形。只要不属于这两种情形，又符合留置权成立的条件，均可以成立留置权。

这里尤其要强调的是当事人约定不得留置的，按照约定，对于当事人已经明确约定不得留置的动产，都不能成立留置权。留置权属于法定的担保物权，法律之所以允许当事人通过约定加以排除，主要是由于留置权的目的是基于公平原则，为了保护债权人的利益，担保债权的实现，并未涉及公共利益或者其他第三人的利益，如果债权人基于意思自治而自愿放弃这一权利，法律自然无需干涉。

《海商法》和有关国际公约之所以没有把船舶留置权扩大到造船合同及修船合同以外，是为了尽量减少排在船舶抵押权之前优先受偿的船舶担保物权的数量，以提高船舶抵押权人(通常是为船舶提供融资的商业银行)，达到鼓励航运投资的目的。更何况，像海难救助费用等已经被法律纳入船舶优先权的客体，是否有必要在船舶留置权中再次予以规定也是值得怀疑的。

船舶留置不同于对普通货物的留置，如果债权人动辄就对这一具有巨大经济效益的动产留置，势必将扰乱整个航运、甚至金融秩序，对这一问题期待有关《物权法》司法解释给出相应的答复。就船东而言，如果想避免其所有的船舶因为《物权法》中的商事留置权制度的实施而动辄被留置的风险，其中可以考虑的规避风险的方式就是在合同中事先约定不得留置船舶，比如在与港口经营人签订的装卸作业合同中明确约定，由于船方迟延支付装卸费的港口经营人不得留置船舶。

五、有关船舶留置权的实现条件与方式

船舶留置权的实现与船舶留置权的成立，是两个虽有联系，但又完全不同的概念。船舶留置权的实现，是指船舶留置权的二次效力的实现，即被留置的船舶变价，优先受偿其担保的债权的效力。

（一）关于船舶留置权的实现条件

我国《海商法》并没有作出明确的规定。因此，船舶留置权的实现条件应适用我国《担保法》以及《物权法》关于留置权的实现条件的规定。《担保法》第87条规定："债权人与债务人应当在合同中约定，债权人留置财产后，债务人应当在不少于两个月的期限内履行债务。债权人与债务人在合同中未约定的，债权人留置债务人财产后，应当确定两个月以上的期限，通知债务人在该期限内履行债务。""债务人逾期不履行的，债权人可以与债务人协议以留置物折价，也可以依法拍卖、变卖留置物。"《物权法》第236条规定："债务人逾期未履行的，留置权人可以与债务人协议以留置财产折价，也可以就拍卖、变卖留置财产所得的价款优先受偿。"

可见，按照我国现行法律的规定，船舶留置权的实现须具备以下条件：

1.须给债务人一个以履行债务的"宽限期"

当造船人或修船人留置船舶后，其不能立即实现其船舶留置权的二次效力。而应再给合同的另一方一个履行债务的期限，此即所谓的"宽限期"。"宽限期"可以在合同中由双方约定，也可以在留置船舶后，由造船人或修船人确定。但不论用哪种方式，"宽限期"一般不少于两个月。与《担保法》规定不同，《物权法》没有明确规定双方约定的期限的长短，只要双方当事人协商达成一致即可。如果留置权人与债务人对于宽限期限没有约定或者约定不明确的，留置权人可自确定宽限期限，但不得少于两个月，除非留置财产为鲜活等不易保管的动产。

2.须通知债务人在"宽限期"内履行债务

如果"宽限期"系由造船人或修船人在留置船舶后确定的，则应当通知债务人在该期限内履行债务。但如"宽限期"系由合同的双方在合同中约定的，就不必再通知债务人在"宽限期"内履行债务。

3.须债务人于"宽限期"内仍不履行债务

只有在合同的债务人，在上述"宽限期"届满时仍不履行债务，造船人或修船人才得实现以所留置船舶的变价优先受偿其债权的效力。

（二）关于船舶留置权实现的方式

我国《海商法》只规定了船舶留置权的概念和受偿顺序，未对船舶留置权的实现方式做特别规定。就我国《担保法》的规定而言，则主要有“折价”、“拍卖”和“变卖”这三种方式。所谓“折价”，一般是指由留置权人与债务人就留置物商定一个价格，并以此价格折抵留置权担保的债权，留置权人取得留置物的所有权。“变卖”，一般是指用非拍卖的方式将特定的财产出售给第三人，由第三人支付价金并成为该财产的所有人。而“拍卖是指以公开竞价的形式，将特定物品或者财产权利转让给最高应价者的买卖方式。”然而，由于其他船舶担保物权的存在，特别是船舶优先权的存在；加之，国际上普遍采用的原则是非经法院强制出售(judicial sale or forced sale)船舶优先权不消灭。这决定了用变卖或非法院拍卖的方式实现被留置船舶的变价是非常的困难的，甚至是不可能的。因此，要实现被留置船舶的变价，常常就需要有法院的介入，即用法院拍卖船舶的方式来实现被留置船舶的变价。我国《海事诉讼特别程序法》专门规定了海事法院拍卖船舶的程序。总之，作为《海商法》规定的船舶留置权的实现方式，除法院拍卖外，其他方式均很难或无法实现船舶的变价。

《物权法》第 236 条规定：“债务人逾期未履行的，留置权人可以与债务人协议以留置财产折价，也可以就拍卖、变卖留置财产所得的价款优先受偿。”“留置财产折价或者变卖的，应当参照市场价格。”与《担保法》第 87 条第 2 款内容基本一致，都规定了折价、拍卖、变卖三种行使留置权的方式，不同的是《物权法》对折价和变卖两种方式规定了必须参考市场价格。显然，根据适用法律的原则，《海商法》没有规定的，完全可以适用《担保法》和《物权法》的规定，即可以采用折价、拍卖、变卖三种方式行使船舶留置权。

第六章　物权法上的占有制度在司法实践中的应用

第一节　占有的要素与占有的类别

一、占有的要素

罗马法学家保卢斯(Plaulus)认为:"我们通过握有和意旨取得占有,而不是单凭意旨或握有取得占有"。这里的"握有"就是实际支配物的事实;而"意旨"按一般罗马法学家的观点,是据为己有的内心意思。后世学者因此将占有成立的条件分为客观条件和主观条件两个方面。客观条件又称为体素,即管领物件的事实。管领物件是指事实上能支配或者管理某物。该事实具有完全性、绝对性和排他性。所谓完全性和绝对性是指占有人具有为各种管理行为并使用收益的权能;所谓排他性是指占有人可以排除他人对其物为任何行为。①

主观条件又称心素,是指占有人的内心意思。但什么是"占有"的意思,后世罗马法学家在解释上存在着意见分歧。16世纪法国学者库雅斯认为,占有的意思因时效取得占有和有令状的占有不同:作为时效取得要件的占有,占有人应有所有的意思;而有令状的占有,占有人只须有为自己占有的意思,如仅有为他人占有的意思则为持有。德国学者萨维尼将"占有"定义为,具有所有意思的人,完全管领该物件,并排除他人干涉的事实。他认为,不论是时效取得占有还是有令状的占有,都必须有所有的意思和管领物件的事实,如果仅有管领物件的事实而没有所有的意思,就只能是持有。但是萨维尼却无法解释罗马法承认没有所有意思的诉争物保管人、典质人、永租人和容假占有人也享有占有人资格的原因,

---

① 周枏:《罗马法原论》,商务印书馆1994年版,第440页。

只得认为这是由于实际的需要而对占有原则所做的例外。萨维尼的后辈耶林却认为,除时效取得须有所有的意思外,一般占有只要有持有的意思,即握有标的物的意思就已经足够。他认为心素或者意思是人脑的主观活动,人的思想是经常变的,因此往往难以判断,法律不能因为当事人观念变化就使同一占有事实不断变换性质。①

这一分歧也影响到后世的立法。占有人的主观意思不仅在划分占有的类型时有意义,而且也成为了占有成立的法定条件。法国和奥地利的《民法》规定,占有的成立要求占有人主观上具有行使所有权的意思。② 如《法国民法典》第 2229 条规定:"为能够供时效之进行,占有应当以所有人的身份持续、不断、平静、毫不隐讳的占有。"意大利也要求占有的成立,占有人主观上须有行使所有权或其他物权的意思,其《民法典》第 1140 条规定:"占有是一种以行使所有权或者其他物权的形式表现出来的对物的控制。"德国法要求占有人具有支配的意思,如《德国民法典》第 854 条规定:"物的占有,因取得对物事实上的管领力而取得,取得人能够对物行使管领的,原占有人和取得人的合意足以取得占有。"因此占有的取得,占有人通过获得实际的支配而取得直接占有,此外还需要有行使对物的实际控制的意思,即取得占有的意思。③ 更重要的是,占有的意思虽然可以无须专门针对某一具体的物,但是必须可以识别。因此,单纯的放弃意思本身不足以表明丧失了占有,还必须伴随有可以从外界识别的占有放弃行为。④ 日本法上占有的意思是以自己的名义或为自己的利益持有物的意思,如《日本民法典》第 180 条和第 203 条分别规定:"占有权,因以为自己的意思,事实上支配物而取得;占有权也因占有人抛弃占有意思或丧失对占有物事实上的支配而消灭。"由此可见,对于占有的成立来说,占有意思的内容可以不同,但是占有意思本身却是必不可少的。

以占有人的意思作为占有的要素,已经受到学者的批判。因为意思的变化是客观存在的,忽为占有,忽为持有,不可揣定,而且占有的意思也不易由外部识别。另外,主张占有者应证明其占有意思,但是对于未表现于外部的意思,证明就不容易,因而也就难以受到占有的保护。为此,贝克尔提出了纯客观说,认为

---

① 周枏:《罗马法原论》,商务印书馆 1994 年版,第 444 页。

② 史尚宽:《物权法论》,中国政法大学出版社 2000 年版,第 525 页。

③ 有学者认为德国民法上的占有不以任何意思为要件。参见史尚宽:《物权法论》,中国政法大学出版社 2000 年版,第 529 页。

④ [德]Manfred. Wolf:《物权法》,吴越等译,法律出版社 2002 年版,第 73 页。

占有为单纯的物之事实上的支配，不以任何意思为要件，意思不过是决定是否有事实上之支配的条件。《瑞士民法典》和我国台湾地区的“民法”均采此说。[①]

我国《物权法》没有像其他国家的《民法典》一样直接给占有下定义，但是在解释上似乎是采纯客观说比较妥当。因为以占有人的意思作为占有的要素，除了占有意思易变和证明困难外，还存在一个理论自恰的问题。一般认为占有是事实，那就意味着占有是一种非表意行为，而所谓非表意行为实际上是当事人无须意思表示而实施的行为。为何占有作为一种事实偏要有意思要素呢？占有的成立以占有意思为要素，占有人就应当有表示占有意思的能力，那么精神病人和未成年人就不能占有。为了避免出现剥夺无行为能力人的占有人资格的后果，德国学者在解释上认为，占有取得意思无须是一种法律行为的意思，所谓的自然意思已经足够，即使无行为能力人也可以具备；甚至与实际交付相联系的占有赋予意思，即向他人转移占有的意思和占有行使的意思，都可以是自然的意思。[②]这种解释显然是为了自圆其说，理论上则难以自恰。

实际上罗马法上的占有制度是为了适应其实际需要而逐步发展起来的，并没有一套完整的理论，所以要用逻辑的方法作成有系统的学说，难免有削足适履之嫌。罗马法占有(possessio)一词是由“posse”(权力、掌握)和“sedere”(设立、保持)两字合成，即对物件设有权力，乃指对物件的事实上的支配和管领。罗马法一般认为，占有是事实而不是权利，无论物的所有权和其他物权归属谁，也不论是善意还是恶意，只要对物有实际控制就构成占有。只是到了共和国末期，才开始以占有人的意思为标准划分占有的类型，即按照占有人是否具有将占有物归于已有的意思，将占有分为法定占有和自然占有，法定占有占有人要有所有的意思，且有合法的原因；自然占有没有所有人的意思而管领，或者其管领不是由于移转所有权的法律行为而产生的。罗马法上的占有制度以占有诉权为中心，因此占有人的意思并不影响占有的成立，无论是法定占有还是自然占有，都成为一种占有，其区别在于法律上的处遇不同：合法占有的物构成财产的一部分，这种占有受令状和物权诉的保护，自然占有则不具有占有诉权。同样，就占有与持有而言，其区别不也在于占有人的主观意思是占有还是持有，而是占有人支配物件的事实状态是否受法律保护，持有是自然占有，为不受法律保护的支配力，反之，受法律保护者，称为法律上的占有，即占有。[③]

① 史尚宽：《物权法论》，中国政法大学出版社 2000 年版，第 579 页。

② 史尚宽：《物权法论》，中国政法大学出版社 2000 年版，第 579 页。

③ 周枏：《罗马法原论》，商务印书馆 1994 年版，第 467 页。

二、占用的分类

关于占有的类别，理论上根据不同的标准，有许多不同的分类。比如依是否有本权而发生，而将占有分为有权占有和无权占有；对于无权占有，依占有人的主观心理状态的不同，又可以分为善意占有和恶意占有。依占有人主观上是否有所有的意思对标的物加以占有，占有可以分为自主占有和他主占有；依是否依靠他人的占有为媒介，占有又有直接占有和间接占有之分；依占有人是否亲自占有标的物为标准，占有可以分为自己占有和辅助占有。此外还有公然占有与隐秘占有、单独占用与共同占有等等分类。

理论上的分类如此之多，各国立法上不可能也没有必要尽数规定，因此不同的国家在立法上有不同的表现。《德国民法典》所规定的占有的类别最多，可依其《民法典》第 855、858、866、868、872、990 条的规定推定之，占有可以分为有自己占与辅助占有、有瑕疵占有与无暇疵占有、直接占有与间接占有、单独占有与共同占有、自主占有与他主占有，以及恶意占有与善意占有等等。其他国家《民法》上的占有类别就相对少些。日本的《民法》上有自主占有与他主占有、恶意占有与善意占有、公然占有与隐秘占有、自己占有和代理占有（占有辅助）的区分。依《意大利民法典》第 1140 条、第 1147 条之规定，占有可以分为直接占有和间接占有、恶意占有和善意占有。《瑞士民法典》规定了独立占有与非独立占有以及恶意占有与善意占有（第 938、940 条），其第 920 条规定，“凡作为所有人而占有某物的，为物的独立占有人，其他占有人为非独立占有人”，因此瑞士的《民法》上的独立占有与非独立占有实际上就是所有人占有与非所有人占有。我国《物权法》上占有的分类最为简洁，仅仅规定了恶意占有与善意占有（第 242、243 条）。

占有的分类在《民法》上具有重要的意义，表现为不同的占有形式在法律上有不同的法律效果。因此说占有的分类不是越细致越好，也不是越简洁越好，是否有如此分类首先要看这样区分在法律上是否有意义。恶意占有与善意占有区别的意义在于能否成立善意取得和时效取得，以及不当得利的返还和费用求偿权等方面的不同法律效果。善意取得和时效取得都以占有人主观上存在善意为必要，恶意占有则不成立善意取得和时效取得；在不当得利的返还上，善意占有人返还现存利益，对于已失去的利益不负返还责任，而恶意占有人此情况下负赔偿责任；善意占有人在返还原物后，对于为保管、保存标的物所支出的费用可以要求所有人偿还，恶意占有人则无此项权利。虽然我国《物权法》没有确立时效取得制度，但是已经确立了善意取得制度，因此区分恶意占有与善意占有不仅在明确占有人的责任上具有意义，而且在善意取得的成立上也具有意义。

就有权占有与无权占有而言，区分的标准是占有人的占有是否有法律上的权利或者原因，区分的主要意义在于在有权占有的情况下，占有人可以拒绝他人为本权的行使，反之，无权占有人遇本权人请求返还占有物时则负有返还的义务。但是仅从这个目的出发就认为有必要区分有权占有与无权占有，则显然不够。有权占有也称有本权的占有，本权除了物权或债权外，还有因其他法律关系而生的权利，占有人所为之占有是本权的内容或效力之所在，因此占有人仅依本权就可以对抗他人返还占有物的请求，无须依靠占有的法则以对抗他人。笔者认为区分有权占有与无权占有的目的是为了对恶意占有与善意占有进行区分，因为在有权占有情况下无区别善意与恶意的必要，善意占有与恶意占有是对无权占有的再分类。由于区分恶意占有与善意占有不仅在明确占有人的责任上具有意义，而且在善意取得的成立上也具有意义。因此从这个意义上来说，区分有权占有与无权占有是有必要的。

直接占有和间接占有区别的意义在于，承认间接占有意味着间接占有人也享有占有保护请求权，从而获得了占有的保护。日耳曼法重在对物的利用，占有为权利之外衣。日耳曼法上的占有不是一种单纯的事实，而是一种物权，是行使某种被推定为物权的一种权利，在不动产上权利体现为控制，在动产上权利表现为利用。其意旨非在保护事实关系，而是保护包裹于占有之中的权利。因此在此基础上形成了观念的占有，对同一个客体物存在着复数和多层的占有，即重叠的多重占有。这样必然演化出直接占有和间接占有。德国在制定其《民法典》时吸取了日耳曼法的经验，确认了多重占有并对其进行了区分，形成了直接占有与间接占有的概念。《德国民法典》第 868 条规定："作为用益权人、质权人、用益承租人、受寄人或者基于其他类似的法律关系而占有其他人的物的人，由于此种关系对他人暂时享有权利和义务时，该他人也是占有人。"该他人之占有即为间接占有，承认间接占有之目的使间接占有人享有占有人的请求权从而获得占有的保护。《德国民法典》对间接占有人的保护，实际上是出于对所有权保护的偏爱，这种过度的保护在事实上是没有必要的。因为直接占有人与间接占有人之间本身存在某种法律关系，基于此种法律关系，间接占有人在该法律关系终止后对直接占有人享有原物返还请求权，直接占有人逾期不返还占有物或在占有期间非法处分占有物的，间接占有人皆可以根据其与直接占有人之间的法律关系请求直接占有人返还占有物，而不必以占有为根据请求保护；对于第三人侵夺占有物的，由于间接占有一般适用于物的所有人将物的占有让与他人的情形，间接占有人实际上是物的所有人，因此间接占有人完全可以基于所有权之物上请求权获得保护。另一方面，由于在占有的成立要件上以采纯客观说比较妥当，纯客观说认为占有为单纯的物之事实上的支配，不以任何意思为要件，间接占有仅为一种观念上的占有，而不是对物的实际占有，不成立占有。因此我国《物权法》没有明确规定间接占有，在司法实践上也没有区分直接占有与间接占有之必要。

笔者认为，我国也没有区分自己占有和占有辅助的必要。首先是因为在占有的成立要件上以采纯客观说比较妥当，纯客观说认为占有为单纯的物之事实上的支配，不以任何意思为要件，占有标的物者即为占有人。其次，区分自己占有与占有辅助的目的在于明确占有主人与占有辅助人之间的关系，占有辅助人依占有人的意思占有标的物，故不得对占有主人主张占有保护，从而排除了可能来自于占有辅助人的侵害。这事实上也是出于对所有权保护的偏爱。占有辅助人与占有主人之间存在着“家政或营业方面或类似的关系”，因此当占有辅助人拒绝交还其所管领的物时，占有主人可以主张雇佣契约上的请求权或所有物返还请求权。最后，与其区分自己占有与占有辅助后再赋予占有辅助人的自力救济权，倒不如直接认定占有辅助就是占有从而取得占有的保护更加有力。

自主占有和他主占有以占有人是否具有所有的意思为区分的标准，对其区分的主要意义在于时效取得和先占都以自主占有为要件。时效取得是指对物以所有的意思占有经过一定期间以后，标的物归占有人的制度。他国的《民法》立法皆规定了时效取得制度，在制定我国《物权法》时，是否确立时效取得制度是争议的问题之一，虽一度在草案中出现过，但是最终通过的《物权法》对此并无规定，而是被善意取得制度所代替。先占制度在我国的法律中虽无规定，但先占在实践中是受到承认的，先占是取得所有权的一种途径，故自主占有对先占取得所有权还是有一定实践意义的。另外，占有人的赔偿责任亦因自主占有或他主占有而有不同，如《日本民法典》第 191 条规定：“占有物因可归责于占有人的事由而毁损灭失时，恶意占有人负全部赔偿损失的义务，善意占有人在现受利益的限度内负赔偿责任，但是无所有意思的占有人虽是善意亦应予以全部赔偿。”之所以如此，是因为自主占有人对占有物行使的是所有权，由所有人将其所有物毁损灭失的，自然无须承担责任；而非由所有人将他人所有物毁损灭失的，一般要承担相应的责任。自主占有人的这种有限赔偿责任是比照所有人对所有物的毁损灭失而设的，如果占有人对占有物的毁损灭失受有利益的，要在所受利益范围内承担赔偿责任，若无利益的，则无须承担责任。基于以上理由，笔者认为在司法实践上应当承认自主占有和他主占有的区分。

第二节　占有的效力

占有的效力，是占有制度的核心问题，动产善意取得制度、取得时效制度等皆由此而来。现在通说认为，占有的法律效力主要有：占有权利的推定、动产物权的善意取得、占有人与回复请求人的权利义务、占有的《物权法》保护四个方面。然而在各国立法上，占有的效力也不尽相同。在占有萌发的罗马法上，占有的效力表现在以下几个方面：(1)占有是所有权的基础，先占、交付、时效取得等都是以占有为前提；(2)占有受令状的保护；(3)在“物件返还诉”中，占有人处于被告地位，故需由主张权利的原告负举证责任，如果原告不能证明其权利，则作为占有人的被告即可胜诉，继续保持对标的物的占有；(4)善意占有人可获得占有物的孳息，对占有物的毁损也不负赔偿之责；(5)占有人有“留置权”；(6)占有人有权以自己的力量保护其占有。[①] 法国的《民法》上的占有是为时效制度而设立的，因而占有的效力表现为所有权的推定、时效取得和占有保护几个方面。日本的《民法》上占有的效力表现为权利适法的推定、即时取得和占有保护三个方面。在意大利的《民法》中，占有的效力表现为善意取得与时效取得、善意占有人的孳息取得权和费用求偿权以及占有的保护几个方面。瑞士的《民法》中的占有效力表现为占有对动产所有权的推定效力、占有保护以及先占、时效取得、动产所有权转移以占有为条件等方面。相比较而言，德国的《民法》在占有的效力问题上对罗马法的继承最为彻底，前述罗马法上占有的效力在德国的《民法》上基本都有。具体而言，其占有的效力表现为：(1)占有人的所有权推定，即为动产占有的，推定其为物的所有人；(2)交付、先占、善意取得、时效取得是所有权的取得方式，而交付、先占、善意取得、时效取得又是以占有为前提，可见占有是所有权的基础；(3)正当占有人的孳息保留权、费用(必要费用和有益费用)求偿权和留置权；(4)有权占有人对所有人要求返还原物的抗辩权；(5)就是占有的保护，不仅有物权的保护，而且赋予占有人自力救济权。

我国的《物权法》没有如日本、意大利等国的《民法典》那样专章规定占有的效力，然而占有的效力是占有制度的核心问题，既然《物权法》规定了占有制度，就不能不涉及占有的效力。我国《民法》上占有的效力主要表现为：(1)动产所有

---

① 周枏：《罗马法原论(上册)》，商务印书馆1994年版，第444—445页。

权转移的效力。《物权法》第 23 条规定："动产物权的设立和转让，自交付时发生效力，但法律另有规定的除外。"交付就是当事人一方将物的占有转移给另一方，因此动产所有权的移转，以动产占有的移转为公示方法。(2)善意取得的效力。《物权法》第 106 条进一步明确了善意取得制度，规定无处分权人将不动产或者动产转让给受让人的，"除法律另有规定外，符合下列情形的，受让人取得该不动产或者动产的所有权：①受让人受让该不动产或者动产时是善意的；②以合理的价格转让；③转让的不动产或者动产依照法律规定应当登记的已经登记，不需要登记的已经交付给受让人"。亦即善意、有偿取得占有的，即时取得动产或不动产的所有权。(3)占有保护的效力(《物权法》第 245 条)。(4)善意占有人必要费用的求偿权(《物权法》第 243 条)。(5)留置权成立要件的效力。《物权法》第 230 条规定："债务人不履行到期债务，债权人可以留置已经合法占有的债务人的动产，并有权就该动产优先受偿。"可见留置权的成立应以占有留置物为要件。

一、善意取得的效力

善意取得制度，是近代大陆法系与英美法系《民法》中的一项重要法律制度。它是均衡所有权人和善意受让人利益的一项制度，首先，它在一定程度上维护所有权人的利益，保证所有权安全。其次，它侧重于维护善意受让人的利益，促进交易安全。当所有权人与善意受让人发生权利冲突时，应当侧重于保护善意受让人。这样有利于维护交易的安全，还有利于鼓励交易。这种情况下，对所有权人利益的限制，我们可以认为是对所有权人在托付别人保管自己财产或管理自己财产时未尽到注意义务，而使其承担相应不利后果的责任。在我国《物权法》颁布以前，善意取得制度在司法实践中也是存在的。根据我国最高人民法院《关于贯彻执行〈中华人民共和国民法通则〉若干问题的意见(试行)》第 89 条的规定："共同共有人对共有财产享有共同的权利，承担共同的义务。在共同共有关系存续期间，部分共有人擅自处分共有财产的，一般认定无效。但第三人善意、有偿取得该项财产的，应当维护第三人的合法权益；对其他共有人的损失，由擅自处分共有财产的人赔偿。"这表明了在我国的司法实践中承认一定情形下第三人可基于善意取得财产的所有权。

传统《民法》上规定的善意取得又称即时取得，指无权处分人将其占有的他人动产转让给第三人，如果第三人取得该动产是基于善意且是有偿的，第三人就依法取得了该动产的所有权或他物权。在此情况下，原权利人不得向第三人行使物权返还请求权，只能请求占有人赔偿损失。即善意取得制度只适用于动产而不适用于不动产。如依《法国民法典》第 2279 条与第 2280 条之规定可知，善意取得适用于动产;《德国民法典》第 929 条、第 932 条、第 932a 条也规定,只有动产或未登记的海运船舶适用善意取得;《日本民法典》第 192 条规定:"平稳而公然地开始占用动产者,如系善意且无过失,则即时取得行使于该动产上的权利。"《瑞士民法典》第 714 条明确规定善意取得之为动产,第 933 条规定的善意取得,也是适用于"凡以转移所有权或限制物权为目的善意取得动产的。"《意大利民法典》第 1153 条所规定的,也是动产的善意取得。但是我国《物权法》第 106 条却规定了不动产也可以善意取得。该条规定的法律意义很大,在我国正式确立了统一的善意取得制度,即将动产与不动产的善意取得统一进行了规定,将所有权与他物权的善意取得统一进行了规定。这一规定,使得我国在不动产所有权取得方面与以往相比有了开拓性进展。

善意取得制度在他国《民法》上,有的明确规定为所有权取得的方式之一,有的直接规定为占有的效力。如《德国民法典》第 932 条和第 933 条规定,其归属于第三节"动产所有权的取得和丧失",即善意取得属于动产所有权取得的方式之一;法国《民法》上的"占有"规定在第二十编"时效与占有"中,其《民法典》第 2229 条规定"为能够供时效之进行,占有应当是以所有人之身份持续、不断、平静、公开、毫不隐讳的占有",由此可见其《民法》上占有之规定实际上是为"时效取得"而设的。"时效系指依法律确定条件,经过一定的期间而取得财产所有权或者自行免除义务的一种方法"(第 2219 条),时效取得也是所有权取得的方式之一。我国《物权法》上的善意取得制度规定在第九章"所有权取得的特别规定"中,因此善意取得也属于所有权的特别取得方式之一。然则日本、瑞士、意大利等国,其《民法》上的善意取得制度也是占有的效力之一。如瑞士的《民法》将善意取得规定于第 20 章"动产所有权"取得方法中,其基本规定为第 714 条第 2 项"以善意将动产转移为自己所有,并受占有规定保护的,即使该动产的让与人无此转让权,该善意占有人仍取得该动产的所有权。"该法典第 933 条至 935 条还对"受占有规定保护"作出了具体的规定,是占有的效力之一。《日本民法典》在第二编"物权"下第二节"占有权的效力"中规定善意取得;《意大利民法典》也在第三编"所有权"下第二节"占有的效力"中规定"动产的善意取得"。

无论是将善意取得制度规定为所有权取得的方式还是规定为占有的效力,有一点是共同的,就是善意取得以占有为前提。此处之占有,一为出让人之占有,二为受让人之占有。就出让人之占有而言,根据无权处分人占有标的物的依据,可分为委托物之占有和脱离物之占有。占有委托物是基于真正权利人的意思而占有之物,如基于租赁、保管等合同关系而占有他人之物,故原则上可适用善意取得;与之相反,占有脱离物是指非基于标的物真正权利人的意思而占有之物，如盗赃、遗失物等，故原则上不适用善意取得。其法理所在，即在于法律基于公平原则对受让者与原权利人之间进行利益平衡。就受让人即善意取得第三人之占有而言，受让人的占有必须为直接占有。因为，善意取得的根据不仅仅是单方面基于让与人占有的公信力而使受让人取得其权利，“斯乃以虚像替代实像，俾资保护权利之取得者。”[①]而且也是受让人的占有受到占有的效力保护所使然。准确地说，善意取得的成立，既要求受让人眼睛里有“客观”的外观事实值得信赖，也须使交易相对人之外的其他人的眼睛里有受让人占有的“客观”存在。否则，何以要求其他人尊重受让人善意取得的所有权，此时的所有权何以具有对世的效力。也正因为如此，德国联邦法院强调“善意取得的权利表征，不在于让与人的占有本身，而在于受让人取得占有的实现”。[②] 此外，善意取得的现代意义并非在于实现原所有人不得对第三人请求返还的反射效果，而在于积极地使受让人取得所有权，终极地保护所有权。如果受让人是间接占有人，此时，人们几乎不可能从占有的表象来判断所有权的归属，如允许通过建立间接占有的方法取代实际交付，就会使财产已经发生转移的外部表现消失殆尽，[③]善意取得制度的目的也难以达到。所以，占有改定等受让人间接占有方式无有善意取得之余地。

二、占有的权利推定效力

(一)占有推定效力的意义

占有最重要的效力是占有权利的推定效力。罗马法认为占有与所有权或其他本权存在显著区别，因而不承认占有具有权利推定的效力。日耳曼法以占有为表现权利的基础形式，因此占有具有权利推定的效力。然而近现代立法为了保证社会经济秩序的稳定和交易的安全，大都规定权利关系应首先依其外部表现形式来决定，不动产以登记为准，动产以占有的事实来推定权利人。例如《法国民法典》第 2279 条规定：“涉及动产物品时，占有即等于所有权证书。”《德国民法典》第 1006 条规定：“为动产占有人的利益，推定其为物的所有人。”《日本民法典》第 188 条规定：“占有人于占有物上行使的权利，推定为适法的权利。”《瑞士民法典》第 930 条规定：“(1)动产的占有人，应推定为该动产的所有人。(2)原占

---

① 刘得宽：《民法诸问题与新展望》，中国政法大学出版社 2002 年版，第 284 页。

② 李建华、傅穹：《论占有与善意取得》，载《法制与社会发展》1998 年第 3 期。

③ [德]罗伯特·霍恩等著：《德国民商法导论》，楚建译，中国大百科全书出版社 1996 年版，第 193 页。

有人,应推定曾为该动产的所有人。”我国台湾地区的“民法”第934条也规定:“占有人于占有物上行使之权利,推定其适法有此权利。”可见,占有的权利推定规则,已经是大陆法系国家所通行的一项规则,也是各国立法所普遍采纳的经验。学者认为,这一规则在法律上具有重要意义。①

首先,有利于维护财产秩序,促进社会的和谐。占有的推定规则虽然是一种临时性财产秩序,一方面,推定占有人为权利人从而保护占有,这样任何人只要事实上占有了某物,其他人都无权进行对其进行侵害。即使占有人是非法占有,也只能由有关国家机关通过一定的程序对其占有进行剥夺。任何单位和个人不能以其是非法占有,而任意对其进行暴力剥夺。因为法律保护占有,所以任何人必须依据法律规定才能够剥夺他人的占有,未经占有人的同意,即使是剥夺某种不合法的占有,也是应当受到法律禁止的。

其次,有利于维护私有财产权,鼓励社会财富的创造。一方面,通过权利占有规则可以有效地使得公民占有自己的财产,不必因为对其财产的占有提出异议而使自己的财产处于不安全状态。公民占有自己的财产之后,不需要时刻收集证据以证明自己的财产的是合法的,或者证明自己对财产具有所有权(事实上,就动产而言人们常常很难证明其属于自己的财产)。如果每个人对自己占有的财产,都要证明其所有权,那么人们在购物之后必须永久地保留各种取得该财产的法律文件(如买卖合同书)或者书面证据(如购物发票)。这就会给人们的生产生活带来极大的麻烦。如果不能举证证明自己占有的财产是自己享有所有权的财产,其财产的合法性就会受到他人的挑战,这样财产的秩序、安全就会受到重大损害。另一方面,占有都具有保护本权的作用,占有的背后常存在本权,占有本身就具有表彰本权的功能,所以保护占有可以强化本权、保护本权。还要看到,一旦在《物权法》中引入占有推定规则之后,可以对合法财产保护的范围更为宽泛,推定规则的前提就是对事实状态的保护。

第三,有利于维护交易秩序的安全、快捷。在占有人对占有的财产进行处分的时候,受让人可以借助于占有的外观,产生对出让人的信赖。法律上的善意取得制度就是对善意取得人的保护。任何人都无法仅仅凭占有的事实就判断占有人的权利事实,但是要进行切实的审核既无效率也不可行,所以法律规定依据占有的事实可以推定占有人是合法的权利享有人,而在有例外证明情况时除外。还要看到,为了维护交易安全需要确定公示原则,对动产的公示方法就是占有,在《物权法》中,规定占有就必须对占有作出明确的界定,如果仅仅将占有限定在

---

①　王利明:《试述占有的权利推定规则》,载《浙江社会科学》2005年第6期。

占有权，实际上是限定了动产的公示方法，给动产的物权变动带来很大的困难。

最后，占有推定规则有利于促进物尽其用、提高效率。占有人对其占有物具有继续使用的利益，占有作为持续性的状态和利益，在法律上应当获得保护。此种持续性的利益在《民法》上有多处体现，如取得时效，租赁权的物权化等。占有的持续性规则需要有占有的推定性规则来实现，只有推定占有是合法的，才能够保证占有人长期、持续的利用占有物，充分起到物尽其用的效果，在满足法律规定的情况下，可以依法通过取得时效获得所有权。

我国的《物权法》没有规定占有的推定效力，缘于 2005 年那场关于《物权法》是“姓社还是姓资”的大讨论。2005 年的《物权法》草案曾经规定了占有的推定效力，其第 4 条规定：“物权应当公示。记载于不动产登记簿的人是该不动产的权利人，动产的占有人是该动产的权利人，但有相反证据证明的除外。法律规定不经登记即可取得物权的，依照其规定。”但是这一规定遭到了一些学者的反对，认为“现在的这份《物权法草案》简单地从动产的占有推定所有权，实际上起了将盗窃公共财产和他人财产的所得合法化的作用”，“不加限制地保护占有、由占有推定所有权，这实际上造成了一种‘抢到我手里的东西就归我所有’的法律体系，它会鼓励所有的人都尽可能通过高明的偷、抢、骗来增加自己的占有物，这本身就会破坏社会内部的和平，造成极大的不安宁；而在这样一种人人都极力实施高明的偷、抢、骗的社会氛围下，人与人之间的相互信任必定极低，许多有益的合作不能进行，大量提高效率的交易由于双方缺乏互信而得不到实施，特别是许多金融交易无法开展，经济效率也必然低下。”①并将对这部《物权法》草案的争论上升到“姓社还是姓资”的问题上来了。为此，全国人大常委会负责人曾有针对性地指出，“本届全国人大常委会在审议和修改物权法草案过程中要始终注意把握三条原则：其一就是要坚持正确的政治方向，体现以公有制为主体、多种所有制共同发展的基本经济制度，体现对国家、集体和私有财产平等保护的原则。针对当前存在的问题，尤其要切实防止国有资产流失”。也许就是为了防止国有资产流失，最终通过的《物权法》取消了占有的权利推定效力。

我国《物权法》虽然没有规定占有的权利推定效力，但是在有关的法律和司法实践中还是承认占有的这一效力的。

---

① 左大培：《必须限制从占有到所有权的推定》，http://finance.sina.com.cn/economist/jingjixueren/20060818/。

(1)1988 年中国人民银行颁发的《银行结算办法》的第 13 条中规定:“持票人必须妥善保管银行汇票,严防遗失。如果遗失了填写‘现金’字样的银行汇票,持票人应当立即向兑付银行或签发银行请求挂失。在银行受理挂失前被冒领的。银行概不负责。”这里的拾票人虽然非法占有汇票的,但是持票人在没有向银行申请挂失之前,银行是将汇票占有人推定为所有人而给予承兑的。在我国司法实践中,对未经登记的不动产也以占有事实推定所有人。“如土改时,遗漏登记的对原家庭共有房屋应享有产权的人,如在土改后,长期占有、使用和管理共有房屋,也可以根据实际情况,承认其对原共有房屋享有产权。”①

(2)善意取得的前提是承认占有的权利推定效力,否则善意取得制度无存在的意义。在善意取得制度中,第三人负责举证自己是善意,即一旦引起诉讼,第三人要举证自己对公示的权利与真实的权利状态不一致是不知的,或是不应知的,这样的举证有一定的困难性,起码是给第三人带来了一定的心理压力,因此对第三人利益的保护有其不利之处。我国台湾地区的“民法”第 944 条,以及德国的《民法》第 933 条都明文确认了“推定善意”原则,即在第三人和占有人(无权处分人)进行交易行为时,根据占有的权利推定效力,以及占有的公信力。我们应推定第三人为善意,如果原权利人主张权利,则负责举证第三人为非善意,如不能举证,第三人便取得物之所有权。“推定善意”原则解除了第三人的举证之苦,对于第三人保护是极其有利的,只要自己对于公示的瑕疵不知情,便可心安理得地取得物权,因此使其可放心交易。如不承认占有的权利推定效力,则出卖人便需证明其有所有权或者合法的处分权,受让人也得要求出卖人提供合法的权利证明。善意取得是基于无处分权人擅自出卖他人不动产或者动产之上的,无处分权人自然无法证明其有合法的权利,如此则受让人也不会购买,因此不会发生善意取得的事实;如果受让人仍坚持购买的,属于知道或者应该知道出卖人是无处分权人,则在主观上是恶意而非善意,因此也不成立善意取得。正是因为推定占有人对物行使权利时其有合法的权利,所以免去了无处分权人证明其真正拥有权利的责任,买受人在无处分权人未出示权利证明的情况下仍购买的,在主观上也不认为是存在恶意。

(3)财产或权利证券化也以占有的权利推定效力为前提。把权利表现在证券上,或者把权利“化体”为证券,使权利与证券相结合,为权利证券化。大陆法系民商法认为证券上权利具有独立性,证券尤其是有价证券是不同于其他民事财产权利的证书,它的基本特征在于证券上权利与证券持有人的身份无关,而仅

① 江平:《民法学》,中国政法大学出版社 2000 年版,第 459 页。

与对有价证券的占有有关，即证券上权利与有价证券的占有不可分。因此，凡持有有价证券者或提示有价证券者即可依法推定其为证券上权利的享有人，这以无记名证券体现得最为明显。例如，根据《瑞士债务法》第965条和第966条的概括，有价证券是指一切与权利结合在一起的文书，离开了文书即不能主张该项权利，也不能将之移转于他人，债务人只有在债权人提示了证券后才履行其债务。《意大利民法典》对此也作了大体相同的概括，该法第1992条明确规定："有价证券上权利与有价证券不可分，该证券上权利是指有价证券的占有人在提交有价证券时，对证券中记载的给付享有请求权；在有价证券转让时，即使占有人不是权利的享有者，但是，向占有人无恶意地或重大过失地履行给付的债务人，其责任消灭。"我国无记名证券的转让，也是以交付证券为转让的方式，无记名证券债务的履行以提示证券为必要，债务人可以向任何持有无记名证券的人履行债务，哪怕不是向真正的权利人履行，也可以免除其责任。例如《票据法》第92条规定："付款人依法支付支票金额的，对出票人不再承担受委托付款的责任，对持票人不再承担付款的责任。但是，付款人以恶意或者有重大过失付款的除外。"这里的持票人是真正的权利人，但是付款人依法且无恶意或者重大过失而向其他提示付款的人付款的，不再承担付款的责任，这实际上是承认了票据占有的权利推定效力。因此说，不能因为《物权法》没有明确规定，就否认我国占有的效力中存在着占有的权利推定效力。

（二）占有权利推定效力的适用

占有是权利存在的外观，通常情形下，占有存在时，其背后皆有实质或真实的权利为其基础，故占有权利的推定乃是指当占有人于占有物上行使权利时，就推定其为真正权利人，而不管其实际情况如何。原因在于，动产的外在表现与其实质内容，通常八九不离十，具有较大的概然性。为如此之推定，既可以借占有这件"外衣"而保护其背后的权利，又可以因无须举证，便利排除侵害而使物、社会之秩序得以维护；既可因占有之公信力而促进交易安全，又因其可减少争执而符合经济原则。就其适用而言，大致有如下规则：

(1)占有推定的权利范围。凡以占有标的物为内容的权利，均在占有推定的范围内。具体包括：所有权、他物权（如地上权、质权）和债权（如租赁权），但不以占有为内容的权利（如地役权、抵押权、著作权等）则不在此限。至于不动产可否为占有权利的推定，有着不同的立法例。法国、德国、瑞士规定明确规定占有权利的推定限于动产；日本与我国台湾地区的"民法"对此没有限制，因此可以认为动产与不动产皆可为占有权利推定。我国的《物权法》没有明确规定占有的推定效力，当然也没有规定占有可否为不动产权利推定，因此须结合《物权法》相关规定来判断。我国《物权法》第9条规定："不动产物权的设立、变更、转让和消灭，经依法登记，发生效力；未经登记，不发生效力，但法律另有规定的除外。依法属于国家所有的自然资源，所有权可以不登记。"该规定充分考虑到了我国的现实情况和司法实践需求。首先在我国农村存在着大量的宅基地、土地承包经营权未进行登记的情形，其次还有因生效的法律文书、继承、事实行为等取得物权却未登记的情形。以上所有未经登记的不动产物权都需要占有之权利推定效力的保护。因此占有权利的推定以动产为原则，以未登记的不动产和以不动产为标的的债权为例外。

(2)占有状态的推定。为体现占有制度设立之意旨，在占有状态不甚明了之际，一般由法律规定。首先，在确认占有是为自主占有还是他主占有时，法律推定是自主占有。如《法国民法典》第2230条规定："任何情况下，均推定占有人系以所有人之身份为其本人占有，但如能证明占有人一开始为他人占有者，不在此限。"作如此推定的还有日本(第186条)、德国(第1006条)、瑞士(第930条)、意大利(第687条)。其次，在占有人主观是善意还是恶意不可区分时，推定其是善意占有。如《日本民法典》第186条规定："对占有人，推定其以所有的意思，善意、平稳而公然实行占有。"再次，占有人若能证明前后两时存在占有状态，则占有人无须再证明其中间无间断，即可主张为继续占有。如《法国民法典》第2234条规定："现在占有者，能证明其原来一直占有者，推定其在中间的内亦为占有。"《德国民法典》第938条，《意大利民法典》第691条，《日本民法典》第186条第2款等都作了如此推定。此外，《日本民法》和我国台湾地区的"民法"还推定，占有人之占有是和平公然为占有。

(3)就主张占有权利推定的主体而言，不仅占有人自己、第三人可以援用，直接占有人亦可援用关于间接占有人的权利推定。不仅针对现占有人，对过去占有人亦可适用。不仅占有人于消极地位时可以援用，占有人对他人积极主张其为有权占有时，亦可援用，即其"非仅用防御，亦可用于攻击"。①

(4)就其权利推定的内容而言，是否仅为占有人的利益而推定？《德国民法典》第1006条第1款对此明确规定："为动产占用人的利益，推定其为物的所有人。但是对其物已被盗窃、遗失或其他原因丧失的前占有人，不适用此种规定。"这说明，占有权利的推定乃是基于占有之表彰本权的机能，其宗旨不在于对占有人的保护，因此占有权利推定的内容不限于为占有人的利益，对其不利益亦得适用。

---

① 王泽鉴：《民法物权(2)用益物权·占有》，中国政法大学出版社2001年版，第237页。

(5)就占有权利推定的效力范围而言,究竟其推定是对一切人有效,还是只针对所有人与前占有人之外的人有效?我们认为,占有权利推定之意旨,乃为物之保护需要及便利权利行使,而非绝对地从保护占有人出发,故以采后者为妥。因此,当占有与本权发生冲突与背离时,为避免占有人滥用推定,真正权利人可举反证推翻之,且此项反证,不可绝对严格,否则将不利于对真正权利人的保护。

(三)占用权利推定效力的限制

占用权利推定的适用的范围虽然十分广泛,且效力多重,但它在根本上只是法律对占用事实所作出的假定之推理,当占有与本权相背离时,真正权利人完全可以通过反证将其推翻,在这个意义上,权利推定并不会对真正权利人的利益造成损害。但是,各国在规定占用的权利推定效力的同时,也对其作了一定的限制。这种限制主要表现在以下几个方面:

(1)对于非因前占有人之意思而丧失的物不适用占有之权利推定或为善意取得给予时间限制。《德国民法典》第 1006 条第 1 款规定:"为有利于动产占有人,推定占有人为物的所有权人。"但该推定不适用于其物被盗、遗失或者以其他方式丢失的前占有人,但占有物为金钱或者无记名证券的除外。《法国民法典》第 2279 条第 2 款也规定:"丢失物品的人或者物品被偷的人,自其物品丢失或者被偷窃之日起,三年内得向现在的持有该物品的人请求返还;该持有人得向其取得该物的人请求陪偿。"《法国民法典》第 193 条规定:"占有物是盗赃或遗失物的,受害人或者遗失人在被盗或遗失之时起两年内,可以向占有人请求返还其物。"

(2)占有之权利推定的效力范围有限,占有人不得利用该推定作为其行使权利的积极证明。我国《物权法》第 11 条规定:"当事人申请登记,应当根据不同登记事项提供权属证明和不动产界址、面积等必要材料。"也就是说当事人不能仅仅因为占有某不动产而主张登记机关应该登记其为实际权利人。这主要是考虑到占有之权利推定规则的真正目的在于免除占有人关于权源的证明,其效力具有消极性,不能根据此而取得权利,否则取得时效等制度将形同虚设。

(3)某些特定的占有人不得援用占有之权利推定。《瑞士民法》第 931 条第 2 款规定:"某人依照限制物权或对人的权利所生之请求权而占有动产时,应推定该权利存在,但对于其受领该动产之人不得主张该推定。"譬如甲在自己的物上为乙设定一个质权,乙因该质权而取得对物的实际占有,那么如果甲乙双方对质权之存在发生纠纷,乙不得利用占有之权利推定进行抗辩或主张,也就是说乙如果主张自己为实际占有人应推定其为权利人的主张将不会得到法院的支持。

(4)占有之权利推定可以以有效证据推翻。法律上的推定在本质上乃是一种证据规则，是指依照法律规定或者由法院按照经验法则，从已知的某一事实中推断出未知的另一事实的存在，并允许当事人提出反证推翻的一种证据法则。因此，占有之权利推定作为一种法律推定，当然也可以被当事人提出的反证所推翻。

三、占有的保护效力

(一)私力救济

占有物遭受侵害的当时，在来不及求助于公力救济的情况下，占有人有权自行采取相应的措施维护其占有。私力救济权分为占有防卫权和占有物取回权。占有防卫权是占有人对于侵夺或妨害其占有的行为，可以以自己的力量予以防御的权利；占有物取回权是占有防卫权的延伸，是在占有物被侵夺后占有人排除加害人取回占有物的权利。占有人的私力救济权能积极有效地维护占有，有利于保护财产秩序的稳定。在立法上明确规定占有人私力救济权的有德国、瑞士和我国台湾地区。《德国民法典》第 859 条规定："占有人可以强力抗拒暴力；以暴力取走占有人动产的，占有人可以强力向当场遭遇的或者追踪的行为人重新取回动产；向土地的占有人以暴力侵夺占有的，占有人可以在侵夺后立即排除行为人重新夺取占有。"《瑞士民法典》第 926 条也规定："占有人得以暴力保卫其占有物不受他人非法侵夺；占有人被他人以暴力或者隐蔽的方式侵夺占有物时，可以通过驱逐侵夺人重新夺回不动产，也可以向当场被发现并立即追捕到的侵夺人取回动产。"我国台湾地区的"民法"第 960 条也作了相同的规定。

我国的《物权法》虽然没有明确规定占有人的私力救济权，但是在解释上应当认为占有人具有防卫权和占有物取回权。因为所有权的保护表现为，所有权人以自助权和占有保护权为形式的防卫权。虽然占有作为对物的实际支配本身不是一种权利，但是从占有中可以推导出相当于所有人的防卫权，以保护事实上存在的状态。而且，我国《民法通则》规定了正当防卫制度，占有防卫权主要是针对正在进行的侵害或者妨害占有的行为而实施的，属于正当防卫的一种特殊形式，占有人的私力救济权包含在正当防卫制度之中，因此占有人当其占有遭受侵害或妨害之时，可以采取正当防卫的措施保护其占有不被侵害或妨害。不过，既然占有人的私力救济权属于一种正当防卫，那么占有防卫权的实施就应当符合正当防卫的条件，不仅须有侵害或妨害的行为发生，而且须这种行为正在进行，且防卫的措施不能超过必要的限度。

(二)物上请求权

占有保护最重要的途径是占有人的物上请求权。各国立法规定了占有人的占有物的返还请求权、排除妨害请求权和占有妨害防止请求权。我国《物权法》第 245 条也规定："占有的不动产或者动产被侵占的，占有人有权请求返还原物；对妨害占有的行为，占有人有权请求排除妨害或者消除危险；因侵占或者妨害造成损害的，占有人有权请求损害赔偿。"占有物的返还请求权、排除妨害请求权和占有妨害防止请求权皆属于物上请求权，而侵占或者妨害占有的损害赔偿请求权实际上是侵权法上的一种保护方法。因此，可以认为我国《物权法》对占有保护采取了物上请求权和侵权请求权两种保护方法。

占有保护包括有权占有和无权占有。占有有基于本权而为占有的，此种占有属于有权占有，在性质上是一项权能，占有是本权的表现形式。因此，有权占有人享有以上物上请求权当无疑问。占有也有无本权而为占有的，此种占有属于无权占有，在性质上是一种事实，占有作为一种事实是指没有本权的占有。无权占有是非依合法的原因而取得的占有，因此属于非法占有，对于非法占有是否受占有保护，学者们有不同看法。王利明教授认为只有合法的占有人方可行使此项权利，他认为占有保护请求权是指占有人在其占有受到他人侵害的情况下，可以基于合法的占有，请求不法行为人返还占有物、停止侵害、排除妨害、恢复占有物的原状。[①]

德国学者 Manfred Wolf 教授认为，法律承认占有的目的在于：首先占有保护现实存在的状况不受第三人的暴力侵犯，保护稳定的法律秩序；其次，对于动产而言占有作为外部可以识别的标志使人注意权利的存在，起到公示的作用；最后，占有起到保护合法占有人不受所有人的权利继受人的侵犯。[②] 对于占有的社会作用，现在通行的说法为社会的和平之保护。其理由是当某物处于某人事实支配的范围内时，即使其事实支配状态与应有状态不符，但是如果不对私力侵害加以保护，则不足以维护社会的和平与秩序，故赋予事实状态下的占有人以妨害的排除权。通过禁止暴力行为和对占有的保护，是要防止自行执法和使用暴力，保护和平的生活状态。因此不管是合法占有还是非法占有，都要进行保护。《法国民法典》第 2282 条明确规定，"不论权利的实体如何，占有均受保护，使之不受干扰与威胁"，亦即不论占有是否存在本权以及是何种本权，占有都收保护。《德国民法典》第 861、862 条对占有的保护也包括无权占有，法律对其保护的目的在于维护秩序，与占有人是否有权占有无关。与此同时，无权占有人也可以根据《德国民法典》第 823 条第 2 款向占有妨害人要求损害赔偿。即使是所有权人

① 王利明：《物权法研究》，中国人民大学出版社 2002 年版，第 651 页。

② [德]Manfred Wolf：《物权法》，吴越等译，法律出版社 2002 年版，第 77 页。

要排除他人的非法占有，也必须通过法律途径实现他的请求权而不允许自力解决。①王泽鉴教授也认为，无权占有人原则上也在保护之列。②《日本民法典》第202条规定："对于占有之诉不得基于本权的理由进行裁判。"也就是说，即使是所有权人和其他本权人，也不得基于其本权对无权占有进行侵夺或妨害，只能提起反诉或另行起诉。因此，既然从占有的立法意旨来看非法占有也受占有保护，我国在司法解释上也应当明确无权占有人具有物上请求权。

（二）损害赔偿请求权

损害赔偿请求权在他国立法上一般包含在占有返还请求权和排除占有妨害请求权中的。如《瑞士民法典》第927条规定："侵夺占有之诉，以返还占有物及损害赔偿为内容。"其第928条规定："妨害占有之诉，以排除妨害人继续妨害及请求损害赔偿为内容。"《日本民法典》第197条、第198条和第200条的规定也是如此。因此损害赔偿以占有被侵夺或被妨害为前提，在提起占有返还请求权或占有妨害请求权的同时，提起损害赔偿请求权。但是依照我国《物权法》第245条之规定，在解释上应当认为损害赔偿请求权独立于占有返还请求权或占有妨害请求权之外，占有人可以在提起占有返还请求权或占有妨害请求权的同时提起损害赔偿，也可以单独提起损害赔偿请求权。

占有保护既然包括有权占有和无权占有，损害赔偿请求权人是否也应当包括有权占有人和无权占有人？有权占有依其占有的本权，在法律规定和约定的范围内有占有、使用、收益的权能，因此有权占有可要求侵害人或妨害人赔偿其全部损害。无权占有人能否提起损害赔偿则由损害的性质来确定。使用收益损害，无权占有人因为对占有物没有使用收益的权能，因此不能提起赔偿。支出费用损害，无权占有人能否提起赔偿由其主观是善意或恶意而决定，善意占有人可以主张支出费用的损害赔偿，恶意占有人则不能提起。③

（三）请求权行使的期限

各国《民法》在赋予占有保护请求权的同时，也都规定占有保护请求权行使的期间。如《德国民法典》第963条、《瑞士民法典》第929条、《日本民法典》第201条，皆规定占有保护请求权一年内不行使即消灭。我国《物权法》规定，占有人返还原物的请求权，自侵占发生之日起一年内未行使的，该请求权消灭。但是没有规定占有妨害请求权、占有妨害防止请求权和损害赔偿请求权行使的期间。

---

① ［德］Manfred Wolf：《物权法》，吴越等译，法律出版社2002年版，第82页。

② 王泽鉴：《民法学说与判例研究（3）》，中国政法大学出版社1998年版，第249页。

③ 郑玉波：《民法总则》，三民书局1979年版，第54页。

对此，笔者认为，占有妨害排除请求权和占有妨害防止请求权的行使期限应当理解为是在妨害或者妨害占有的危险存续期间内提起，妨害已经结束或危险已经消除的，则无排除或防止妨害的必要。德国、瑞士等国的《民法》规定排除妨害请求权一年的期限，实际上是针对妨害占有的损害赔偿请求权而言的，因为损害赔偿请求权在他国立法上一般是包含在占有返还请求权和排除占有妨害请求权中的。而我国《物权法》将损害赔偿请求权从占有返还请求权和占有妨害请求权中独立出来，占有人就妨害占有的损害可以单独提出请求。因此，《物权法》没有规定损害赔偿请求权的行使期间，应适用《民法》上普通诉讼时效期间，即在知道或者应当知道占有物被侵夺或被妨害之日起不行使的，损害赔偿请求权消灭。

《日本民法典》第 201 条还规定："因工事对占有物产生妨害或有妨害危险的，妨害排除之诉和妨害防止之诉不得于工事着手一年后或工事竣工后提起。"这是对占有人和妨害人双方利益综合衡量的结果，因为对于工事来说，排除或防止其对占有物妨害的具体措施无非是拆除，工事的造价一般较高，占有人若在工事着手一年后或工事竣工后提起占有之诉，如果保护其利益，则势必造成妨害人的重大损失。笔者认为，《日本民法典》的此条规定可供我们借鉴。因为从近代《民法》到现代《民法》的过程，是从个人本位到社会本位的过程，现代《民法》在注重对私权保护的同时也强调了私权的公共性，为了整个社会的利益，《民法》的思想由极端尊重个人自由变为重视社会公共福利，法律既不偏于义务也不偏于权利，而是以社会共同生活的利益为归依。[①] 既然占有人在妨害人着手建设建筑物后能够容忍一年多的时间，就说明这种妨害至少是可以容忍的。因此就占有制度而言，既要保护占有人的利益，也要兼顾关系人的利益。

四、占有人与回复请求权的权利与义务

（一）占有物及其孳息的返还责任

无权占有他人之物，依法应返还于权利人，因此占有人和权利人之间的关系首先就是占有物的返还关系。但是，就占有物所生孳息是否返还的问题，比较法上有不同的见解。日本、瑞士等国的《民法》和我国台湾地区的"民法"规定，"只有恶意占有人对孳息负有返还或赔偿责任，善意占有人可以收取孳息"。但是《德国民法典》第 987 条和第 988 条规定："占有人所收取的孳息得成立不当得利之债，应当予以返还，没有因恶意占有和善意占有而有区别。"我国《物权法》第 243 条规定："不动产或者动产被占有人占有的，权利人可以请求返还原物及其孳息，

① 郑玉波：《民法总则》，三民书局 1979 版，第 54 页。

但应当支付善意占有人因维护该不动产或者动产支出的必要费用。"由于没有明确区分善意占有和恶意占有,在解释上应当认为恶意占有人和善意占有人都负有孳息返还请求权。

(二)占有物的损害赔偿责任

占有物的损害赔偿责任,即对占有物的毁损灭失而产生的赔偿责任。占有人承担此责任涉及的问题是:(1)主观上是否有善意和恶意的区别;(2)占有的毁损灭失是否要有可归责占有人的事由;(3)损害赔偿的范围。

就第一个问题而言,德国、日本等国的《民法》和我国台湾地区的"民法"皆规定了恶意占有人和善意占有人都要承担占有物的损害赔偿责任,而《瑞士民法典》在其第938条中规定善意占有人对占有物的消灭或受损害无赔偿的责任。就第二个问题而言,德国、日本等国的《民法》和我国台湾地区的"民法"规定,占有人对占有物的毁损灭失有可归责于自己的事由时,才承担此责。对于损害赔偿的范围,《日本民法典》规定,恶意占有人和无所有意思的善意占有人负全部的损害赔偿责任,其他善意占有人对占有物的毁损灭失在现受利益的限度内负赔偿责任;德国的《民法》和我国台湾地区的"民法"没有如此区分,并且规定所赔偿的损害不局限于占有物本身价值,还包括所失利益。

我国《物权法》第242条规定:"占有人因使用占有的不动产或者动产,致使该不动产或者动产受到损害的,恶意占有人应当承担赔偿责任。"如果严格从条文的文义进行解释的话,应当认为只有恶意占有人才承担此责,善意占有人无责。恶意占有人承担此责事实上也要有可归责于自己的事由,因为本法条明确指出占有物的毁损灭失是由于占有人"使用"占有物造成的。恶意占有人明知或应当知道自己无合法原因而占有和使用了他人财产,此即为过错。恶意占有人损害赔偿的范围应当是全部损害,既包括占有物本身所受到的损害,也包括权利人所失利益。因为我国对物的侵权赔偿责任并不是局限于赔偿物本身的价值,间接损失也在损害赔偿的范围以内。①

我国《物权法》虽然没有规定善意占有人对占有物的毁损灭失责任,但是从侵权法的角度来讲,善意占有人若对占有物的毁损灭失存在故意或过失的,也应当承担赔偿责任。但是善意占有人损害赔偿的范围可以根据善意占有人是自主占有还是他主占有而有所区别:他主占有的善意占有人应承担全部赔偿责任;而自主占有的善意占有人只需承担有限的赔偿责任。之所以如此,是因为自主占有的善意占有人对占有物行使的是所有权,所有人将其所有物毁损灭失的,自然

① 江平:《民法学》,中国政法大学出版社2000年版,第789页。

无须承担责任;而非所有人将他人所有物毁损灭失的,一般要承担相应的责任。自主占有的善意占有人的这种有限赔偿责任是比照所有人对所有物的毁损灭失而设的,如果占有人对占有物的毁损灭失受有利益的,要在所受利益范围内承担赔偿责任,若无利益的,则无须承担责任。

(三)代位物的返还责任

当占有物的毁损灭失有可归责于第三人的原因时,占有人和第三人都有赔偿的责任。第三人承担侵权责任,占有人承担占有物返还不能的损害赔偿责任。《物权法》第 244 条规定:"占有的不动产或者动产毁损、灭失,该不动产或者动产的权利人请求赔偿的,占有人应当将因毁损、灭失取得的保险金、赔偿金或者补偿金等返还给权利人;权利人的损害未得到足够弥补的,恶意占有人还应当赔偿损失。"这意味着,当占有物的毁损灭失有可归责于第三人的原因或者有第三人承担责任时,占有人和权利人都有权要求第三人赔偿或补偿。第三人向占有人赔偿或补偿的,则免除其向权利人赔偿的责任,因此占有人应当将其取得的赔偿金或补偿金返还给权利人。但是恶意占有人将其取得的赔偿金或补偿金返还给权利人后并不因此而免责,对于权利人未弥补的损失仍须承担补充赔偿责任。本法条没有规定善意占有人的补充赔偿责任,表明善意占有人对第三人造成毁损灭失的,只在自己受有利益的限度内负赔偿责任。

(四)占有人的求偿权

《物权法》第 243 条还涉及占有人的费用求偿问题。各国立法一般认为善意占有人既有向权利人返还占有物的义务,也享有费用返还请求权。占有人因妥善保管占有物而支出的费用包括:必要费用、有益费用和奢侈费用三种。必要费用是维护或者保存占有物价值所必要费用,此类费用不支出则可能使占有物的价值减少;有益费用,是善意占有人改良占有物而支出的费用,其结果使占有物现存价值增加;奢侈费用,是占有人因快乐或便利而支出的费用,超过了物的保存、利用或改良所必要而支出的费用。[①] 对于必要费用,各国立法一般规定占有人返还占有物时有权要求权利人偿还;对于有益费用,权利人在取得占有物时现存的价值增加额的限度内予以偿还。各国立法都没有规定奢侈费用的返还问题,我国台湾地区的判例认为,奢侈费用不能向权利人请求清偿。我国《物权法》第 243 条规定"善意占有人有权要求权利人偿还因维护该不动产或者动产支出的必要费用",其中并未涉及有益费用的偿还问题。然而,有益费用在合理的程度内增加了占有物的价值,不允许善意占有人请求返还,实属不公平。因此,在

① 王泽鉴:《民法物权(2)用益物权·占有》,中国政法大学出版社 2001 年版,第 327 页。

司法解释上应当认可善意占有人对有益费用的返还请求权。

恶意占有人是否有相关费用的偿还请求权也是值得探讨的问题。德国和《日本民法典》在规定占有人的费用求偿权时就没有善意占有人和恶意占有人的区别，而且可以请求返还的费用包括必要费用和有益费用，这意味着恶意占有人对必要费用和有益费用也有求偿权；《瑞士民法典》第 940 条和我国台湾地区的"民法"第 957 条都规定："恶意占有人因保存占有物而支出的必要费用，可依无因管理原则请求权利人偿还，对于有益费用，则可依不当得利的规定请求返还。"[①]我国《物权法》第 243 条规定："将费用求偿权明确限定为善意占有人，但是不能因此就认为恶意占有人没有费用求偿权。"因为我国《民法》上也有不当得利和无因管理制度，如果恶意占有人所支出的费用构成《民法》上的无因管理或不当得利的，恶意占有人可依无因管理或不当得利之规定请求受益人偿还。

为了保证善意占有人的费用求偿权，德国、瑞士和意大利的《民法》还赋予了善意占用人的留置权。《德国民法典》第 1000 条规定："占有人在其因应向其偿还的费用得到清偿前，可以拒绝返还物。占有人以故意实施的侵权行为取得物的，不享有留置权。"《瑞士民法典》第 939 条规定："权利人请求交还动产时，善意占有人得请求赔偿为用益支出必要的费用，在未给付赔偿金前，占有人得拒绝交还动产。"《意大利民法典》第 1152 条规定："直到所有权人支付补偿金之前，善意占用人可以留置占用物，但以在返还所有物诉讼中提出补偿请求且能够出具修缮和改良的一般证据为限。在第 1151 条规定的情况下，所有权人未按照司法机构的要求提供适当担保的，善意占用人同样享有留置权。"那么依照我国有关法律规定，善意占有人是否能因必要费用的求偿而具有留置权呢？如果依照我国《担保法》的有关规定，善意占有人没有留置权。《担保法》第 84 条中规定了："因保管合同、运输合同、加工承揽合同发生的债权，债务人不履行债务的，债权人有留置权。法律规定可以留置的其他合同，适用前款规定。"由此可见，留置权是法定担保物权，只要具备法律规定的条件，就自然产生。并且留置权人占用对方财产的依据只能是合同，而非其他，亦即留置权所担保的是合同之债。但是依照《物权法》的规定，善意占有人也可以行使留置权。依照《物权法》第 230 条、第 231 条和第 232 条规定，除了法律规定或者当事人约定不得留置的动产外，债务人不履行到期债务，债权人可以留置已经合法占有的债务人的动产，并有权就该动产优先受偿，只需债权人留置的动产与债权属于同一法律关系即可。在这个问题上，《担保法》与《物权法》的冲突已经由《物权法》解决了，其第 178 条规定：

---

① 王泽鉴：《民法物权(2)用益物权・占有》，中国政法大学出版社 2001 年版，第 329 页。

“担保法与本法的规定不一致的，适用本法。”因此说，《物权法》虽然没有明确规定善意占用人可以就必要费用的求偿对占有物行使留置权，但是依照留置权成立的有关规定，善意占有人仍可以就必要费用的求偿而行使留置权。

参考文献

著作:

1. 孙宪忠.论物权法.北京:法律出版社,2005.
2. 肖厚国.物权变动研究.北京:法律出版社,2002.
3. 于敏.日本侵权法.北京:法律出版社,1998.
4. 刘春堂.国家赔偿法.台北:三民书局,1994.
5. 王利明.物权法研究.北京:中国人民大学出版社,2002.
6. 王轶.物权变动论.北京:中国人民大学出版社,2001.
7. 张文显.法学基本范畴研究.北京:中国政法大学出版社,1993.
8. 许明月等.财产权登记法律制度研究.北京:中国社会科学出版社,2002.
9. 王利明主编. 物权法专题研究(上).长春:吉林出版社,2004.
10. 黄锡生. 水权制度研究. 北京:科学出版社,2005.
11. 崔建远. 准物权研究. 北京:法律出版社,2003.
12. 陆益龙. 流动产权的界定. 北京:中国人民大学出版社,2004.
13. 谢永刚. 水权制度与经济绩效. 北京:经济科学出版社,2004.
14. 李晶,宋首度,姜斌等. 水权与水价——国外经验研究与中国改革方向探讨. 北京:中国发展出版社,2003.
15. 王亚华. 水权解释. 上海:上海三联出版社,2005.
16. 尹田. 中国海域物权制度研究.北京:中国法制出版社,2004 .
17. 陈甦.中国海域物权的理论与实践. 北京:中国法制出版社,2004.
18. 张正钊. 行政法与行政诉讼法.北京:中国人民大学出版社,1999.
19. 梁慧星. 中国物权法律制度研究. 北京:中国法制出版社,1998.
20. 周枏. 罗马法原论. 北京:商务印书馆,1994.
21. 史尚宽. 物权法论. 北京:中国政法大学出版社,2000.
22. 王泽鉴. 民法学说与判例研究. 北京:中国政法大学出版社,1998.
23. 郑玉波. 民法总则. 台北:三民书局,1979.
24. 王泽鉴. 民法物权(2)(用益物权·占有). 北京:中国政法大学出版社,2001.

25. 王胜明. 中华人民共和国物权法解读. 北京:中国法治出版社,2007.
26. 梁慧星. 中国物权法草案建议稿条文、说明、理由与参考立法例. 北京:社会科学文献出版社,2000.
27. 沈开举. 征收、征用与补偿. 北京:法律出版社,2006.
28. 张慧芳. 土地征用问题研究——基于效率与公平框架下的解释与制度设计. 北京:经济科学出版社,2005.
29. 王万华. 行政程序论. 行政法论丛(第三卷). 罗豪才主编. 北京:法律出版社,2000.
30. 王名扬. 法国行政法. 北京:中国政法大学出版社,1988.
31. 张文显. 20 世纪西方法哲学思潮研究. 北京:法律出版社,1996.
32. [日]柳濑良干. 公用负担法. 有斐阁, 昭和 47.
33. [日]今村成和. 损失补偿制度的研究. 有斐阁, 昭和 43.
34. [美]伯纳德·施瓦茨. 美国法律史. 王军等译. 北京:中国政法大学出版社,1990.
35. [德]迪特尔·梅迪库斯. 德国民法总论. 邵建东译. 北京:法律出版社,2001.
36. [德]拉伦茨. 王晓晔. 德国民法通论(上册). 邵建东,程建英,徐国建,谢怀栻等译. 北京:法律出版社,2003.
37. [美]路易斯·亨金著. 阿尔伯特·J·罗森塔尔编. 宪政与权利. 郑戈、强世功译. 北京:三联书店,1996.
38. [美]博登·海然. 法理学——法律哲学与法律方法. 邓正来译. 北京:中国政法大学出版社,1999.
39. [德]汉斯·沃尔夫等著. 行政法. 北京:商务印书馆,2002.
40. [美]庞德. 通过法律的社会控制、法律的任务. 北京:商务印书馆,1984.
41. [德]Manfred Wolf. 物权法. 吴越等译. 北京:法律出版社,2002.
42. [葡]Vicente Joo Monteiro. 澳门物业登记概论. 澳门:澳门司法事务局,1998.
43. [德]鲍尔·施蒂尔纳. 德国物权法(上). 张双根译. 北京:法律出版社,2004.

论文:

1. 李秀海. 论我国不动产物权登记制度的完善. 黑龙江省政法管理干部学院学报,2005(3).
2. 孙鹏. 不动产预告登记. 上海政法管理干部学院学报，2003(5).
3. 薛亮. 我国不动产登记制度的现状及存在问题与建议. 青海金融报,2005(9).
4. 么忆延. 我国不动产登记制度初探. 中国律师，2004(8).
5. 吴剑平. 关于建立不动产预告登记的诸干思考. 广西政法管理干部学院学报，2005(3).
6. 常鹏翱. 不动产物权登记程序的法律构造. 中国法学网,2004 (6-7).
7. 朱岩. 形式审查抑或实质审查——论不动产登记机关的审查义务. 法学杂志，2006 (2).
8. 王达. 物权法中的行政法问题:不动产登记制度. 人民法院报，2007(3-27).
9. 季金华,徐骏. 土地征收纠纷解决的法律机制. 金陵法律评论,2006(秋).
10. 扬雪飞. 预告登记制度比较考察. 河北法学，2006(11).
11. 邹爱华. 物权法中征收条款评析. 湖北大学学报:哲学社会科学版. 2007(12).
12. 彭诚信. 从利益到权利——以正义为中介和内核. 法制与社会发展,2004(5).
13. 宋国明. 浅析国外土地征用的公共利益目的. 中国土地，2003(11).
14. 张千帆. “公共利益”是什么?——社会功利主义的定义及其宪法上的局限性. 法学论坛,2005(1).
15. 郑贤君. “公共利益”的界定是一个宪法分权问题——从 Eminent Domain 的主权属性谈起. 法学论坛,2005(1).
16. 王利明. 界定公共利益:物权法不能承受之重. 法制日报,2006(10-21).
17. 范进学. 定义“公共利益”的方法论及概念诠释. 法学论坛，2005(1).
18. 姜明安. 界定“公共利益”完善法律规范. 法制日报,2004(7-1).
19. 唐忠民. 我国应制定专门的公益征收征用法. 西南师范大学学报，2004(4).
20. 吴坤. 物权法草案焦点 何为公共利益怎样合理补偿. 法治日报,2005(11-18).
21. 王利明. 物权法草案中征收征用制度的完善. 中国法学，2005(6).
22. 唐忠民,温泽彬. 论“公共利益”的界定模式. 现代法学，2006(5).

23. 费安玲. 对不动产征收的合法思考. 政法论坛. 2003(1).
24. 叶必丰. 公共利益本位论与行政程序. 政治与法律，1997(4).
25. 程洁. 土地征收征用中的程序失范与重构. 法学研究,2006(1).
26. 汪进元. 论宪法的正当程序原则. 法学研究,2001(2).
27. 林来梵. 论私人财产权的宪法保障. 法学，1999(3).
28. 王利明. 物权法与国家征收补偿. 上海城市管理职业技术学院学报，2007(2).
29. 周大伟. 美国土地征用和房屋拆迁中的司法原则和判解——兼议中国城市房屋拆迁管理规范的改革. 北京规划建设,2004(1).
30. 陈和午. 土地征用补偿制度的国际比较及借鉴. 世界农业，2004(8).
31. 张韵声. 征用补偿制度比较研究——以美、德、日为参照. 北京:对外经济贸易大学,博士论文,2006.
32. [日]平松弘光. 日本的土地利用、土地征用以及补偿金. 丁相顺译. 民商法前沿,2002(1-2).

法典:

1. 法国民法典[S]. 罗结珍译. 北京:中国法制出版社,2000.
2. 德国民法典[S]. 杜景林,卢谌译. 北京:中国政法大学出版社,1999.
3. 瑞士民法典[S]. 殷生根,王燕译. 北京:中国政法大学出版社,1999.
4. 日本民法典[S]. 王书江译. 北京:中国法制出版社,2000.